江苏开放大学新征程系列教材

城市文化教程

CHENGSHIWENHUA

JIAOCHENG

姚朝文 编著

南京大学出版社

前　言

江苏开放大学是国家教育部批准的第一所开放大学,在面向全社会各阶层开放、真正实现开门办学方面,具有开路先锋的示范作用和领先性。这是高等教育改革与转型的新事物,也可以说是一片先行地、试验田。笔者以为,这所大学正在努力将这种先行试验变成可以在全国复制的示范区和新的制高点。

受江苏开放大学委托,笔者开发了新的课程,主要针对四年制本科和三年制大专学生的教学需要,建立了新的教学一体化模式,形成了多媒体视频、PPT 课件、纸质教材、教学大纲、教学训练试题库、教学考核相关指标体系图表等一系列的成果。

城市文化学在很多国家早已是一门显学,尤其是在那些已经完成城市化进程的国家,研究城市问题的著作和文章可谓浩繁。国内有关城市文化的专著也已经出版了不少,但是迄今尚无一本城市文化学方面的大学教材,更别提建立有关城市文化学领域普适性的教材规范了。因此,笔者不揣浅陋,在主持完成了与此课题有关的国家哲学社会科学基金项目、教育部人文社科重大攻关项目、教育部规划基金项目、省市政府重大决策咨询项目和十余篇获得省、市级成果奖的专业积累基础上,通阅了收集到的近百部国内外有关著作和数百篇相关论文,耗时一年,编写出这部《城市文化教程》。其间,惨淡经营、通宵达旦、文献比对、实地考察、现场采访、咨询专家……数易其稿,孜孜以求,可谓泣血之作!

在编写过程中,笔者力求做到既有创新性又能全面均衡。既要突出教材的规范性、基础性、普适性,又要尽可能反映出国际上最新的前沿成果。为此,笔者恪守如下几个编写原则:第一,突出教材体例的创新。既要有力求全面反映本门课程的系统化理论阐述,又要征引国内外大量的最新权威数据、事例、图表,做到"论从证出",以确凿无疑的事实和数据来支撑整个学科化的体系建构。第二,强化案例阅读。为了便于教师教学和学生广泛地扩大阅读面,针对开放大学学生来自各个领域,彼此之间在年龄、身份、职业、兴趣、地域、知识基础方面有着颇大的差异,在全书各章篇末,增列了若干笔者从国内外大量书刊、杂志、报章、著作、论文乃至本人著述中摘录的精彩片段,以飨读者。第三,精约中见博广。这种教材处理法,可以增广见闻、更新思想观念,获得最新成果,力求以较少的篇幅、时间获得巨大的知识信息、思想财富和技术路线。第四,教材的说明文字与叙述语言,努力做到"雅俗共赏"。当笔者表述学术前沿的新思想观念的时候,努力忠实于所征引的学术思想,不能为了文字表述的花里胡哨而"以辞害意";同时,教材主要的部分还是编写者的说明文字与叙述语言,当进行这一部分的撰写时,就要着力追求行文的流畅生动、形象具体且富有鼓动性和渲染力。

记得三国时代的魏文帝曹丕在《典论·论文》中说:"盖文章,经国之大业,不朽之盛事。"写出一篇好文章,价值竟如此之高,那么完成人类文明精华最集中的城市文化教材编写,就更是一项光荣艰巨而繁难的事业了,起码要比写一篇曹丕热衷于倡导的文章要艰难百倍。南北朝齐梁时代伟大的文学家刘勰曾经生动地描写过文章著述的甘苦:"方其搦翰,气倍辞前;暨乎篇成,半折心始。"(《文心雕龙·神思》)本书设想的目标诚然如此高远。西谚有云:"好的开头是成功的一半(Well begin half done)"。然而,客观效果究竟如何?这就有待本书出版后,读者诸君阅读后的公论了。

为了能够让新课程、新教材适应我们这个日新月异的时代,除了采用了多种电子媒体、多种视频教学录制方式和新型传媒技术手段外,我也想在这本概论性质的教材中,努力反映出世界范围内的新信息、新理念、新思想体系、新的研究视角、新的城市文化探索的实践成果。《城市文化教程》在不同的章节里,通过正文的论述、参考案例、权威的图标和数据,从不同的层面、角度,尽可能多地折射出古今中外思想大家与城市学专家们的创造性见解和系统化的论述。其中,韦伯、刘易斯·芒福德、雅各布森等的思想有重要的启示意义。另外,美国的"芝加哥学派"等城市学研究集群分别从城市史、城市规划、城市人类学、城市地理学、城市社会学、城市生态学、城市文化建构等多个学科出发结出的果实,对这本教程的编写或多或少具有参照、对比或避免雷同的导向意义。

城市文化学,在我国是一门新兴的理论学科;城市文化建设,又是我国实现社会主义现代化的一门具有思想启迪、精神激励、价值导向、科学规划、造福全民的实践性工程。党的十八大以后,新一届中央政府的工作重心集中在推进"新型城镇化"建设的重要关头,对城市文化的深入研究和创造性建构,将是一个适应时代大潮召唤的、令人感奋的伟大工程。笔者能够成为这一伟大学科工程建设大军中的先行的卒子,深感使命重大、任务艰巨、建设繁难。于是,穷年奋发、殚精竭虑,竭尽绵力完成这一拓荒工程。既要做到统摄全局,力求"体大思精",又要突出重点,力求"文约义深"。其中,不仅要处理约与博、浅与深、繁与简、雅与俗的关系,又要力求行文畅达、精彩焕然,同时要确保引用文献的精赅无误,又个中滋味,一言难尽。虽然如此,这部新教材是城市文化学这个新领域的初次尝试。新的尝试一定具有其不可抹杀的价值与意义,否则它就没有理由问世;新的尝试也就无法做到尽善尽美、无可挑剔。这部书稿付印之际,恳请本领域的研究专家、教学同行、广大学员反馈建设性宝贵意见,以利于今后的修订再版。

《城市文化教程》纸质教材全部由广东佛山大学教授姚朝文博士编写完成。在姚教授制作PPT课件以及采用多媒体视频教授全书的过程中,得到了本课程统筹协调人、江苏开放大学周效柱博士的悉心配合与大力支持,江苏开放大学的聂琦峰老师在课件技术性支持方面付出了诸多心血。记得去年暑假里,周博士和我策划邀请南京大学博士生导师高小康教授前来一起举办一场关于城市文化的电视沙龙,江苏开放大学文法学院的领导高度重视并给予了宝贵的支持。与这部纸质教材配套使用的视频录像,也得到两家影像制作公司的通力配合。谨此,向各位为了本书的出版、本教程的开发、本学科的建设付出劳动的专家学者、领导、技术服务人员深表谢忱。没有各个方面良好的协作,这门新课程的开发与建设,就不可能以今天这样的面貌成功问世!

最后,也要向南京大学出版社的编辑致以衷心的谢忱,出版过程中有许多细致的技术性问题,出版社的辛勤努力也是需要我们铭记的。

姚朝文

2014 年 7 月 7 日于岭南

目　录

第一章　城市与城市文化

关于文化的定义,内涵和外延都很丰富。在中国古代,"文化"一词首见于《周易》,"文"是指纹饰,"以文化成",对事物加以纹饰、加工、装修和美化就是"文化",这与现代社会所流行的"文化"一词的含义,显然不同。文化一词的拉丁语称"colere",本意是耕作土地。2001年,笔者做了一番调查统计,发现有关文化的定义有上万种之多。西方最早给文化下定义的是英国的爱德华·泰勒,他将文化定义为包括知识、信仰、艺术、法律、道德、风俗以及作为一个社会成员所获得的能力与习惯的复杂整体。

城市文化,就是指城市的建设者、各类活动者在城市运转过程中形成或表现出来的知识、信仰、艺术、法律、道德、风俗以及作为城市市民共同体所凝聚成的城市形象、城市精神。

城市在人类文明,尤其是现代文明历程中所发挥的作用越来越大,扮演的角色也越来越重要,甚至于一个强国或大国的崛起必然伴随着一个或数个超级大城市的形成。反之,若干个国际大都会有着世界性的影响,相应的就会把它所属的国家推动到世界大国的地位。因此,特大型中心城市的盛衰,就成为某一个大国盛衰的标志。于是,有一些城市研究专家明确地说,人类文明的历史就是城市盛衰的历史。虽然这种说法把大量的乡村、山区、渔村、草原屏蔽在人类文明应该加以研究的视野之外是片面的,但它又道出了直到目前为止的人类文明的核心确乎聚集在城市,尤其是中心城市的不争事实。这一事实也表明了城市文明的分量,昭示我们要将主要的研究精力用于研究城市文化。

但是,城市所涵盖的内涵与外延都特别大,任何研究城市的努力,必须也只能从城市的某一特定角度切入,逐渐深入。全面研究城市整体的努力,在当代显得十分迫切,也是一个巨大的挑战。那么多研究城市的学者,却难以给城市作出一个公认而恒定的定义。有着国际城市研究领域宗师地位的美国大学者刘易斯·芒福德在他的巨著《城市发展史——起源、演变和前景》的第一章开篇,竟然一口气提出有关城市概念的六个问题,却谨慎地拒绝给出一个明确的定义。他说:

> 城市是什么? 它是如何产生的? 又经历了哪些过程? 有些什么功能? 它起些什么作用? 达到哪些目的? 它的表现形式非常之多,很难用一种定义来概括;城市的发展,从其胚胎时期的社会核心到它成熟期的复杂形式,以及衰老期的分崩离析,总之,发展阶段应有尽有,很难用一种解释来说明。城市的起源至今还不甚了然,它的发展史,相当大一部分还埋在地下,或已消磨得难以考证了,而它

的发展前景又是那样难以估量。①

如此大家都望而却步，看来我们不能不反思我们的城市和城市文化，也时时刻刻需要反思我们对城市文化的研究和教学，其可靠性、合情合理性和合法性究竟何在。然而，与芒福德写这本著作的年代相比，时代又前进了半个世纪，我们当代学人有条件、有理由、有义务做出新的努力。

第一节　城　市

一、城市的产生和发展

定义城市最主要的依据就是城市所积聚的人口，因此，多数研究城市的学者首选人口因素，再加上其他一些地理、交通等因素来为城市下定义。例如，城市是一定规模及密度的非农业人口聚集地和一定层级的地域的经济、政治、社会和文化中心②。

那么，世界上最早的城市形成于哪个年代呢？这又是古文明研究界的一个不解之谜。有的学者认为是距今大约有9 000年的死海北岸的古里桥③，也有的学者认为是距今有5 000～6 000年④。

这里涉及城市考古学界的一个学术疑难之点，暂且不去考证各家孰真孰伪，我们从中引申出的一个结论是：城市文明的崛起比我们目前世界上的任何一个国家都要早，甚至比我们流传至今的几乎所有的文字都要早。

有关这个问题，这里略加提示即可，要想深入破译其中的奥秘，将是另一门学科的使命。

中国和欧洲各国的城市，一般而言，都具有如下一些共同的特征：(1)地理位置比周围地区都具有优越性；(2)人口与物质财富高度积聚，有吸附周边各地的能量；(3)人口及其文化具有多元性；(4)人际交往以职业分工造成的分化群体为主，不再以宗法血族聚居为主，人际关系的情感纽带越来越疏淡；(5)城市基础服务设施大多具有公共营造、公共投资也为公众服务的性质，投入也以公共财源来支撑；(6)管理活动比较复杂而变动不居，管理职能也具有向中心集中的倾向。

上述城市发展中形成的共同特征，也往往是城市发展的优势所在。《老子》云："祸兮，福之所倚，福兮，祸之所伏。"任何事物都是利弊相依的，没有只占据好处却无一处缺陷的事物，反之亦然。城市固然因为具有优势才得以发展，也不可避免地存在着发展中的多种

---

① ［美］刘易斯·芒福德：《城市发展史——起源、演变和前景》，北京：中国建筑工业出版社2005年版，第1页。

② 李燕凌、陈冬林：《市政学导引与案例》，北京：中国人民大学出版社2006年版，第10页。

③ 刘铮：《人口理论教程》，北京：中国人民大学出版社2000年版，第251页。

④ 张永桃：《市政学》，北京：高等教育出版社2000年版，第21页。另见王佃利等编：《现代市政学》，北京：中国人民大学出版社2004年版，第22页。

制约因素。

二、城市发展的制约因素

城市发展的动力主要来自如下几个方面：（1）游牧业的发展虽然可以在短期内聚集人口与物质，但是难以形成相对持久的城市；（2）农业的发展构成城市文化孕育与发展的基本推动力量；（3）工业的发展提供了城市发展的强大推动力和高度集中的效应，自由市场的发育是城市形成的直接推动力量。

当今的后工业化国家，尤其是美国，把耗费资源、污染环境的传统制造业转移到中国、东南亚、印度等发展中国家，本国依靠金融系统的食利者阶层在股票、证券、期货、基金等虚拟经济中的衍生品来玩弄钱生钱的游戏，终于因过度透支信用而爆发 1929 年至 1933 年"大萧条"以来最大规模的"金融海啸"。尽管奥巴马总统号召海外实业家和资本回流美国本土，尝试采用"再工业化"的路径，解决国内竞争力衰落、失业队伍庞大等问题，但是，美国缺乏吸引制造业回流的有利环境，实业家在美国远不如金融资本家获利多，这是汽车城底特律破产、煤都匹兹堡衰败、房地产信用崩溃的根本原因。

当今社会，网络电子时代又把物理空间上高度集中的城市向扁平化、分散化、网络状分布转变，让原本采用平面阅读的人们离开了报纸、小说、故事书、漫画杂志，纷纷一头扎入互联网，玩网络游戏、读网络小说的兴趣超越了原本到剧院看大戏、读纸制书的习惯，现在的手机阅读群体（以中国最为显著）又大有超越电视观众甚至是互联网阅读群体的趋势。外国游客到中国发现，即使是在新年家族团聚的场合，很多青少年也都在全神贯注地用手机玩微信、下载游戏、听歌曲，忙得不知道向爷爷奶奶问候新年好，不给叔叔、姨姨说几句祝福的话。这是一个即将被 iPad 和智能手机洗脑的电子霸权时代，平板电脑、笔记本电脑都已经是明日黄花，台式电脑就被认为更加 out（落伍、淘汰）的时代。面对着足不出户就可以和世界上任何电子网络建立联系的时代，生存在城市的家长们日益担心，城市青少年将越来越多地丧失与大自然接触的机会，失去在大自然中接受锻炼并形成野外求生技能的能力。

至于脚步声渐近的物联网、智能电视、智能眼镜和 3D 打印技术，就更是便利于人类简便、迅捷地获得各类资讯的同时，变得越来越缺少活动、越来越"懒"，越来越丧失许多固有的能力和情趣。

采用上述简单枚举法罗列城市发展面临的新问题和面对的制约因素，是无法完成设想、力有不逮的。上述诸项事例，无论古老传统，还是现代新潮，都说明城市的发展也有许多的制约因素。概括而言，影响城市文化发展的主要因素有城市的文化氛围、城市的艺术特色、城市景观形象、城市经济发展水平、城市的政治体制、城市的法制环境、城市的社区发育程度、群众团体的功能、城市交通运输、城市通信水平、城市社会保障体系的完善程度、城市文化设施的质量与完善程度、城市教育水平、市民对城市的文化认同与幸福指数、城市生态绿化程度等。

如此多的因素之间是怎样发展、制约和作用的，这是一个巨大复杂的系统。在后面的各章节里，将会详细做出说明。更多的复杂形态，将在各章后面附设的案例中加以具体展示。

需要突出强调的则是当今世界的中外城市,都面临着人口越来越集中到发展中国家的趋势,土地对资源的约束越来越显著,水资源越来越紧缺,能源危机严重,城市的视觉污染越来越突出,城市风格缺失越来越令人焦虑,城市文化自觉的精神缺失严重。[①] 有鉴于此,展开城市文化的研究、学习、教育、推广与普及工作,在当今世界显得越来越急需而迫切。

三、中外城市化的不同路径

世界上,东西方、南北半球、不同国家、不同种族的城市化道路各不相同。当今世界有180多个国家和地区,逐项列举,将是本书难以胜任的。我们只能作为一家之说,撮要提供以下一些具有代表性的发展路径。

（1）先进与后进的二分法。这种观念主张欧美发达国家的城市发展,尤其以英国为典型,走的是原发型城市化道路。而发展中国家则是继发型城市化发展道路。与此类似的主张还有,领先型城市发展道路和追赶型城市发展道路。

（2）依据产业形态来发展的城市化道路。这类主张与本书后面讲城市发展的类型相似。有石油城、煤炭城、汽车城、航天城、塑料城、玩具城、科技城等。

（3）依据城市功能划分的单一功能与多功能城市。依照这种分析方法,中国的许多内陆中小城市依然是功能比较单一的农业城市,而各省会基本上都是集多种功能于一体的综合性城市,沿海新兴城市或者主要是出口贸易导向城市,或者主要是旅游观光度假城市、或者是享受国家特殊政策的经济特区等。

（4）以历史孕育的特定文化精神理念为深度分析的城市发展道路。上海学者郭圣莉、何建中、陶希东等分别研究纽约、伦敦、巴黎的城市发展道路后将它们分别概括为纽约的多种族移民城市的多元开放文化精神、伦敦以工业革命理性与自由宽容为特质的城市、巴黎以创新冒险、理性批判与浪漫气质著称的城市发展道路[②]、古罗马承认个人主义的集体主义[③]、德国城市标准精确、理性严谨、秩序至上和完美主义的文化道路[④]、莫斯科与圣彼得堡的"大即为美"与弥赛亚拯救世界的情怀[⑤]、东京和魂洋才的模仿与创造道路[⑥]、孟买"人类心理学的博物馆"与亚洲"好莱坞"式道路[⑦]、上海的冒险家乐园、实用与个性主义

---

① 鲍宗豪:《国际大都市文化导论》,上海:学林出版社2010年版,第5-6页。

② 鲍宗豪:《全球视野下的都市精神文化》,参见奚洁人著《世界城市精神文化论》总序,上海:学林出版社2010年版,第11-14页。

③ 郭圣莉:《古罗马城市精神文化》,参见奚洁人著《世界城市精神文化论》第二章,上海:学林出版社2010年版,第43页。

④ 王直板:《德国制造的启示》,参见《学习天地》2013年第6期,第19-21页。

⑤ 洪九来:《莫斯科与圣彼得堡的城市精神》,参见奚洁人著《世界城市精神文化论》第二章,上海:学林出版社2010年版,第222页。

⑥ 何建中、万敏:《东京城市精神文化》,参见奚洁人著《世界城市精神文化论》第二章,上海:学林出版社2010年版,第242-243页。

⑦ 赵鸣岐:《关于孟买和墨西哥的城市精神文化》,参见奚洁人著《世界城市精神文化论》第二章,上海:学林出版社2010年版,第259-263页。

发展道路①。

这第四种类别的分析最典型的是从城市文化精神的内在本质层面作出分析,是深刻有力的成果,值得借鉴与推广。

另外,美国城市学家刘易斯·芒福德的《城市发展史——起源、演变和前景》更是城市文化分析的扛鼎力作。本章末尾精选了该书部分论述,作为佐证本节论述内容的参证论据之一,请读者多加参考。

第二节　城市文化

城市文化,本来是"文化"与"城市"两种要素的复合。"文化"一词,要追溯到汉语文字的词源。"文"在古汉语中,与"纹"相通,有"花纹""纹饰""纹理""文字""文章""法令条文""礼乐制度""辞彩""文雅""钱币单位""姓氏"等多种义项。《周易·贲卦》有一再被后世文人所引用的名言:"圣人观乎天文,以察时变;关乎人文,以化成天下。"

《辞海》对"文化"的解释有三种:第一种是广义和狭义的指称,"从广义来说,指人类社会历史实践过程中所创造的物质财富和精神财富的总和。从狭义来说,指社会的意识形态,以及与之相适应的制度和组织机构。文化是一种历史现象,每一社会都有与其相适应的文化,并随着社会物质生产的发展而发展。作为意识形态的文化,是一定社会的政治和经济的反映,又给予巨大影响和作用于一定社会的政治和经济。在有阶级的社会中,它具有阶级性。随着民族的产生和发展,文化具有民族性,通过民族形式的发展,形成民族的传统。文化的发展具有历史的连续性,社会物质生产发展的历史连续性是文化发展历史连续性的基础"。第二种解释是泛指一般知识,包括语文知识在内。例如"学文化"指的是学习文字和一般知识。又如对个人而言的"文化水平",也是指一个人的语文和知识程度。第三种是指中国古代封建王朝所施行的文治和教化的总称。②

《现代汉语词典》里对城市的解释是十分简略的,只概括出城市的主要属性:"人口集中、工商业发达、居民以非农业人口为主的地区,通常是周围地区的政治、经济、文化中心。"③

城市本来是"城"与"市"两个含义远不相同的词后天组合的产物。"城"在《辞海》里有名词和动词两种解释。名词意义的"城"是"旧时在都邑四周用作防御的墙垣。一般有两重:里面的称城,外面的称廓。《管子·度地》曰:内为之城,城外为之廓。"动词意义的"城"指"修筑城墙",《诗经·小雅·出车》云:"城彼朔方。"④

与围墙作为标志的"城"不同,"市"往往是河流或交通十字路口便利货物交易之地,因为人口聚集,首先需要解决喝水、吃饭、住宿等问题。那么,水井就成为市的标志性设施。

---

① 黄颖:《上海城市精神文化的源流》,参见奚洁人著《世界城市精神文化论》第二章,上海:学林出版社 2010 年版,第 298、306 页。

② 《辞海》(缩印本),上海辞书出版社 1980 年版,第 1533 页。

③ 《现代汉语词典》(第五版),商务印书馆 2007 年版,第 176 页。

④ 《辞海》(缩印本),上海辞书出版社 1980 年版,第 532 页。

因此,无论古代还是现代,我们经常听到"市井"一词,常常听说"市井小民",不说"城市小民"。"市"在《辞海》里有五个义项,其中第一个义项是原始意义,用作名词,指集中做买卖的地方。《易经·系辞下》描述为:"日中为市,致天下之民,聚天下之货,交易而退,各得其所。"这是今天城市生活中集市贸易、菜市场、肉市场之说的起源。第二、第三个义项是转化为动词的引申意义,分别指交易、购买。前者的常用语如"有行无市"。《晋书·祖狄传》:"[石勒]与狄书,求通史交市。狄不报书,而听互市,收利十倍。"后一种义项下,见《论语·乡党》:"沽酒市脯,不食。"中国古代最长的汉族文人诗歌、东汉时代的古乐府《孔雀东南飞》里云:"杂彩三百匹,广交市鲑珍。"至于,我们语文课本里选入的《冯谖客孟尝君》里写到冯谖花五百两黄金为孟尝君买到一匹死掉的千里马,又收集到民众积欠孟尝君的债契一把火全烧掉,对孟尝君解释为"市恩""市义",都是转化了的引申义。《辞海》里的第四个义项是指城市。这是后起的意义,如市民。第五个义项指"行政区域单位,工矿、交通、贸易和文化教育事业比较发达,人口比较集中的城市。在我国有中央直辖市、省、自治区辖市和自治州管辖的市之分"。这第四、第五个义项,才和我们这里讨论的内容直接相关①。

"城"与"市"合一,而为"城市"。在我国古典文献的记载中,最早出现"城"与"市"合一的现象,是在战国时代。《战国策·赵策一》首先出现了"城市邑"的概念。《韩非子·爱臣》篇曰:"大臣之禄虽大,不得藉威城市。"此前只有"都邑"的说法。例如,《太史公记·五帝本纪》记载:"一年而所居成聚,二年成邑,三年成都。"在《资治通鉴·周赧王五十三年》里出现"有城市邑十七"的数量统计。用当今的流行说法,东周时代我国就有十七座"国际大都市"了。

在我国的历史文化名城中,居中国制造业第五位的广东省佛山市是唯一从古至今没有城墙的城市。在公元 380 年(东晋太康二年)凿成的古水井至今保存完好,旁边建有古庙和石碑,碑上刻有"佛山初地"的碑文(如图 1-1、图 1-2、图 1-3 所示)。

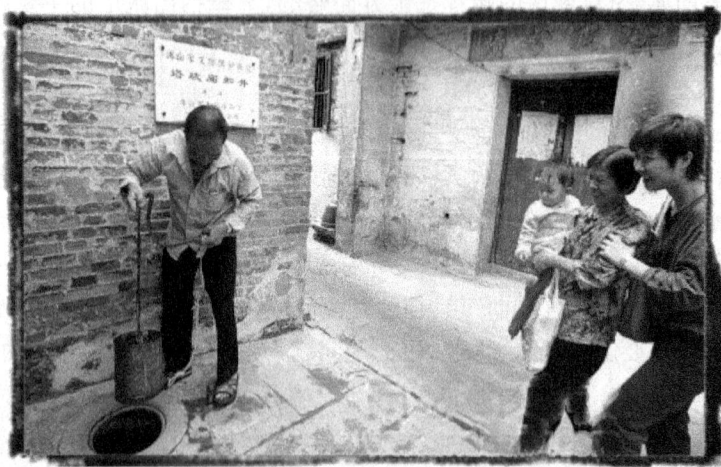

图 1-1　塔坡古迹

①　《辞海》(缩印本),上海辞书出版社 1980 年版,第 346 页。

图1-2　塔坡碑　　　　　图1-3　塔坡古井

　　根据碑文记载,得知东晋有罽宾国僧人达毗耶舍,在此讲经及建过经堂。于是,人们就在原地重建了塔坡寺,并把塔坡岗改称佛山。这个佛山,后来逐渐发展繁荣起来,到了元、明、清三个朝代,成为与北京(北方)、汉口(中西部)、苏州(东部)并称的天下"四大聚"。隋唐时代,乡人在塔坡岗上掘地,得铜佛三尊和刻有"佛山"二字的圆顶石碑一方(现存佛山市祖庙博物馆内),碑上有粗重的"塔坡佛寺"大字,下有对联妙语:

　　　　胜地骤开,一千年前,青山我是佛;

　　　　莲花极顶,五百载后,说法起何人。

　　城市因文化而崛起,文化因城市而繁荣,城市与文化两者之间的紧密关联性,谱写出古今中外无数生动有趣的佳话,成为了如今大学教科书里有力的分析案例。

　　关于"文化"的定义或论述,曾经难倒古今中外的许多大师,也令当今的文化名人们无法对其小觑,更有不少人很想在这个难啃的硬骨头上大展拳脚,就像革命现代京剧《智取威虎山》里杨子荣下定决心只身勇闯座山雕等100多位土匪盘踞的威虎山时发下的誓言:"明知前途有艰险,越是艰险越向前。"余秋雨就在他最新出版的《何谓文化》一书的《文化到底是什么》章开篇不久就直言不讳地说"在这个世界上没有别的什么比文化更难以捉摸,我们不能分析它,因为它的成分无穷无尽;我们不能叙述它,因为它没有固定的形状。我们想用文字定义它,这就像要把空气抓在手里:除了不在手里,它无处不在"。尽管如此,他又在接下来的第三、第六自然段里,自信地宣称"我的定义是世界上最简短的——文化,是一种包括精神价值和生活方式的生态共同体。它通过积累和引导创建集体人格"。接着又指出"今天中国文化在理解上至少有以下五方面的偏差:第一,太注意文化的部门职能,而不重视它的全民性质;第二,太注意文化的外在方式,而不重视它的精神价值;第三,太注意文化的积累层面,而不重视它的引导作用;第四,太注意文化的作品组成,而不重视它的人格构成;第五,太注意文化的片断享用,而不重视它的集体沉淀"。[①]

上述批评虽然是就"文化"这个大概念而言的,在当今城市文化占据主体地位的世界里,却有比较普遍的意义。

具体到城市文化而言,我们需要纠正大众把城市囿限于实体经济、城市规划或城市社会学的范畴来理解所造成的褊狭认识,需要升级我们的观念,形成新的理解。

独特的城市风貌和城市建筑风格,就是城市文化内涵的具体体现。在当前,我们迫切需要更新城市文化与城市经济之间相互关系的几个根本观念。

第一,一个城市的经济成长方式可以形成该城市文化的特定方式,这种差异化发展,奠定了该城市文化的定位与特色。反过来,形成了特色的城市文化又变成了城市经济定位明晰化、发展思路清晰化的助推器。在发展的初级阶段,前者对后者具有决定和塑型的作用;在发展的中高级阶段,后者反过来对前者产生重要甚至决定性影响,规定了前者的发展方向、发展特色、发展定位、发展思路,乃至决定了城市的品位与风格。城市文化渗透在城市经济活动的各个方面,诸如建筑文化、陶瓷文化、饮食文化、民俗文化、曲艺文化、武术文化、酒文化、茶文化、旅游文化、服饰礼仪文化等。几乎没有什么文化不与经济活动发生千丝万缕的关系。而城市经济活动的各个方面也无不渗透着特定城市历史文化积淀的发酵、辐射与影响。一个城市,越是发展到中高级阶段,城市的文化属性在城市经济活动中的地位就变得越来越显著,影响也越来越强烈。城市经济实体的经营活动中,经营理念、管理方式、品牌营造、售后服务的文化元素越来越突出起来。现在,有必要对城市人口群体构成中最具有进取精神的企业家群体实施多批次的"企业精神培训",让我们的实业家更重视:企业信誉、团队合作精神、资源共享、利益共享、风险共担、和气生财、以理服人、以情感人、以利留人,反对欺行霸市,杜绝不正当经营、抵制垄断不公、举报恶劣行为、鄙视以次充好。当前,消除体制性不公平带来的"劣胜优败"现象尤为重要,如不改观,不仅危及微观层面的企业前途、中观层面的城市发展后劲、宏观层面的国家未来,还会造成无法弥补的经济损失和身体伤害,更将严重毒化心灵、恶化社会诚信体系、丧失民族凝聚力。

第二,人们普遍想当然地以为城市经济是城市文化发展的基础,相反,恰恰是城市文化为城市经济档次和品质的提升提供了基础保障和升级的动力。经济实体无论是技术水平、质量控制、管理理念、企业体制,还是人事制度安排,众多的领域都需要人文元素的渲染、积累、发酵、提升和导向。城市文化是城市经济吸引力与辐射力扩大的基础,是支撑城市生存、竞争和发展的巨大动力与无形资产。

第三,城市文化是城市个性和特色形成的条件。城市文化的个性,不仅仅决定于城市经济,也直观地决定于有特色的城市建筑给外来者造成的"首次"印象。城市文化的个性特色主要决定于一个城市的生活方式,民间的生活时尚、婚丧嫁娶的习俗、迎来送往的礼仪、规矩、禁忌和传统,民间盛行的歌舞、音乐、戏剧、曲艺、杂技、装饰性工艺和特产,恰恰构成了民风民俗的核心内容。一个城市的工业产区可以随着产业循环的国际潮流而转移,一个城市的建筑可以随着经济实力的消长和代际流行样式的变化而变化,但是一个城

---

① 余秋雨:《何谓文化》,武汉:长江文艺出版社2012年版。

市在长久的历史发展进程中形成的民俗情调和生活方式却不是可以随时搬迁走的。拥有持久生命活力的民间风情、民俗形态活化到新的城市升级过程中与新的现代化传播媒介相结合,城市得到脱胎换骨的改造,形成既现代又传统的城市品位、城市魅力,就不会在千篇一律的城市化浪潮定制格局中丧失个性与品位。

第四,城市文化是城市经济发展的动力。一座城市的文化具有诱人的魅力,人才、投资、产业、市场、机会就会接踵而至。城市文化对城市经济发展具有直接驱动和潜在拉动的效果。对饮食、酒店、会议展览经济、旅游观光、特色消费、景点门票、歌舞演出的拉动往往十分明显;对整个文化产业的带动,对整个城市经济结构的促进也具有或直接或潜在的拉动作用。

综观上述各部分的论述,城市文化与城市经济,两者互为条件并互为动力。在城市升级改造中,首先要实现关于"现代化城市"理念的转型与升级。固然要精心规划、设计、建造出一批有着现代化与民族传统有机相融的城市形象定位,有高度创造性的设计原则,有令海内外游客眼前一亮、为之心动而流连忘返的城市建筑景观,更要有机、系统地提升特定城市的历史文化与民俗风情的底蕴,使海内外游客在震惊、新奇、炫目之后,又能感受到卓尔不群、精神内质上有几分亲切,让本土市民感受到现代化的进步中保留了城市历史的韵味,外表现代化中又有几分似曾熟悉的文化风情在流淌,不会产生置身于一个现代化的外国城市的错觉。

一座城市如果没有历史长存的标志性建筑,就不可能在鳞次栉比的世界城市里留给世人醒目的印象和特征化的区分;一座城市如果没有传统深厚而创意独特的建筑与景观,他将毫无魅力和优越感可言。多元文化生产力的综合竞争已经成为21世纪最核心的前沿挑战,成功的城市必然文化原创力发达、文化历史底蕴深厚、文化转型成功、文化魅力非凡。

当前,我国大陆有世界上最为庞大的城市产业形态,却不完全拥有城市的综合服务功能;我们有成千上万座超过美国、欧洲人口规模的城市人口,却没有自发地形成市民社会;我们特别注意在城市外观上追赶美、欧、日,却和我们固有的人际关系网、社群系统、文化传统、生活方式发生了近乎彻底的断裂——市民社会所自发形成的社区、行业自助与互助的组织。这些组织能够在很大程度上形成互相沟通、协助、互助、自律、公益,进而走向社区认同、行业互助,相互扶持并相互监督,形成诚信、公平、和谐互助的社区、社团、行业协会。

城市社区、民间社团的发达,中产阶层的成熟不仅是马克思主义创始人的心愿,也是城市现代化建设中为了经济的稳定与发展、社会的进步而必须促进的题中应有之义。

世界城市化的历程经历如下四个阶段:自发的集市贸易市场形态阶段(对应的是卖原材料),工业产区集聚地带阶段(对应的是卖产品),交通与建筑密集扩张阶段(对应的是卖销售渠道与整个产业),综合服务功能齐全完善的现代化城市形态阶段(对应的是卖创意设计、卖精致完善的配套服务、卖智慧、卖品牌、卖休闲服务)。目前,中国的城市化总体上处于由第二阶段向第三阶段剧烈转型的关头,在城市中心组团地带,局部意义和部分程度上开始出现由第三阶段向第四阶段转型的可喜苗头。城市的升级转型期,要形成并确立真正健全的城市观念:一座现代化的城市不是单纯经济开发区模式的城市,甚至也不是经济主导型的城市,而是现代服务功能配套完善的、人类宜居而有幸福感和认同度的城市。

第三节 城市文化学

一、一门新学科:城市文化学

城市文化研究是一门世界性的前沿学科。随着城市化浪潮席卷全球,有关城市文化的研究形成了前沿性和世界性两大基本特征。

国际范围内城市的发展,给予全球范围内的政治与经济越来越显著的影响。冷战结束后,这种影响超越了国家和民族的界限,形成一种世界性的浪潮。即使在一个国家内部,大都市对周边地区的影响也越来越突破了行政区划的藩篱。

城市文化对政治和经济的作用,文化对大众的整合以及文化对人们生活方式、审美趣味、价值观念的影响力正变得越来越强大。城市文化研究正面临着一种新的挑战,其复杂性表现在古典时代的文化生态中,城市文化也具有农耕或游牧时代的田园或草原牧歌大背景;而在以城市为中心的当代文化生态中,城市文化与经济与政治的关联程度前所未有的强烈,它不仅仅被政治和经济所制约,而且常常融入了经济乃至政治,成为其中的一部分。总而言之,城市文化越来越被整合在产业之中,同时又发挥着政治的作用,形成了所谓的"文化产业"生态。这种文化产业的生产、分配、消费、服务的重心,则集中在超速发展中的特大城市的综合性辐射功能之中。

后工业化时代的城市发展出现了新的发展趋势。承担物质生产重任的中心城市,随着工业化时代向后工业文明的转变,这种物质生产的重心已经慢慢转移到了边缘地区,到了农村、小城镇、不发达地区;中心城市的产业重心转变为发达的金融业、服务业和虚拟经济,物质消费的狂潮逐渐让位于文化生产、消费与服务。近年来学术界经常讨论的热门话题,"文化生产力""文化与城市竞争力""眼球经济""体验服务""休闲生活""虚拟经济学""创意产业"等,颠覆了我们惯常的认知观念:在传统视野中一直受制于政治结构和经济基础的文化要素,它本身正在变成当代政治和经济的重要组成部分,而且成为国家与地区软实力竞争中的关键因素。文化产业对国家的兴衰乃至整个世界经济的增长,都发挥着越来越举足轻重的作用。

城市和文化这两种不同要素的结盟,导致了城市文化的兴起并产生了强大的辐射力。在当今世界,这种辐射力之强大更是以前所未有的规模、时尚、潮流,先在发达国家和地区形成强大的气候,然后越过欧、美发达国家,犹如泛滥的洪水狂潮,在世界范围内攻城略地、拔寨竖旗,声势赫赫、功业烈烈。

城市是人类文化时尚的风向标。其实,这种城市辐射力强大的风气在两千年前的中国古代就出现了。《后汉书》里有一段生动的记载:"城中好高髻,四方高一尺。城中好广眉,四方且半额。城中好大袖,四方全匹帛。"这种现象古今如一、人与我同,本来没什么需要特别惊奇的,只是当今世界的发展速度成倍增长,城市尤其是特大型城市的文化辐射力空前强烈,才不断地产生金庸热、麦当劳热、"哈利·波特"热、功夫熊猫热、CDB热、变形金刚热等。

前沿性和世界性是城市文化研究的两大特征。城市文化研究具有前沿性,是因为它所面对的各种都市文化经验与问题几乎都是前所未有的,许多新问题都是传统人文社会科学没有遇到的。有些问题尽管在表面上看与过去的一些历史现象相似,但由于时代背景和社会基础结构的巨大变革,这些问题在性质、程度和范围等方面早已发生了根本性的变异,这也是建设"城市文化学"学科的意义之所在。说它是世界性的,则是因为都市文化本身的重要性不仅少数发达国家早已感悟到,而且长期以来一直背负着沉重的农业文明包袱、城市化程度和水平都很低的发展中国家也正在强烈地感受到。这些国家出于发展国民经济以及迅速跻身于世界政治经济圈的强烈愿望,它们在城市化建设中投入的人力、物力与智力并不比发达国家少,甚至更多。没有城市化以前,人们向往城市化;而一旦城市化了,人们又想逃避城市化,这是一个全世界都面临的困惑和问题。

因此,城市的出现与"城市"概念的出现都是古老的问题,但"城市文化学"却是新问题,属于新兴学科。

二、一门世界性的新学科

如果说农业文明、农业经济就如古代的农业庄园、封建城堡一样,可以自闭门户、不与外界往来,像中国远古第一个王朝夏时代的自耕农所歌咏的那样:"日出而作,日入而息,帝力于我何加焉?"农耕文明的决定条件是适合耕种的土地,土地不能搬迁,这就把利用固定的土地来为生的农民固定在原地,世代休养生息、繁衍子孙。城市尤其是现代城市文明的血统里面则天然地有着工商业文明的基因,工商业文明天然具有扩张性、流动性。随着大航海时代的到来和工业革命在世界范围的扩张,世界各地的城市拔地而起,形成了全球化的城市浪潮。城市既然有如此特性,那么研究城市文化的学科也不可能与其天性相背离,必须与之相适应。这种相适应表现在如下几个方面:第一,我们的研究对象是小到全国城市,大到全世界的城市各自具有的文化形态,而不可能仅仅局限在某个城市的孤立的个案研究。第二,我们的研究方法也是要与世界各城市的城市文化研究同行们相互取长补短的,在发掘并保持我们自己的研究特色的同时,也要汲取各城市文化的优秀营养,"他山之石,可以攻玉"。第三,研究者和学习者的立场与观念也应该是世界性的,不能"王婆卖瓜,自卖自夸",不能因为只为自己所居住的城市叫好营销而罔顾存在的不足与难题,也不能无视中外各城市的最新成就,坐井观天、夜郎自大。需要站在客观、理性、中立的立场上,科学地分析城市文化的特点、规律与方法,冷静地对待自己的不足,谦虚地学习别人的长处。

三、一门世界性的综合性前沿学科

马克思曾经描绘出自己在学问上的理想境界是,世界上的一切对我来说毫不生疏。如果说,世界上绝大多数的学科是分门别类地做单一领域的专项研究,那么,有一少部分学科则是做综合性的研究,例如哲学、文学、文化学、城市文化学。这是它们的研究对象本身决定的。从事这些学科研究的学者为了便于入门,在阅读了这些学科的综合性介绍的入门书之后,必须先选择一个相对细小而集中的领域来做专项研究,以便于尽可能快地登堂入室、成为专家,避免变成样样通稀稀松的公共知识分子,甚至由知识分子沦为"知道分子"。但是,作为学科的城市文化学,其学科特性就决定了必须研究五花八门、千门万类的各种城市里繁复多样的文化样态,它的学科对象、研究方法、研究视野都是综合性的、世界性的。

随着当代社会的快速发展,当代城市日新月异地快速膨胀,城市文化学仅仅具备了综合性、世界性和多学科交叉性依然不够。上述特性可以确保它成为一门学科,但很可能形成后没有持续几十年,就可能变成比较陈旧、古老的"经典"人文学科了。什么办法才能使它具有永葆青春的魅力呢?学习河流和大海"流水不腐,户枢不蠹"的格言,给城市文化学科的警示就是要想长鲜长青,要不断地使这门学科处于世界的前沿状态。

怎么样才能做到不断地处于世界前沿状态呢?办法有如下几种:

第一,不断地搜集国内外各城市最新的信息资料。这在以前仅仅是一个美好的理想,甚至是一个幻想,但是在互联网与物联网交接的时刻,在高度发展的电子信息时代,这种理想完全可以变成现实。借助电子信息高科技远程网络技术,即使身处中国的十朝古都南京,也瞬间获取远在大洋彼岸的纽约、墨西哥、圣保罗市的最新科技发明资讯;即使在北京或广州的图书馆内,也可以通过联通世界各地的物联网快速购买到伦敦或巴黎有关城市文化研究的最新版的外文原著。电子信息使世界变小,通过网络聊天系统,我们可以在加拿大温哥华与南非的约翰内斯堡之间实现即时聊天;如果聊天的双方安装了视频摄像头,约定好时间,就可以足不出户、彼此清晰地看到对方的音容笑貌,乃至头上第几根头发已经变白,哪一道皱纹比上个月变深、变粗都历历在目。

第二,不断地借助现代化的交流设施,进行观念、立场的碰撞,从而加强共识、求同存异、更新思想,处于世界的前沿状态。

第三,不断地发现新的研究方法,并不断地改进自己已经驾轻就熟的、老的学习方法。

第四,不断地更新自己的研究设施。最先进的技术手段,可以有效保证城市文化的研究者、学习者处于最前沿的动态;可以有效保证城市文化的研究者、学习者处于比较前沿的研究状态;当然,比较滞后而不先进的技术手段,则很可能影响到研究者和学习者无法处于比较前沿的研究状态。工欲善其事,必先利其器。最先进的设备和技术手段有利于你处于前沿,但最不先进的设备和技术手段,则很可能让你从最前沿的状态跌落到被动落伍的境地。

第五,做田野作业,要深入所在城市做第一手的调查研究。独一无二的新鲜资料,也可以确保独一无二的特定资源优势,这也是另一种世界前沿。在电子虚拟世界浪潮席卷全世界的当下时代环境背景下,谁能够吃苦耐劳、脚踏实地做好田野作业,便有更多可能成就十分难能可贵的事业。

第四节 城市文化的教学体系

城市学在很多国家早已是一门显学,尤其是在那些已经完成城市化进程的国家,研究城市问题的著作和文章更是汗牛充栋。其中的代表性人物有美国的刘易斯·芒福德、雅各布斯、凯文·林奇、斯皮罗·科斯托夫、托马斯·科斯纳,英国的布莱恩·劳森,意大利的L·贝纳沃罗,德国的汉诺—沃尔特·克鲁夫特等名家,还有美国的"芝加哥学派"等城市学研究集群。他们分别从城市史、城市规划、城市人类学、城市地理学、城市社会学、城市生态学、城市文化建构等多个学科维度,对人类的城市现象和城市问题,进行了卓有成效的学术梳理和探究。他们的这些研究成果,为人类世界的城市文明进程写下了重要的历史记录,也为人类城市的更好发展提供了有益的价值启示和导向作用。对中国的城市建设和发展,也同样具有良好的学术示范及其理论参照作用与价值。

《城市文化教程》是关于城市文化研究与教学的一本概论性的教材。近年来,国内有关城市文化的研究著作逐渐多了起来。但是迄今为止,尚未出现一部系统介绍国内外城市文化研究成果的教科书。本书是填补这一空白的初次尝试,力图比较客观而全面地反映这一领域的前沿思想和丰富的实践成果。

但是,我国在这个领域的研究尚处于起步阶段,存在大量的译介国外成果却消化不良、运用到中国城市文化研究领域中存在着夹生现象;一般性的概念分析、理论转述多于深刻精辟的专题研究,出色的个案研究更属弥足珍贵。江苏开放大学着力于建设新兴学科,开发新型教材,在全国电视大学和开放大学领域具有开创性。基于教材对象是广大的社会人士,年龄不分老幼、既往学历不计是否完整,为了实现普及新型高等知识,为了用国际前沿成果武装中国城市公民,本教材的编写力求做到通俗易懂、简明扼要、提纲挈领。在要言不烦地介绍有关知识性观念与理论之后,尤其侧重有针对性的具体案例分析,便于广大学员和读者能够切实优化认识、更新观念、增强感悟、提高能力、升华水平。因为,针对开放大学的系统化教材开发,对于我们编写者而言,也是一个新的尝试与挑战、新的努力与创造,因此,本教材作为"初次吃狼桃"的尝试,或多或少地具有"摸着石头过河"的特征。恳请专家同仁和广大读者提出宝贵意见,以便于我们日后修订再版,把教材建设工作提升到一个新的水平。

1938年,美国学者刘易斯·芒福德出版了本学科的奠基之作《城市文化》,获得了整个美国和欧洲学术界的高度赞誉,将它评价为关于城市文化的具有里程碑意义的最优秀的文献,刘易斯·芒福德的照片也登在了《时代》周刊的封面上。这本书就好比是一座伟大的城市,蕴涵了各种能量、形象和活力,这是一部历史,是城市史的政治宣言,也是关于城市和城市社会学的理论。芒福德论述的城市史就是文明史,城市凝聚了文明的力量与文化,保存了社会遗产。城市的建筑和形态规划、建筑的穹顶和塔楼、宽广的大街和庭院都表达了人类的各种概念。芒福德用建筑和艺术展现城市的发展,首先关注的是社会问题,而不是美学问题。城市的基本问题是城市是否满足人的基本需要,城市的设计是否促进人的步行交通和人与人的面对面交流。芒福德在书中并没有介绍什么是他心目中的理想城市,他揭示的是指导规划过程的社会性原则,而不是作为一名专业规划师来讨论城市问题。对芒福德来说,城市规划问题首先是价值问题。《城市文化》前四章关于历史的论述成为日后《城市发展史》的基础,许多材料甚至还原样保存下来。

第五节　学习与研究城市文化的意义

在新的生态文明与均衡发展观念取代人类以自我为中心的人本主义观念之后,城市文化研究不能局限在就城市论城市、"头疼医头脚痛医脚"的阶段了。我们需要超越"城市自我中心"观念,更多地考察城市经济、政治和社会生活之间如何协调发展、相互促进的关系,研究城市对其周边地区深刻的影响的同时,需要采用逆向思维方式,多加考察城市与周边城镇的关系,城市与乡村的关系,深入实地做田野调查,弄清楚城市的周边地带究竟是如何促进或限制了城市文化的形成与发展。这些问题,将在城市文化研究中具有全新的意义。

改革开放以来,特别是自上世纪90年代以来,中国的城市发展和城市化进程令世界瞩目。内地城市与国际都市的频繁交流,给中国的城市发展带来了许多新的机遇和活力,同时也由此产生了许多亟待思考与解决的理论问题和现实挑战。其中一个普遍而重要的问题是:很多城市都竞相提出了建设国际都市的目标和口号,但所谓国际都市或大都市,都是一些比较模糊的概念,或是对某些国外都市和大都市的表层印象,或是一些机械的人均数字,而如何在全球化大背景下,将自己的文化建设成为具有本土特色的都市新文化,还缺少深入自觉的思考和长远通盘的规划。

与近年来我国城市经济的迅速发展相比,我国城市文化建设的自觉性是滞后的,如何在市场经济的条件下建立一个结构合理、不受商业原则单独支配、能够吸引各层次、各年龄段的人参与和共享的文化,既是一个值得思考的理论问题,同时也是摆在城市决策者和管理者面前的实践问题。这个问题不只是个文化问题,也是营造人类与环境生态之间和谐互利、共同发展所不可或缺的重要环节。从城市文化的角度来看待和谐社会,就意味着不能仅仅只有少数人享受高品质的文化,而应该是让全体公民都能共享高品质的文化,这样文化建设才会对构建和谐社会起到积极的促进作用。

当前,中国正面临着城市化转型升级和新型城镇化的重大新课题。在全球化的背景下,怎样做到国际前沿性与保持中国城市的中国特色和地域特性,处理好当代城市与传统的关系,处理好短期政绩工程与长远公众福祉之间的关系,尽力避免“千城一面”的城市同质化危机,是迫切需要寻求破解之道的城市发展战略问题,甚至关系到一座城市的生死存亡、一个民族的存亡续绝的问题。城市升级的标准并非城市外表的西方化,更不能褊狭地理解为城市节庆、时尚和风俗的盲目洋化。城市发展与升级的方向需要具有国际视野和前沿观念,也需要吸纳和包容各种外来城市文化的元素,但是一座城市区别于其他城市的基调却不是追赶欧美城市景观的同质化“攀比”价值导向,而应该建立在丰富而感性的本土区域特性、中国文化基调性质和东方人文情调上。这是避免一座城市淹没在全国乃至于全世界城市汪洋大海之中的唯一正确的选择。如果说,我们在新中国成立后的20世纪50年代里曾经将传统城市文化轻率地冠以“封、资、修”的帽子而大肆“破四旧”是愚不可及的荒唐行径,那么,在改革开放后又一切唯洋是从,一股脑地仿制西洋建筑,就颇似东施效颦。20世纪90年代,开始意识到传统的重要,却在观念、经济实力、工艺技术等方面不到位而迅速制造出许多城市景观中的“假古董”。

在21世纪的城市现代化转型升级建设中,应当认真总结历史上的经验教训,坚持科学发展观,避免造成“鬼城”林立的城市“大跃进”式灾难。我们的城市发展方向实在是关乎盛衰成败的战略性问题。

案例一：《老人不是包袱》

对于伦敦，我第一个印象是这个城市到处是女王般仪表堂堂、高贵严肃又亲切和蔼的老同志。也有许多老妇人打扮得花枝招展、坦荡磊落，他们为什么不理直气壮地坦荡磊落？这个伟大的城市是他们建造的，是他们用青春为这城市的辉煌奠定地基，随处可以证明他们曾经创造了这个城市。伦敦没有拆迁，所以92岁的设计师可以指着那座教堂的窗子说：这是我设计的！泥水匠可以告诉他的重孙：你的足球场是我砌的地基！

老人依然活跃在沙龙、酒馆、剧院、教堂。我朗诵诗的那个下午，大厅里全是中年人和老人，他们提问踊跃而深刻。他们不仅是爷爷、奶奶，更是教师、顾问和高人。老人不是包袱，而是这个国家的活史书、精神容器、道德楷模、美食秘方，以及某种久经考验的生活品位。

伦敦有许多老人用品商店，不是凤毛麟角的一两家，不是老气横秋专为敷衍老人赚几个小钱的粗糙丑陋的专卖店，而是老人的时装店、老人的日用器皿店、老人的手工皮鞋店、老人的雨伞店、老人喝下午茶的咖啡馆、老人的手杖店、老人的体育用品店，还有老人的首饰店。

我想给父母买点拿得出手的礼物，但在我所居住的城市买不到。市中心由青春靓丽者统治着，很难买到老人的用品。设计师们从来不为自己年迈的父母设计时装，那种背街背巷、萎缩自卑的老人用品店出售的次品，你好意思买给父母做礼物吗？现在在伦敦买到了，一个绣花的专供老妇人用的小羊皮钱包，因为老人出门不会带许多大钞票；一个药盒，里面可以陈列应急的药丸，就像首饰盒一样漂亮。

在伦敦，酒鬼有酒鬼的去处，流浪汉有流浪汉的蜗居，年轻人有年轻人的圣地，老人有老人的玩场。大家各美其美，互相鼓掌。而在我居住的城市，与老人有关的针对性服务场所基本上已经销声匿迹了，这些"老怪物"大多数时候只能躲在公寓里守着一台电视机。伦敦的老人们可能还占些优势，英国女王，那位引领英国高品质生活和时尚的老妇人，使得老人的地位也非同凡响，这种"顽固守旧"俨然内化为英国的民族性。在伦敦，举目皆是老房子、老街道，地铁也像古董一样老旧，完全感受不到想象中工业国的焕然一新。难怪中国游客会大失所望：英国怎么如此落后而陈旧。

中国近百年的思维是维新。"维"到今天，新的就是好的，新就是有用，旧就是无用。害怕无用，似乎成为你我身边的一种常识。普天之下焕然一新，而且还在继续更新。老人日薄西山，与保守、无用、累赘甚至反动同义。

中国思想，总是在象征与现实、精神生活与世俗生活之间根据眼前利益摆动，利益所在，无比实际具体；利益所在，也无比抽象朦胧。在商业方面，可以说少年中国已经实现。吾国各大城市的商业中心，哪一个不是"老人莫入"，只为有经济实力的新潮族设计。孩子也受影响，因为拥有未来的、能够成龙的是孩子不是老人，于是无用的老人去接有用的小孩，像银行运钞车去接存款一样，为他们背书包。总之，老人在各行各业中没什么希望和前途，只有青春才是资本。

我们所谓的老龄问题，不仅仅是如何安置老人的问题，根源是我们的观念出了问题。拆迁老建筑还是表面的，在这个表面的背后是对历史、对经验的蔑视和恐惧。这种拒绝守成、从零开始的文化，已经深入骨髓。

我曾经坐在泰晤士河畔的小咖啡馆喝过咖啡，跑堂的是位白发苍苍的爷爷，腰上拴着一个磨成了宝贝的牛皮夹。为年轻人端上一杯咖啡，并非耻辱，老爷爷跑堂60年，收杯摆碟的做工、风度已经是大师级的了。我盯着他腰上那个包浆深厚的皮夹子看，估计他是为了做好这工作专门定制了一个与咖啡馆相称的牛皮夹子，也说不定有的咖啡客来此喝上一杯，就是为了瞟一眼这夹子。哦，裤腰带上的古玩店！坐在泰晤士河畔，有一位热爱跑堂的大师为你端来咖啡，那不仅仅是享受，更是沉思：他一生有那么多跳槽的机会，有更好的工作可以赚更多的钱，为什么顽固保守的像泰晤士河那样永不改道呢？

看得出来，他德高望重，来这里喝咖啡的许多老人是他一生的常客，他们不必吩咐，他就知道他们要什么。或许他的人生理想远没有女王陛下那样深远，也就是为这几个老朋友端端咖啡，让他们惬意一辈子；而在他们眼中，这位老亨利的恩泽未必小于女王陛下。

（据《南方周末》，《学习天地》2013年第2期）

案例二：《全国文明城市的定义、标准、意义和要求》

一、全国文明城市的定义

文明城市是指在全面建设小康社会，推进社会主义现代化建设新的发展阶段，坚持科学发展观，经济和社会各项事业全面进步，物质文明、政治文明与精神文明建设协调发展，精神文明建设取得显著成效，市民整体素质和文明程度较高的城市。全国文明城市称号是反映我国城市整体文明水平的综合性荣誉称号。

二、全国文明城市的标准

组织领导坚强有力，创建工作机制健全；

思想教育深入细致，道德建设扎实有效；

创建活动蓬勃开展，人民群众广泛参与；

党政机关廉洁高效，社会风气健康向上；

科教文卫体稳步发展，社会事业全面进步；

社会治安良好，社会秩序井然；

基础设施较为完善，生态环境优良；

经济持续快速健康发展，居民生活水平稳步提高。

三、创建全国文明城市的意义

全国文明城市是含金量很高的城市品牌，是十分重要的无形资产和战略资源。创建全国文明城市既是构建和谐社会的重要载体，也是构建和谐社会的重要推动力。创建全国文明城市是一项顺民意、得民心的利民工程，实事工程。

四、创建文明城市对市民的要求

（1）市民要关注、要知晓。

（2）市民言行要文明、人际关系要和谐。

（3）市民要广泛参与文明城市创建活动。

案例三:《回顾与展望》

[美]刘易斯·芒福德

古代城市在形成的时候,把人类社会生活的许多分散的机构集中在一起,并圈围在城墙之内,促进它们的相互作用与融合过程。城市的社会功能是重要的,但是,随着快速地交往和合作而产生的共同目的则更为有意义。城市斡旋于宇宙有序形式(由天文学家牧师所揭示的)与王权的统一大业之间。前者在庙宇内及其圣界内形成,后者在城堡和城市的围墙内形成。城市把至今尚未挖掘出来的人类的理想和抱负集合到一个中央的政治和宗教核心中,因而,它能处理巨大的新石器时代文化的丰硕成果。

通过这样建立起来的社会秩序,一大批人第一次组织成为有效的合作。美索不达米亚、埃及和印度河谷原有的城市居民被组织起来,成为经过训练的有纪律的工人队伍,听从集中统一的指挥,他们控制了洪水,修复了暴风雨造成的灾害,蓄积起水源,改变了地貌,发展交通运输和通信,建起了一个水上运输网,并为城市集了大量人力,以发展其他集体事业之用。城市的统治者们终于创造了一套内部的秩序与是非标准,使城市中各种各样的居民努力遵守,从而使居民中间有了稳定的道德和村庄的互助气氛。在城市这座大剧场里又上演了一幕幕的生活戏剧。

但是,城市文明除了这改善的一面,我们必须看到它较黑暗的一面:战争、奴役、职业上分工过细,在许多地方,总是在走向死亡。这些组织制度和活动组成了一种"消极的共生关系"。从过去历史上看,它在大部分时间内都伴随着城市,一直流传到今天,这个形式变得更为野蛮残忍,它原有的宗教上的约束力已荡然无存,成了人类发展最大的威胁。古代城市积极和消极的两种因素,在某种程度上传递给后世的每一个城市。

城市通过它几种物质的和文化的力量,加速了人类交往的速度,并将它的产品变成可以储存和复制的形式。通过它的纪念性建筑、文字记载、有序的风俗和交往联系,城市扩大了所有人类活动的范围,并使这些活动承上启下,继往开来。城市通过它的许多储存设施(建筑物、保管库、档案、纪念性建筑、石碑、书籍),能够把它复杂的文化一代一代地往下传,因为它不但集中了传递和扩大这一遗产所需的物质手段,而且也集中了人的智慧和力量。这一点一直是城市给我们的最大的贡献。与城市复杂的人类情况相比,我们现在储存和传播信息的精致的电子机器是很粗糙的、有局限性的。

最初的城市把圣祠、城堡、村庄、作坊和市场形成一个城市整体后,后来一切的城市形式多少都采用它们的物质结构和公共机构的形式。这一结构的许多部分至今对人类的联系仍然是重要的,即使是当时最初源自圣祠和村庄的那部分,也是如此。如果没有家庭和邻里这些最基本的群体,那么,最基本的道德规范——亲睦邻人、爱护生灵等,能否世代相传而不受损害便大可怀疑了。

从另一方面看,如果没有城市,那些未能抽象化和文字化的多种多样的社会合作活动,能否继续繁荣,同样也是值得怀疑的,因为只有少部分的生活内容能够用文字记载下来。在城市的有限地区内,经常有许多人类的活动和各种经验在积累起来,没有城市的这方面的积累,生活中许许多多活动和经验由于难以记载下来而将散失。社会联系的地区越广,参加的人数越多,就越是需要有许多大小不同的永久性的中心供各阶层人们面对面地交流和经常集会之用。

因此,在我们时代,城市如要进一步发展,必须恢复古代城市(特别是希腊城市)所具有的那些必不可少的活动和价值观念。我们的精巧机器所播映的仪式场面,不能代替人类的对话、戏剧,不能代替活的伙伴和同事,不能代替友谊社团——而恰恰是这些因素养育维持了人类文化的生长和繁衍,没有它们,整个精心制造的机器变得毫无意义,的确,这些机器对生活的目的是怀有敌意的。

今天城市的物质规模和社会的范围都变了,城市大多数的内部功能和结构都必须彻底改变,重新铸造,以便有效地促进将为之服务的更大的目的,即同一人的内部和外界的生活逐渐促进人类自身的大同团结。将来城市的任务是充分发展各个地区,各种文化,各个人的多样性和他们各自的特性,这些是互为补充的目的,然则,势必像现在这样机械地把大地的风光和人的个性都磨掉。现代人除了做一些机器至今尚未掌握的辅助性工作外,对机器集体取代人类生活毫无有效的防御办法,这个机器集体,即使在今天,仍然准备着要把所有真实的人类生活变成是多余的、不必要的。现代人类若失掉城市,就将在这种形势下,处于孤立无援,无所屏蔽的境地。

我们是处于这样一个时代:生产和城市扩张的进程日益加快,它代替了人类应有的目标而不是服务于人类的目标。我们这个时代的人,贪大求多,心目中只有生产上的数量才是迫切的目标,他们重视数量而不要质量。在物质能量、工业生产率,在发明、知识、人口等方面,都出现这种愚蠢的扩张和爆炸式增长。随着城市活动的量的增加和速度的加快,它们距离合乎人性原则的理想目标也越来越远了。其结果是,现在人类要对付的威胁远比古代人所受到的威胁更巨大和可怕。现在,为了挽救人类自己,人类必须集中它的注意力于控制、指导、组织、统辖的各种手段,使各种没有理智的力量服务于人类自己的生物技能和文化的目的,否则,这些没有理智的力量,由于数量实在太大,将会摧毁人类的生命。当这些力量威胁人类的生存时,如核武器和细菌武器,人类必须制服它们甚至完全消灭它们。

现在必须由人类加以控制的,不是一条河谷而是整个地球;不是一场难以控制的洪水而是更为惊人而可怕的核能爆炸,它会破坏与人类生命和福利有关的整个生态系统。我们时代最需要的是发明设计出一些渠道,来疏导那些超越了有机规范和界限的过剩能量和猛烈冲动的活力流向:控制每一领域里的文化洪流同样要求建立堤岸、水坝和水库,以便这些横流四溢的洪水日趋平稳,进而疏散到最后的贮存器——城市和区域,团体、家庭和个人,他们能利用这些能量促进自己的生长和发展。如果我们准备恢复地球的可居住性,开拓人类心灵中空白的空间,我们就不应当如此专心致志于开发星际空间等无结果的逃避现实的计划,或是甚至致力于更加残酷的丧失人性的方针政策,想消灭整个生灵。现在是回到地球上的时候了,面对生命的有机世界的富饶、多样性和创造性,而不是去躲到史后人类的小天地里去。

不幸的是,现代人尚未迷途知返,尚未克服危险的变态心理,这种心理是在铜器时代的城市中形成的,它把我们最高成就用于破坏性的目的。像铜器时代的统治者那样,我们仍然认为权力是神的表现形式,或者是人类发展的主要动力。但是,"专制权力"像

"威慑武器"一样,是巫术、宗教的阴谋诡计,与用杀人祭神是同一类型的。这样,权力破坏人与自然的其他方面以及人与人之间的共生共栖的合作。活的有机体只能利用有限的能量。"过分"或"不足"对有季节的生存具有致命的危险。有机体、社团、个人,尤其是城市也一样,在调节能量并使其为生活服务方面,都是很脆弱的器件。

城市的主要功能是化力为形,化能量为文化,化死的东西为活的艺术形象,化生活的繁衍为社会的创造力。必须创立起一种社会组织形式,使之能处理现代人类所掌握的巨大能量。这种创立绝不亚于原先把发展过大村庄及其堡垒改变为起核心作用的高度组织起来的城市那样大胆,不创立这种新的组织形式,城市不可能行使积极的功能。

幸好伴随城市而来的消极的组织机构及制度在过去 4 个世纪里正在衰落,而且近来似乎正在被人遗忘,否则这些必要的改变是难以想象的。君权神授的观念几乎消失了,正像一个垂死的思想那样,一度曾在皇宫和寺庙里成为单独形式的政治职能(它是由官僚机构和军队协助进行高压统治的),也由许许多多的组织、党派、公司、社团和委员会在 19 世纪中承担起来了。同样的,亚里士多德当年预言的废除奴隶劳动的前提条件,由于利用了非有机能源和发明了自动化机器装置,大部分也已解决了。这样,奴隶制度、强迫劳动、合法化的掠夺、阶级垄断知识等,正让位于自由劳动、社会保障、普及识字、受教育自由和求知自由。人们开始有空余闲暇,这些对于能有更多的人参加政治活动是必不可少的。虽然亚洲、非洲和南美洲的广大人民群众依然生活在原始和极端贫困中,但甚至 19 世纪中残酷无情的殖民主义也曾给这些地区的人民送去了促使他们求解放的思想。从利文斯通(Livingstone)到施韦策(Schweitzer),一束亮光贯透了这一"黑暗的心脏"(The heart of darkness)。

简而言之,过去整个历史上限制城市发展的压抑条件开始消失了。财产、等级制度甚至职业专门化,通过征收累进所得税和"管理革命"(managerial revolution)已经丧失了它们大部分的传统病态。一个世纪以前,托克维尔指出:过去 800 年的历史是各个阶级逐渐平等化的历史。这一点,现在比以往任何时候都显得真实。直到最近,随同城市之兴起而来的反共生共栖作用似乎是注定要灭亡的。未来城市之任务是要给这些高超的生活环境一个理想的形式。

假如允许这些令人沮丧的趋势继续下去,目前正在发挥作用的势力将失去控制,那就一切都完了。因为现在人手中掌握的权力,一定会把他们目前患妄想狂似的怀疑和仇视最终导致疯狂的破坏,除非它们脱离与古代城堡凤有的联系,并致力于实现人类的目的。另一方面,如果我们时代的文明,它主要的消极组织机构和制度继续瓦解下去……那么,战争能逃脱同样的命运吗?战争是城市从一个世纪传送到另一个世纪的"致死因子",它总是带来破坏,但它的破坏规模尚不至于大到足以消灭文明的地步。但是那个容忍时期现在已经结束,如果文明不根除战争,我们的核力量就将破坏文明——可能会使人类灭绝。一度曾是生命水库的广大的农村人口最终会与那些城市人口同归于尽。

另一方面,如果生命的力量积聚在一起,我们将能接近一次新的城市聚合过程:一万觉醒人民团结一致,建设一个新世界。根据古代埃及的记载,当第一次创建城市时,创建者的任务是"把各位天神、神祇安置在他们的神殿里"。未来城市的使命基本上与此没有多大区别,它的任务是把人类的最高利益放在他全部活动的中心地位,把支离破碎的人格重新统一起来,把人为地肢解了的人——官僚、专家、"能手"、失去人性的特工密探等变成完全的人,恢复和补偿由于下列诸方面的原因而造成的损害:职业的分割、社会的分割、对某一喜爱的功能过分地修养教化、宗族主义和国家主义、缺乏有机的合作关系和思想的目的。

在现代人能控制目前威胁他生存的力量之前,他必须掌握自己的命运。这就定下了未来城市的主要任务,就是创造一个可以看得见的区域和城市结构,这个结构是为了使人能熟悉他更深刻的自己和更大的世界而设计的,具有人类的教养功能和爱的形象。

因此,我们现在必须设想一个城市,不是主要作为经营者商业或设置政府机构的地方,而是作为表现和实现新的人的个性——"一个大同世界人"的个性的重要机构。过去旧的人与自然、城里人与乡下人、希腊人与野蛮人、市民与外国人之间那种隔离与区别,不能再维持下去了,因为,现代通信手段使现在整个地球正在变得像一个村庄一样近。其结果是,最小的住宅区或一个区必须规划得像较大世界的一个活动模型。现在城市必须体现的,不是一个神化了的统治者的意志,而是市民的个人和全体的意志,目的在于能自知自觉、自治自制、自我实现。他们活动的中心将不是工业,而是教育;每一种作用和功能将按照它促进人类发展的程度来加以评价和批准,而城市本身将为日常生活中自发的冲突、挑战和拥抱提供一个生动的舞台。显然,我们当今文明的惯性仍然朝着全球性核灾难向前移动,而即使这个核灾难爆发的时间延缓了,彻底根除这种灾难可能需要一个世纪或者更多的时间。幸而生活有一种可以预知的特性:它充满着出人意料的事物。在最后一刻——我们这一代事实上有可能接近这最后时刻——拯救我们目前盲目的推动力和计划、目的可能占上风。当那个情况发生时,那种现在看来似乎是难以克服的障碍将会烟消云散;现在巨大的财力、物力和科学技术力量被用于建造核弹、宇宙火箭以及许许多多直接或间接使人丧失人性的设备和装置,而到那个时候,这些巨大力量将能腾出来用于重新耕作大地和建设城市,特别是用于重新完善人的人格个性。假如困扰统治集团的无结果的梦境和虐待狂的噩梦一旦消除,就能释放出巨大的人类的活力,它创造的光辉,将使过去的文艺复兴相形见绌。

去预测这样一个转机何时发生、如何发生,那将是愚蠢的;然而,不考虑发生这种专辑的可能性(也许甚至是一个即将来临的可能性)那将是更加不符合实际了。尽管关于机器的神话现在仍然牢牢地掌握着西方世界。从强权经济转变为生命经济的准备工作很久以来一直在进行着,一旦基本的思想和目的改变了方向,必要的政治和物质的改造可能会很快跟上。到那时,推向死亡的许多同样的力量将分化而推向生命。

在讨论1940年以前整个西方文明中出生率明显稳定时,《城市文化》(The Culture of Cities)一书的作者当时曾经指出:"人们可以预料将出现的一种新的对家庭生活的迷恋,这是由于人们面临大规模死亡灾难引发的,那时将需要迅速修订住房和城市发展规划:大力推动生育有可能与谨慎者所持的政策相冲突,他们坚持勉强维持平衡。"

对于许多被平稳的人口曲线图所迷住的专业社会学家来说,这种看法,在第二次世界大战以前是牵强的,说真的,是难以想象的一种可能性。但是这种自发的反应在战争爆发后不久就发生了,而且,在过去20年里一直继续着,尽管与许多"专家"的预测相反。许多警惕人类由于核爆炸而灭绝的人们,通过对"人口爆炸"的过分忧虑,而使他们自己暂时不去考虑那种灾难的可能性——显然,毫无疑问,人口灭绝的威胁与人口过剩的威胁两者事实上是相互联系着的。

至于现今人类繁殖活动的再高涨可以部分地解释为:这是人类对于全世界千百万人过早地死亡的一种本能的回答。可是,更加可能的是,它也许是对可能发生的全球性核毁灭的一种不自觉的反应。照此,每一个新的婴儿是一个投生存票的人,即使他们的投票是无结果的、绝望的,当人们发觉他们自己无法对毁灭进行有效的政治抗议时,就用生物行为来表示抗议。在缺少政府资助的国家里,年轻的父母宁可忙忙碌碌、含辛茹苦,忍受生活上的贫困,也不愿抛弃儿童。可能受到灭种威胁的每一物种,都会采取过度繁殖的形式。

任何一种以追求利润为目的所支配的经济,都不能应付这样的要求,任何一种权力支配的经济,都不能永远压制这种需求的发展。如果对教育、艺术和文化等机构——人类的超乎生物的繁殖的更高发展手段——也同样采取这种为后代着想而节衣缩食的态度,那将改变整个人类的前景:到那时,公共服务目标将驾乎私人利益之上,为建设和重建村庄、居住区、城市、区域而提供的公共资金,将比过去贵族们能提供的更多而且更加慷慨。这样的一种变化将恢复生活各个方面的训练,重享花园环境的愉快。由于关心生活的质量,它也许能比任何别的集体措施更能平衡出生率。

如同我们看到的,在过去的5 000年间,城市经历了许多的变化,毫无疑问,今后还要经历更大的变化。但是,迫切需要革新的并不是物质方面的扩大和完善,更不在增加自动化电子装置来把剩余的文化机构疏散到无一定形式的郊区遗骸中去,正相反,只有通过把艺术和思想应用到城市的主要的人类利益上去,对包容万物生命的宇宙和生态的进程有一新的献身精神,才能有显著的改善。我们必须使城市恢复母亲般的养育生命的功能,独立自主的活动,共生共栖的联合,这些很久以来都被遗忘或被抑止了。因为城市应当是一个爱的器官,而城市最好的经济模式应是关怀人和陶冶人的。

城市最早是作为一个神祇的家园:一个代表永恒的价值和显示神力的地方。至今,那些象征它的东西虽然变了,但它的实际内容没有变。我们现在才知道,生命中未经揭露的潜力远远超过现代科学引以为荣的代数学;它们对进一步改造人的前景是极为迷人的,也是取之不尽的。没有城市养育起来的宗教上对来世的憧憬,人类生活和学习的能力能否发展到今天这样大的地步是值得怀疑的。人是依照他神灵的形象及其所定的标准而成长起来的。必须按照我们自己时代的意识形态和文化来重新衡量由神性、权力和人性组成的复合物(它使古代城市得以产生),并将其倾注进城市的、区域的和全球的模型内。为了挫败现在从内部威胁文明的邪恶力量,我们必须从过去历史上一直纠缠着城市的那种最初的挫折和消极作用中解脱出来。不然的话,不受有机限制和人类目标约束的权力之神将按照他们自己既无个性也无特征的形象来改造人,并把人类的历史推向末日。

城市最终的任务是促进人们自觉地参加宇宙和历史的进程。城市,通过它自身复杂和持久的结构,扩大了人们解释这些进程的能力并积极参加来发展这些进程,以便城市舞台上上演的每台戏剧都具有最高程度的思想上的光辉,明确的目标和爱的色彩。通过感情上的交流,理性上的传递和技术上的精通熟练,尤其是通过激动人心的表演,从而扩大生活的各个方面的范围,这一直是历史上城市的最高职责。它将成为城市连续存在的主要理由。

（[美国]刘易斯·芒福德著《城市发展史——起源、演变和前景》,北京:中国建筑工业出版社2005年版,第579-586页。选入本教材时,有删节。）

第二章　城市文化的形成、发展和现状

通行版《现代汉语词典》里对城市的解释是十分简略的,只概括出城市的主要属性。"人口集中,工商业发达,居民以非农业人口为主的地区,通常是周围地区的政治、经济、文化中心。"[①]这个定义首先强调了人口在城市形成与发展中的首要作用,其次才是工商业发达等要素。

城市文化,本来是"文化"与"城市"两种要素的复合。"文化"一词,要追溯到汉语文字的词源。"文"在古汉语中,与"纹"相通,有"花纹""纹饰""纹理""文字""文章""法令条文""礼乐制度""辞彩""文雅""钱币单位""姓氏"等多种义项。

有鉴于众多的论著在探讨城市起源时,都喜欢将"城"与"市"分开来解读,有的学者独辟蹊径做出另类角度的分析。例如,南京学者张鸿雁教授在《春秋战国城市经济发展史论》中的解释颇有启迪意义。他指出,城市的起源不能够仅仅从是否出现城墙来确定,城市的本质是城市独有的、有别于乡村的社会生活方式。城市生活方式是生产力发展与社会分工的产物。"不可否认的是,任何时代城市(邑)的城垣无一不是出于政治、军事目的而建筑的,这是一个客观事实。但是,筑城垣并不等于筑城市,这其中任何一座城,能够作为城市出现,并不是因为有了围墙,是一种分工协作的生产、生活居住区,其内涵是整个社会生产力发展水平所赋予的,不是筑了城,即为城市。"[②]这一论述切中肯綮,对于纠正一般公众似是而非、想当然的理解,颇有针对性。

有关城市的形成的动因,国内外学术界有不同的解说。我们吸收谭天度著《中外城市发展史》、陈宇飞著《城市文化概论》等著作的成果,将各种界说概括为如下六类观点:"集市贸易"说、地理环境说、宗教祭祀说、"军事堡垒"说、行政中心说、"劳动说"等。

(1)"集市贸易"说。这是当今世界的经济学界主张市场经济学说的思想渊源。欧洲在告别中世纪之际,在道路要冲、城堡外缘逐渐形成的集市贸易,导致乡镇、村庄的形成,其中一些比较大的村庄发展为后来的新兴城市。这种主张用来解释欧洲近代社会的形成比较有市场。

(2)地理环境说。人类文明"四大古国"都是依靠世界著名的河流而兴盛起来的。中国清华大学的"夏商周工程"课题组,在 20 世纪 90 年代里,证明了中国文明不仅仅是西方学术界从西周的周召共和有文字记载开始算起的不满三千年,而是距今一万年,是四大文明古国里年代最早的文明。中国文明的兴起也绝不仅仅是黄河文明,更早的有长江文明、三星堆文明、红山文化、珠江文明等。古埃及文明肇始于尼罗河、古印度文明崛起于恒河、古巴比伦文明发端于中东幼发拉底河和底格里斯河的两河流域。古希腊神话中远征小亚

---

①　《现代汉语词典》(第五版),商务印书馆 2007 年版,第 176 页。

②　张鸿雁:《春秋战国城市经济发展史论》,沈阳:辽宁大学出版社 1988 年版,第 159 页。

细亚的特洛亚城,后来演变成东罗马帝国首都拜占庭,现在是土耳其的最大城市伊斯坦布尔,也是处于湖海与海峡交汇处。直到今天,世界上的许多著名大城市大多处于河海交汇处,例如纽约、东京、上海、香港、伦敦、里约热内卢、悉尼、广州、新加坡。这些无可争议的事实都说明,地理环境对造就世界级的大城市具有至关重要的影响。南京、武汉虽然不靠近海洋,却主要是处于长江水系的河流交汇处,同样是因为依托地理环境的优越而发达兴盛起来的。佛山在历史上就是珠江与南海交汇之地,不凭借军事、政治因素依然成为元、明、清时代闻名全国的"四大聚"(佛山、北京、汉口、苏州)之首和"四大名镇"(景德镇、佛山、汉口、朱仙镇)之一。清朝康熙年间,刘献廷(1648~1695)在《广阳杂记》中有如下记载:"天下有四大聚,北则京师,南则佛山,东则苏州,西则汉口。"而清代上海学者更认为佛山为当时四大聚之首。

(3) 宗教祭祀说。由于历史的原因,也有一些城市的崛起是因为宗教原因。比如许多佛教圣地、西方天主教教皇所在地梵蒂冈、中国道教的青城山、河南嵩山少林寺等。

(4) "军事堡垒"说。中国唐朝的城市大多为军事堡垒,尤其是在西域设立的安西都护府、北庭都护府等城堡,是当时威镇边塞、远近闻名的重镇。

(5) 行政中心说。世界上也有不少的城市主要以行政中心的功能而兴建。最典型的是美国首都华盛顿和澳大利亚首都堪培拉。美国刚建国的时候,临时首都设在费城,新兴的纽约不肯接受费城做首都,一心想取而代之,于是经过多年的争执和折中,美国国会决定在介于纽约和费城之间,新建一个纯粹为了发挥国家行政管理职能的城市,这就是从无到有的首都华盛顿特区。澳大利亚刚立国的时候也出现了类似的局面,当时的首都是墨尔本,新兴的悉尼认为自己的经济实力在墨尔本之上,想取代墨尔本。经过数年的纷争不息,为了避免鱼死网破,澳洲联邦政府决定在两座城市之间选一块绿色花园,建设新首都,发挥纯粹的国家行政管理职能。这就是首都堪培拉的诞生经过。像美国、澳大利亚这些摆脱殖民地地位而独立,又实行联邦制的国家,在折中矛盾中建立职能单一而规模中等的首都城市来管理国家,是比较成功的。世界各国中,采用中央集权体制的国家,则往往选择综合功能强大的特大型都市定为国都,采用美国、澳洲这种办法的尚不昭著。

(6) "劳动说"。这种观点主要依据是恩格斯的一篇论文《劳动在从猿到人的转变过程的作用》,认为劳动对于人类从猿猴转变而来的过程中发挥了决定性的作用。因此,有些学者由此延伸开去,认为劳动在人类的文学、艺术、宗教、美、建筑的起源中起到了决定性作用。我们认为,城市的建设当然需要劳动,人类的几乎一切活动都需要劳动。问题在于劳动不仅仅与城市建筑、文学、艺术活动有关,也与战争、人类自身再生产等行为有关。究竟是城市建筑、文学、艺术活动的原创意图在先还是劳动的冲动在先,换言之,究竟是建造城市的动机导致了群体性劳动行为的发生,还是相反的先产生了群体性劳动,才衍生出建造城市的结果,这是一个比较难以准确回答的问题。我们倾向于认为,劳动行为是一种实施某种意图与行为的结果,而不是先在的动机。因为劳动本身不能说明自己,世界上也极少存在单纯地为了劳动而劳动的事情。因此,这种主张是一种只注重现象而忽略现象背后真正动因的皮相之见。我们不赞成劳动说。

笔者主张,城市的形成和发展的基本动因是人口的积聚与膨胀。人口的积聚与膨胀导致城市的迅速扩张,产生了更大的经济需求。这样,城市便不可避免、不可逆转地发展起来了。

当然,学界也有一种主张,和笔者的主张异曲同工,认为不是人口膨胀导致经济扩张而是经济发展导致城市的发展。对于这种主张,请看他们的解释,"生产力发展所带来的日益扩大的社会生产分工提供了这样的可能:为一家一户个体生产的大量存在提供了可能;为更多的人从农业生产中游离出来,从事专门的手工业和商业提供了可能;为农奴加速转化为农民以及流民的出现提供了可能;为一个国家和地区在其允许的范围内修筑某项较大的工程(如城垣)提供了超过以往任何时期的方便条件……这些'可能'条件与手工业、商业的进一步分工要求有一个广阔的市场,而使商品经济发达的过程,与能够使当时生产力得到空前发展的制度——封建地主制确立的过程交织在一起,为城市的兴起奠定了广阔的政治、经济基础,于是出现了城市——商品经济的体现者。原来统一的生产范围分裂成两个不同的由于交换而联系的生产范围——城市和农村。现在拥有手工业和商业及密集人口的城市本身,成了促进生产力进一步发展、生产进一步分工的强有力因素。分工作为一种社会力量,是一种'扩大了生产力',分工越发展,社会经济越发展。社会分工的'固定化',我们本身的产物聚合为一种统治我们的、不受我们控制的、与我们愿望背道而驰并抹杀我们愿望的物质力量,造就了贫富的分化,进而造成国家,并以其扩大生产力的特性造成城市生活。没有分工,城市生活方式就不会存在"。①

这种主张和笔者的观点存在着原因与结果相反的解释,但是,我们最终的结论却相同。那么,究竟是人口膨胀导致经济发展,还是经济发展导致人口膨胀,这是一个学术界需要深入研究的问题。在这里加以提示,便于大家进一步展开思考。这个问题可以布置为大家的专题思考作业题目,供读者诸君用来撰写研究论文,鼓励各位做出专门化的深入思考。

第一节 中国城市文化的形成

城市的形成,本质上是因为人口的聚居。因为人口的聚居,就产生了谋生与发展等经济需求。与经济生活相伴随的是地理环境的便利与否,于是地理环境的影响也是一个很重要的因素。在人口、经济、地理因素之上,又逐渐衍生出了军事、政治、资源条件、人际群落关系等直观而又直接的影响因素。

不同的国家,城市形成的具体原因会有差别,因此会形成差异显著的城市文化特征。我国古代城市得以产生的动因,大致可以归纳为如下几种类别:

(1)西周政权建立后,通过册封功臣和番邦而形成了诸侯国。各诸侯国的都城逐渐发展为城市。

(2)由世袭贵族的封邑发展而成的城市。

(3)官方移民城市和殖民城市。

(4)建立采邑和赏赐邑地发展而来的城市。

---

① 张鸿雁:《城市·空间·人际——中外城市社会发展比较研究》,南京:东南大学出版社2003年版,第350页注释①。

（5）旧城邑的废墟上发展出来的城市。

（6）荒野僻壤开辟出的城市。

（7）水路交通枢纽或河川渡口要塞因商品贸易频繁而发展起来的城市。

（8）据守军事要地的需要而形成的城市。①

在中国的历史观念里，有"城市"，却没有"城市化"，城乡二元对立是千年古国的一贯思维定势。欧洲工业革命后，城市的发展日新月异。鸦片战争后，西方城市发展的观念才开始影响我国。

城市化（Urbanization），是指城市文明的发展进程，人类的城市文明以全新的方式和极快的速度蔓延开来，迅速覆盖了过去的城乡地域，成为人类生活的主流和一种社会形态。

世界上第一个完成城市化的国家是英国，用 200 年时间把城市化率由 30％提高到 70％。同样的指标，美国用了 100 年，日本用了 70 年，韩国则用 50 年。英国在 1850 年，城镇人口比重超过 50％。1900 年发达国家城市化率为 26.1％，1950 年达到 52.5％。它们在 1975 年进入成熟社会阶段。

与此形成鲜明对比的是，世界发展中国家的城市化进程比较滞后，其 1950 年的城市化率仅 16.7％，相当于发达国家 1875 年的指标。1975 年，发达国家已经进入成熟社会，发展中国家才开始进入城市化的高速增长阶段。2000 年，发展中国家平均城市化率为 38.4％，依然落后于发达国家 1925 年的 39.9％的指标。

中国的城市化运动在清末、民国初年，主要体现在沿海江海交汇处城市的发展，其中上海的发展最令举世瞩目，一个太平天国时代的刘家港，在不到一百年的时间里成为"东方巴黎""冒险家的乐园"。但是建国后，"东方巴黎"的头冠被"东方明珠"香港所取代。

中国在 20 世纪 50 年代里曾经有短暂的城市化迅速发展时期，尤其是在"大跃进"时期，但是，之后经历了 20 年的城市化停滞期。真正的城市化热潮是在改革开放后涌现的，"深圳速度"和"深圳奇迹"就是这个时期产生的。从 1978 年开始，到 2011 年底为止，我国城市化人口从 17.9％提高到超过 50％，意味着中国从数千年来的农业文明、游牧业文明占主导地位的社会转变为城市文明主导的社会。同时，也意味着我国的城市化进程，比西方发达国家的平均水平晚了整整 61 年，比英国的城市化进程晚了 161 年。②

关于城市产生的衡量标准问题，有英国史前学者戈登·柴尔德（V．Gorden Childe）的十大标准，具体如下：

（1）最初城市较之过去任何聚落都广大，人口稠密；

（2）人口构成和功能发生变化，专门化工匠、运输工人、商人、官员和僧侣产生；

（3）直接生产者必须向神或神权下的国王纳税，使剩余财富集中；

（4）标志性公共建筑出现，而且是社会剩余财富的象征；

（5）僧侣、官吏和军事首长形成统治阶层，劳心阶层和劳力阶层分化；

（6）财富经营迫使文字发明；

① 张鸿雁：《春秋战国城市经济发展史论》，沈阳：辽宁大学出版社1988年版，第201页。
② 叶裕民：《中国城市化之路——经济支持与制度创新》，商务印书馆2001年版，第10、18页。

（7）文字的发明进一步推动科学的产生——算学、几何学、天文学的产生；

（8）有专家被供养着专门从事美术等新的活动；

（9）剩余财富用于外来商品输入，促成了原料贸易的发展；

（10）专门化工匠成为城市政治构成的下层成员。①

在完成了上述历史性的概括叙述之后，我们将以如下例证法来具体展示中国城市文化营造的当前态势。以北京、深圳、成都这些城市建设的代表性城市，剖析其城市文化匠心独运的精巧设计和慎而又慎的惨淡经营来说明城市文化建设之重要和来之不易。

（1）北京的历史景区改造。北京有 3 000 多年建城史和四大历史文化资源：古都名城、不可移动文物、博物馆和文物市场。它完整的明清两朝皇家建筑文化遗存、众多名胜古迹和人文景观，是全球拥有世界文化遗产最多的城市，也是中国拥有帝王宫殿、园林、庙坛和陵墓数量最多、内容最丰富的城市。四合院则是以正房、倒座房、东西厢房围绕中间庭院形成平面布局的北方传统住宅的统称，是北京不可移动文物的重要组成部分。

古老的北京城本身就是独一无二的文化精品，如何处理好首都城市建设与历史文化名城的保护是一个严峻的问题。2004 年，北京市政府新修订《北京城市总体规划》提出"两轴、两带、多中心"的北京未来空间发展的战略构想，从而为首都现代化建设与北京历史名城的整体保护创造了有利条件。现在，什刹海地区、南锣鼓巷等一批老北京胡同及其周边的四合院街区，已经成为中外游客了解老北京文化、感受老北京风情最受欢迎的区域之一，成为本地区新的经济增长点和名副其实的"北京文化财富"。② 北京文化中最具排他性的明清皇家建筑文化、园林文化，作为人类几千年文明的结晶和东方封建王朝文化的重要见证，每年吸引着上千万的国内外旅游观光客，成为北京重要的支柱产业。

（2）深圳前海的城市文化升级新模式。城市是否有魅力、是否有发展前景的关键因素，是提升城市文化含量的同时如何保持与大自然的亲近。这是满足人民群众多样化、多层次精神文化需求的重要途径，更是推动经济结构调整、转变经济发展方式的重要着力点。深圳是国内第一个被联合国教科文组织认定的"设计之都"。在滨海旅游城市特色的深度挖掘方面，其"前海模式"可圈可点：建设高附加值、低能耗、低排放、低碳绿色、生态环保的前海新区形成优结构、扩内需、增就业、促跨越、可持续的独特优势，提升城市人文精神，增进民生幸福，努力推动科学发展促进社会和谐，进一步带动城市的升级。

深圳"前海水城"的一大良策是将水融入城市并用水赋予鲜明的区域特征。整体设计方案是拓宽线状流经基地的河流和排水渠，引进五条线性滨水走廊，将大尺度的基地划分为一系列易于管理且特色鲜明的都市亚区（sub-district），将周边城市与海岸区域连接起来。这些线性滨水走廊将创新的水利基础设施和独具特色的公共空间完美结合，既净化水质，又增大沿水的开发面积，创造一系列公共开放空间：水岸公园、步行街、花园，创新水利基础设施，建成低能耗、低污染的节能环保型"三区一带"示范区，是充满活力、具有国际化城市风格和亚热带特点的标志性滨海中心城区。

---

① 张光直：《关于中国初期"城市"这个概念》，《文物》1985 年第 2 期，第 61 页。

② 崔敬昊《北京胡同的社会文化变迁与旅游开发——以什刹海风景区为中心》，中央民族大学民族学系，2003 年。

（3）成都旧城改造"三大节点"的智慧。成都的宽窄巷子是清代少城三十三条兵丁胡同的其中两条,乃具有中轴线和城墙的城池与清朝兵营之完美结合体,与大慈寺、文殊院并列为成都市最主要的三个历史文化保护区。宽窄巷子的景观改造着重留住城市记忆、重塑历史氛围。历史形成的街道、胡同等城市形态作为完整表达建筑和城市意象的文脉,整体拆除将威胁到城市形态的相容性和延续性。保留历史的原真性,将使宽窄巷子成为成都看得见、摸得着的历史文化名片和名副其实的"成都第一会客厅"。立新不必破旧,尊重历史传统并不等于食古不化、拘泥于传统。相反,有意保留这些传统文脉,城市将更富有地方风味。

城市是一个活的有机体,在其任何时间断面上都应既是历史的,又是当代的。规划中务必同时考虑遗产保护、当前建设和未来发展三大主题,必须用历史的眼光来考察城市功能和城市风貌的历史演化。规划不是恢复城市过去某一历史朝代的原貌,既不应作僵死的静态保护,也不应一次性地把更新改造的文章做绝而不给后人留有余地。川西式的民居、北京式的胡同和代近西洋式的砖房,是宽窄巷历史文化保护区在其历史轴线上的三大结点,也是至今可见的原生性物证,设计中将此三者完整保留,并加以适度彰显,充分挖掘其地方文化特性,使城市历史文化保护与改造具有了现实意义。

上述城市文化的典型例证,仅仅是中国城市文化建设成就中的沧海一粟、九牛一毛,受本书体例和篇幅的限制,更多的论述请读者检索笔者的多种著作和提交给省级、市级政府部门的关键项目重大咨询报告,兹不赘述。

第二节　西方现代意义上的城市文化

城市文化学者傅祝福曾经指出:"城市兴起的具体地点虽然不同,但是它的作用则是相同的,即都是为了防御和保护的目的而兴建起来的。"[①]

需要提请读者注意的是,上述论述是就中国远古至先秦时期的城市特点而言的,这与西欧城市的初期发育相比,有特别之处。西方城市文化标准里有"市民社会"的概念,这是中国历史上的城市不具有的观念。市民社会的前提条件是民众自由进入城市,根据城市自身的发展需要和功能定位形成的生活和生产格局,市民自由寻找新的生存方式和工作机会,并"自为地"形成新的社会组织体系,按照城市规则运行。这个"市民社会"概念,对于中国城市化进程具有显著的对照意义。

中国的城市在古代处于政治或军事的严格管控制下,自近现代以来,开始出现自由流动的特征。中国大陆在1950年以后,尤其是从"三年自然灾害"开始,实行严格的户籍管理制度,对市民采用粮票、布票、肉票的"三票"配给制度,严格限制非农业人口进入城市。改革开放后,"三票"逐渐成为历史,户籍制度也出现了松动迹象。但是,彻底废除户籍管理制度依然任重而道远。因此,严格地说,中国至今依然是仅仅具有远比西方国家多得多的城市居民,却未发育出"市民社会"。

有学者对中国和西欧中世纪时期的城市形态做出对比研究后,认为从完整意义的城

---

① 张光直:《关于中国初期的"城市"这个概念》,《文物》1985年第2期,第62页。

市形态和生活方式角度来审视的话,中国春秋战国时代兴起的城市和西欧在中世纪兴起的城市,两者在起点、原因、途径、进程、特点等方面有着十分显著的差别。"起点:一个是乡村,一个是由原始社会末期城堡经夏、商、周三代而形成具有城市意义的都邑为起点;原因:都是在社会分工的基础上形成的,然而,分工所决定的商品经济发展程度不一样。换言之,一个是以工商业发展为基础,商品经济为纽带的社会生产分工,一个是以专制集权制度下发达农业为基础,以政治关系为主,商品经济关系为辅的社会关系为纽带的社会分工;途径:一个是城市经济完善的过程即为了摆脱封建领主控制的道路上发展,一个是城市经济的完善的过程,即为进一步适合于封建统治的道路上发展;过程:一个是城堡——城镇——城市的完全发生过程,一个是在都邑基础上的飞跃;特点:一个是生产和消费结合的经济中心,一个是以消费和政治中心为主要特征的城市。不论中国还是西欧,社会分工、自然生态环境与宗教是城市兴起的共有原因。"①

经过上述学界研究成果严谨的对比论证后,我们可以明确的结论是:中国的城市形态和以西欧为典型的西方社会的城市形态有着十分显著的差别。

尽管中国和西方发达国家的城市内涵、构成、作为和性质存在着显著的差异,"市民社会"的理念和实践却具有通行、通约的参照意义。邓正来把这个共同核心概括为"以市场经济为基础,以契约性关系为中轴,以尊重和保护社会成员的基本权利为前提"。②

现代城市文化的精髓是以市场经济为基础,以契约性关系为中轴,以尊重和保护社会成员的基本权利为前提,这些核心价值是被人类历史进程所反复证明的通则,是确保一座城市真正走向现代化的标尺和方向。

市民社会的产生导致了城市的发展,这是欧洲社会发展的一个事实,也是西方城市文明迅速发展为世界各地区城市发展的标杆导向之根本动因。有了城市的平台,居住其间的人们可以充分交流思想,建立利益共享空间。建立市民社会的前提条件,是市民拥有充分的自由交往、生活、迁徙、择业机会和权利,能够充分表达政治意愿、信仰自由,可以充分享受文化成果。城市文化的精神实质是开放和包容,体现了公众共同的意志与利益,是完善理性的公共城市社会。公民身份只能在公共生活中得以确认,由完善的法律制度得以确立和维护,不能采用泛道德主义而模糊法制与规章。在我国,长期存在着重道德、轻法制的整体社会偏向,而且习惯于用传统道德的惯性来代替法制,而传统道德的惯性又往往容易被特定利益集团所操控,无论是弱势群体还是强势机构,都在心里深处倾向于将规则向有利于自己的方面来引导、解释,骨子里都想着用法律、规则限制别人,自己则最好超越这些法律、规则之上,拥有"个别例外"的特权。于是,"通融""变通""玩弄"规则,枉用三尺律,就成了一个社会的"潜规则",是心照不宣的"识时务""明事理"。民间社会常常说,法律不外乎人情,指的就是这种现象。但是,在城市文化成熟的社会体系下,法律规定是绝对刚性的制约,任何人都不可以超越,否则即为僭越与渎职。如果想知道中国与发达国家城市文化成熟程度上的显著差别,一个最形象、直观的镜子就是看一看中国大陆市民与美

---

①　张鸿雁:《城市·空间·人际——中外城市社会发展比较研究》,南京:东南大学出版社 2003 年版,第 350 页。

②　邓正来:《国家与社会——中国市民社会研究》,四川人民出版社 1997 年版,第 6 页。

国、德国市民在对待十字路口处交通管制红绿灯的明显差异,实在是再好不过的折棱镜了。

美国加利福尼亚州圣玛丽学院徐贲教授强调:"一个人只有当他拥有并能自由行使民主政治的最高法律(宪法)所赋予的全部权利时,他才算具有 citizenship(公民身份)。公民的这种身份也就是他的法权身份。"①

西方发达国家的城市文化发展道路呈现出原发、先导、成熟三大特征。它们的成功经验非常值得我们借鉴,但是,它们曾经走过的弯路、留下的沉痛教训也值得我们汲取,让我们力求避免再度付出沉痛的代价。

下面精选出四个最富有代表性的国外城市文化建设样板城市,让我们认真总结它们的先进经验。

一、巴黎对历史文化遗产"更加富有人性"的城市改造

巴黎号称"欧洲文化的心脏",历史上有过两次大规模的改造。19 世纪中叶的首次改造以大规模的规划改变了巴黎的风貌,基本奠定巴黎今天的城市格局,又严重破坏了巴黎古老的历史建筑和城市风貌。50 年前的二次改造则"视旧如命,双面下注":既加强对历史建筑和城市风貌的保护,又建设新城区减缓老城区的压力,在满足现代化建设的需要和保护现有历史遗存之间比较完美地找到了独特的平衡点。

巴黎二次城市升级的主要目标是减轻旧城区负荷。厚重的历史既是巴黎的遗产,也是沉重的包袱。战后欧洲经济的复兴使巴黎城市规模迅速膨胀,现代产业的飞速发展亟须新的发展空间,旧城区的单中心格局与陈旧功能不堪负重。改变城市的内涵时,不把老城区拆建成满足现代产业需要的高楼大厦,不增加人口的居住密度,工业、金融业都按计划迁出中心区,在大巴黎地区沿塞纳河下游地区发展成带状城市,实现"更加富有人性""安逸与雅致"的人性化居住目标,维护了记载着法兰西文化的城市风貌。

1999 年巴黎圣母院的 4 个塔尖在风暴中被吹断,修复中所选用的材料、建筑式样与旧塔尖一模一样,巴黎文物的修复原则是不改变任何东西。经历了几百年风雨的洗礼,被严格保护起来的巴黎历史遗迹,如巴黎圣母院、市政厅、罗浮宫、协和广场、大小宫、埃菲尔铁塔,至今风采依旧。

巴黎被分为两个不同的保护圈层:第一个是 18 世纪形成的老城历史文化区,不拆、不改、不建,保持原有的历史面貌、传统功能;第二个是 19 世纪形成的历史街区,允许适当改善并加强住区的功能,限制建造办公楼,以保护原有和谐空间形态和城市景观。第二圈层周边地区可略为放宽,允许建立新的住宅和大型设施,以加强旧城区的生活多样性,保持老城区可持续的生命力。

城市建设不能没有文化的自信,自信是城市文化创新的起点。巴黎在旧城改造中体现出来的文化自信充分体现在以下四个方面:一是坚持认为巴黎是最美的城市,珍惜巴黎历史上遗留下来的建筑精品,对老建筑精心地维护和利用,即使内部再现代化,至少也要保持外观的历史风貌;二是努力保持新建筑与旧城风貌的协调性;三是张扬自己的城市文

① 崔卫平:《公民参与和社会正义——徐贲访谈》,《南方周末》2004-1-29。

化和城市个性,如不改造历史遗留下来的狭窄街道,宁肯用单行道解决交通问题,宣扬巴黎的城市文化和独特生活方式;四是保持极为开放的精神状态,如博物馆大都设在精心维护的古建筑里面,大量的稀世珍宝几乎以零距离的方式向世界各国游客免费开放。塞纳河沿岸历史建筑群被联合国教科文组织列入世界遗产名录,有力地肯定了巴黎人"护旧原则"。

巴黎的两次历史性改造都备受争议,也确实走了不少弯路。惨痛的教训促使巴黎逐步走出了文化迷失的困境,通过建设新城拉德方斯,最大程度地保护旧城,最终创建了这样一座世界公认的历史名城。巴黎对历史遗留文化、对城市历史的尊重、对城市艺术的发展,对我国城市文化升级颇具启迪价值。

二、国际名城的"花园城市"实践

党的十八大报告对生态环境的治理高度重视,伦敦、东京、新加坡、广州的经验值得借鉴。英国曾以"雾都"著称于世。1952年的光化毒气泄漏导致5天里4 000余人丧生,举世震惊。1956年英国出台了《空气洁净法》,到20世纪80年代以后伦敦就重现蓝天绿水城市景观。东京在20世纪七八十年代的经济高速增长阶段城市环境污染现象十分突出,从20世纪90年代开始的20多年时间里,全日本带头开发环保技术,出台环境保护法案、加强环保教育。进入21世纪,东京成为亚洲最清洁环保的城市之一。广州从2004年开始认真整治环境,脱硫脱硝,至2010年亚运会开幕前,城市环境大为改善。广州灰霾天气最多是在2004年,每年144天,此后逐年下降,2011年、2012年徘徊在60～70天。[①] 当前,新加坡以"花园城市"享誉环球。广州在2007年继贵阳、沈阳、长沙、成都、包头、许昌、临安之后,成为中国第八个国家森林城市。佛山近六年来的"蓝天绿水"工程效果显著,但仍然是全省重酸雨区。参照伦敦、广州的做法,三年之内大显成效,十年后有希望成为"全国环境优美样板城市"。

三、华盛顿:城市规划的文化样板

华盛顿市因纪念美国首任总统乔治·华盛顿而得名,是世界瞩目的现代化城市。它有着4个与众不同的城市布局模式:一是市区街道排列井然有序,呈棋盘分布。以国会大厦和白宫为中心,向四周延伸出去,整齐而宽敞,东西走向的街道以英文字母ABCD依次排列,南北走向的街道以阿拉伯数字1234逐次编号。斜穿的大道均以美国各州的名字命名。国会大厦两侧有"独立"和"宪法"两条林荫大道。另外,宾夕法尼亚大道和马萨诸塞大道等横穿诸街。二是市区建筑物布局以华盛顿纪念碑为中心。东有国会大厦、西有林肯纪念堂、南有杰弗逊纪念堂、北有总统府白宫,形成五大著名建筑群。三是10英里范围内建筑物高度以不超过华盛顿纪念碑高度为限。四是市区街道、房前屋后绿化美化程度甚高。

---

① 钟南山:《英国治霾30年,北京狠下心10年就成》,中央电视台2013年3月13日"两会面对面"。

四、韩国提升文化竞争力的路径

韩国文化强国的发展路径得益于政府扶持,完善于法律保护,成熟于市场竞争,最后在世界文化中独树一帜。

除通过立法和政策支持之外,韩国政府还建立完善的文化管理机制。为了保证各项政策有效落实,帮助本国文化向外扩张,成立"文化内容产业振兴院",培养文化产业人才,发掘各种文化内容,促进韩国文化产品的开发制作、流通、市场营销以及国外市场的开拓。与此同时,设立支持文化事业发展的财政预算,制定文化登记制度、税收减免制度,鼓励企业对文化产业的投入。韩语、韩食、韩服、韩屋、韩纸、韩国娱乐,这六大品牌对外的名牌化和国际化,促动了"韩流"的传播,极大地增强了韩国的国家软实力。

国际上成功的城市文化建设案例尚有很多,其他的好经验,我们在后面的章节中逐步介绍。

第三节　城市文化面临的共同挑战

当前,世界各国都面临着城市现代化的一系列难题。发达国家已经实现了城市化,却暴露出中心城市"空心化"的危机,一系列曾经辉煌的工业城市,却因为资源枯竭而萧条,或由于产业过时而倒闭。英国的曼彻斯特、伯明翰竟然萧条至曾经的闹市或工业区内的一座别墅售价仅一英镑。美国昔日令全世界羡慕不已的"汽车城"底特律,在2008年因政府出售兜底而勉强躲过了倒闭的厄运,却在2013年下半年宣告彻底破产。中国在20世纪60年代里名噪一时的辽宁省抚顺市,因煤炭资源枯竭而萧条至今。最近十年里经济增长速度冠绝中国,人均GDP超过香港的内蒙古鄂尔多斯市因为超过了曾经的"中国煤都"大同而引以为荣,却在2008年之后陷入困境,市中心的"康巴什新城"因为服务业和文化教育等综合设施不配套沦为白天萧条、夜晚贼盗出没的"鬼城"。这一系列显著的事例说明了,一座城市如果只依赖单一产业来支撑,不能生长出多项配套产业甚至多元并进的产业,将很难获得持久的发展和持续的繁荣。

进一步来看,只追求经济效益甚至暂时的当前效益而罔顾城市的文化服务功能,也会给城市的未来蒙上阴影,甚至带来无法弥补的巨大损失。

自改革开放以来,中国大陆展开了人类历史上最为轰轰烈烈的城市建造运动,城市化进程的规模、速度、力度和影响面可谓前无古人后无来者。但是,带来的严峻问题也是于今尤烈。中国非物质文化遗产研究会会长冯骥才指出:这"不亚于以往'大革命的洗礼'。如果说大革命是恶狠狠地砸毁它,这次则是美滋滋地连根除掉它,因为这是一次'旧貌换新颜'。城市的管理者们,或出于片面追求现代化速度,或迫切地积累任上的政绩,或只盯住眼前的经济利益,将成片成片的城区交给开发商任意挥洒。他们对这些城区的文化遗存的情况大多一无所知,甚至也不想知道。于是短短十余年,不少都市的个性特征、历史感和文化魅力,被涤荡得寥寥无几。北京的四合院,江南的小桥流水,还有我们一些城市的那些源远流长的老街,正被一片片从城市的版图上抹去。神州城市正在急速地走向趋同,文化的损失可谓十分惨重。世界许多名城都以保护自己古老的格局为荣,我们却在炫耀'三个月换一次地图'这种可怕的'奇迹'！毫不夸张地说，现在每一分钟，都有大片历史文化遗产被推土机无情地铲去。而每一个城市的历史特征都是千百年来的人文创造才形成的"。①

古都南京在城市文化建设上历经沧桑，有成功的经验，也有深刻的教训。1929年，国民政府定都南京后实施的《首都计划》，塑造了一个既有传统基础又融合了西洋文化的崭新城市风貌，尤其是中山陵、中央博物馆、中国国民党党史史料陈列馆、励志社、财政部的建设，至今都是南京具有纪念意义的标志性城市建筑与历史文化景观。

> 国民政府定都南京之后，实施文化本位主义，提倡"中国本位""民族本位""发扬光大固有之民族文化"，在建筑中倡导"中国固有之形式""以中国之装饰方法，施之我国建筑之上"。……按照《首都规划》，南京市沿街的重要建筑，均为传统大屋顶的民族样式，如财政部、励志社、兵工署、中央博物院等。南京市因此出现了一批现代宫殿式的建筑，如南京大学教学楼、中国国民党党史史料陈列馆、中央博物院、南京师大教学楼等；还有一批实质上融合中西城市文化的优秀建筑，如中山陵音乐台、军区总医院、江苏美术馆、第二历史档案馆等。这些建筑基本上采用了中国的传统样式，把它用钢筋混凝土浇筑出来，如中央博物院"大殿"，是一座展览大厅，从全体到细部，形式完全模仿北方辽代建筑；中山陵的藏经楼是清代北京汉藏混合式藏传佛教寺庙的再现；中山陵则吸取了明清陵墓的手法，单体建筑虽然也是在现代结构上加上一个木结构形式的外壳，但造型上有所创新，同时，作为一座精神意义大大超过物质意义的特殊建筑物，它的内容和形式仍然是协调的。②

但是，在20世纪70年代，南京市区内的许多民国风格、古典园林风格的将军楼住宅被许多农民出身的将军拆建为农家屋，甚至用土坯、红砖把洋楼的阳台砌墙，当菜地使用，粪水横流、臭气冲天，令远近邻里、过路行人为之掩鼻侧目。这种颠倒美丑、以丑为美的行为在当时让人哭笑不得，在今天看来，更是典型的污染环境、破坏传统建筑、糟蹋城市文化的行径。

无论大小与新旧，中国几乎所有的城市都面临着城市文化定位和下一步究竟向何处去的现实挑战，城市文化面临的共同挑战在当代变得空前巨大而多样，可谓牵一发而动全身。诸如城市化问题、城市郊区化问题、城市中心区衰落问题、城市生态花园化问题、新型城镇化问题、再工业化问题，不一而足。尤其是中共十八大后新一届政府推动的新型城镇化成为中国城市社会发展的未来主导方向。自从2008年世界金融海啸沉重地打击了美国虚拟经济，拖累了美国的实体经济全面呈现出竞争力下降、实力衰落的态势后，奥巴马总统为了提振经济增长，增加国民就业，提出了"再工业化"的发展方向，对中国等新兴市

---

① 冯骥才：《手下留情——现代都市文化的忧虑》，上海：学林出版社2000年版，第41-43页。
② 陈立旭：《都市文化与都市精神——中外城市文化比较》，南京：东南大学出版社2002年版，第345页。

场国家构成了显著的竞争压力。这些发展态势涉及城市文化发展的理念与战略问题。限于篇幅,这里不准备就广义的城市文化来谈应对挑战,而将论题紧扣在城市发展的文化发展定位理念与方略上。这里重点讨论城市文化的保护与发展问题。

城市文化的保护与发展问题,是联合国教科文组织、世界非物质文化遗产保护委员和国内外城市建设中的理论问题,更是城市文化升级的实践挑战,面临着如何妥善处理如下各项难题。

一、城市"传统与现代化"的矛盾

我们的理念定位与应对策略如下:

(1) 传统文化中不断添加新元素而发展成的现代文化将会更加健康,更具免疫力。当文化成为产业,需要平衡利益追求与文化创新的关系,守望好精神的家园。

(2) 城市名胜古迹的改造原则是"志于道,据于德,依于仁,游于艺"。建筑不是流行服装,当代建筑应当在现代观念中恰当采用本土化的、中国民族传统元素。传统的文化需要现代的想象力,将富有当代生命活力的中国传统文化因素融入电影、戏剧、歌舞、音乐之中,提高市民体验与消费的水平,增强对城市和中国文化的认同感。

(3) 中国的许多城市曾经是中国历史文化名城,在地理条件上往往处于江河湖海交汇处,具有"九市通衢"的天赋便利条件,可以有效地吸引川流不息的人群。在当今形成各地、各国商团云集、办事处林立的资讯发达状态。现代城市开放的胸怀和发达的商业业态,成就了名城沧桑面容下的文脉、商脉与智慧脉络,成为现代城市魅力和活力的基础。

(4) "保护是最好的开发"。位于城市核心区的历史街区的振兴,实质就是城市品质的提升。对于有显著特色的地域文化元素需要加大保护力度,分别采取政策性保护、生产性保护、记忆性保护、资助非物质文化遗产传承人、积极扶助传人教育培训、实施创业基金优惠政策、优惠贷款、减免税收、加大奖励力度等措施,切实打好特色化文化名城的"硬件"基础,加快实现城市文化设施系列化和现代化,不断加厚城市文化底蕴,令其得以比较完整地保存、延续、发展和兴旺,在我国新一轮城市文化的转型升级中绽放出更耀眼的光彩。

(5) 名城改造的第一要义是保护,名城复兴的本质又是创新。城市是给现代人用的,如果只顾历史保护,不做功能创新,满足不了现代人的生活,这种复兴将丧失可持续发展后劲。在保护历史遗存的基础上持续创新,以民族化、区域化、本土化的建筑元素特性和城市形态为支撑,结合新时代的要求创新城市空间,以国际化的视野重塑和振兴这座城市的商脉和文脉、气质和风度,更新业态、提升城市品质。生态花园城市建设、信息化智慧城市建设、高新技术前导产业建设、节能环保循环利用产业建设、立体化城市交通建设,这"五态融合"转型升级,将承载着历史的记忆与业态的兴旺,以精彩动听的历史与可触摸的未来探索出近悦远来、文化荟萃、万商云集的新型城市文化发展模式。

二、文化内容升级优先于文化设施改造

文化升级不仅是文化设施的升级,文化内容、文化精神的升级更为迫切且重要,更具有持续发展的纵向高度和横向扩张潜力。城市深厚的历史文化可以给当代城市的精神升华提供丰富的素材,这样可以化解历史与现实相互矛盾的外在表象,将原本水火不容的物

产转化为水火交融的产业优势。例如,南京可以把电机制造、白色家电制造业、地方菜系的美味佳肴、风味独特的地方酒文化风情、旅游观光产业一条龙整体设计相结合,变昔日的水火不容,为未来的水火交融。又比如,佛山与香港联手,将中国南派武术之乡拥有的上百家武术门派的丰富资源与民间传说、传奇小说、广府粤剧、电影院线、电视剧演播、互联网传播系统实现整体组合,打造出中国武术文化向国际扩张的强势品牌,将武馆文化、会馆文化、宗教文化相互促进,同时向内地和海外扩张佛山文化名牌与老字号,佛山的文化竞争力将实现跨越式发展。发达国家的发展规律表明:物质经济陷入危机之际,恰恰是文化产业特别兴旺之时。2008 年美国经济深陷危机而好莱坞电影业生意红火,中国近年的电影业的火爆程度又远在好莱坞之上数倍。

三、目的与手段:城市现代化的归宿

城市现代化的目的是为了市民过上美满、幸福、舒适的生活。同理,城市在现代化浪潮中融入本土的、民族特性的文化元素,也是为了区别于其他城市的现代化面貌而确立自己的特色和优势,赢得市民的自豪感和认同度。现代化不过是赢得高质量生活水平的途径,民族传统文化元素也是获得美满和自豪的手段。本书编写者在长三角与珠三角主持的一系列大范围的调查问卷统计结果显示:市民群众最希望城市升级的选项是"生活幸福指数",占受访总数的 39.895%;其次是"生态环境质量"的支持率为 23.097%,远高于"国际知名度"的 4.46%、"经济总规模(GDP)进入全国前十名"的 5.25% 和选择"提高工资"的 6.56%。

四、处理好文化创意实体与政府角色定位的问题

想象力和创造力是最好的文化资本。建议中国各省在打造"文化强省""文化大省"的进程中,设立省、市两级"城市文化创造项目""一人创造企业支援中心""创造故事支援中心"等项目机构,为城市文化的繁荣输血打气、营造氛围、开拓空间、孵化产业。政府是发展文化产业的倡导者和最有力的支持者,要调动企业作为市场主体的积极性。文化产品由民间实体开发,然后走向市场。处理好政府和企业之间的关系,把政府的推动因素放在合理的位置上,是文化成功升级的深层次核心命题。

思考题

★ 试列举并分析关于城市起源问题上的各种学说及其依据。

★ 请分析城市发展的动因,究竟是人口发展导致经济需求的旺盛,还是经济发展的强劲带动了城市人口的繁荣?请以具体案例为依据,写一篇专题小论文。

★ 为什么说劳动产生城市的观点是注重现象忽略本质的皮相之见?

案例一:《中国城市道路应"变窄"而非"加宽"》

城市的车道不应该"加宽"而应"变窄",城市交通设计的重点是"行人"而非"汽车"——在出席威海国际人居节的专家眼里,未来的城市交通靠的不是"车轮"而是"双腿"。

"当人们面临越来越拥堵的城市交通时,第一反应往往是'加宽'马路,可是他们错了。"联合国人居署最佳范例和政策处官员俞建华说,"对世界各大城市交通状况进行的研究表明,道路越宽交通反而会越拥堵,中国城市大量使用的立交桥和环形交叉不仅没有解决塞车反而'加重'了问题,人们必须理解城市属于行人而不是汽车。"

俞建华认为,城市的交通应是立体的、个性化的,每种交通形式都应有其空间。"美国做着与中国相反的事情——加宽人行道,公路相对修窄。在完善城市大型公共交通体系的前提下,创造一个'步行'的城市。"

美国规划师协会前任会长萨姆·卡塞拉说:"中国应该在城市规划时更多地考虑小街区、人行道和公共广场,为步行、自行车提供便利条件。"在他看来,汽车在美国当了50年的"皇帝"后开始"退位","中国可以吸取我们的教训,在各种交通工具之间达成一种平衡,避免在公路建设上过度投资。"卡塞拉在国际威海人居节上为中国城市交通提出七点建议,包括减少城市扩张、减少占用绿地和开阔区等,但有一点,他提倡"增加"——更多的步行。

在专家们看来,公路建设不仅事关城市交通,而且还是"社会公平"的体现,"顾名思义,'公'路不是'私'路。如果一个城市让10%的有车族占据70%的道路,则必然有碍社会公平,我们应该'还路于民'"俞建华说。

北京大学城市规划与区域规划系教授吕斌认为,城市道路建设还与社区规划密切相关。"一些中国城市迷恋的超大型实际上已是过时的观点。中国应该建立空间形态上立体的、对土地进行复合利用的紧凑城市,使商业、生活、文化和居住设施紧凑而便捷,构筑以步行者为中心、具有人的行为尺度的城市空间。"

(编写者依据王作葵、周雷、徐冰:《联合国官员俞建华:中国城市道路应"变窄"不是"加宽"》,新华网2004-9-2的报道加以整理)

案例二:《城市生态转型与生态城市建设》

这一概念是在联合国教科文组织(UNESCO)发起的"人与生物圈(MAB)计划"研究过程中提出的。生态城市可以理解为与生态文明时代相适应的人类社会活动新的空间组织形式,即为一定地域空间内人与自然系统和谐、持续发展的人类居住区,是人类居住区与城市发展的高级阶段、高级形式。

……

现代城市是一个脆弱的人工生态系统,它在生态过程上是耗竭性的,在管理体制上是链状而非循环式的;在社会生态上也是不道德的。未来城市环境建设要引进"天人合一"的系统观、"道法天然"的自然观、巧夺天工的经济观和以人为本的人文观,实现城市

建设的系统化、自然化、经济化和人性化。生态城市建设是一种渐进有序的系统发育和功能完善过程,它包括以下五个方面:

(1)生态卫生通过鼓励采用生态导向、经济可行和与人友好的生态工程方法处理和回收生活废物、污水、垃圾,减少空气污染和噪声污染,以便为城镇居民提供一个整洁健康的环境。

(2)生态安全为居民提供安全的基本生活条件:清洁安全的饮水、食物、服务、住房及减灾防灾等。

(3)生态产业强调通过生产、消费、运输、还原、调控之间的系统组合,实现增员增效而非减员减效,使人格和人性得到最大限度的尊重等。

(4)生态景观强调通过景观生态的规划与建设来优化景观格局及过程,减轻热岛效应、水资源耗竭及水环境恶化、温室效应等对环境的不良影响。

(5)生态文化是物质文明与精神文明在自然与社会生态关系上的具体表现,是生态建设的原动力。它具体表现为管理体制、政策法规、价值观念、道德规范、生产方式及消费行为等方面的和谐。

我国生态城市建设的目标应包括:促进传统农业经济向资源型、知识型和网络型等高效持续的生态经济转型,以生态产业为龙头走出一条新兴工业化的道路;促进城乡及区域生态环境向绿化、净化、美化、活化的可持续的生态系统演变,为社会经济发展创造良好的生态基础;促进城乡居民传统生产、生活方式及价值观念向环境友好、资源高效、系统和谐、社会融洽的生态文化转型,培育一代有文化、有理想、高素质的生态社会建设者。

(王如松:《城市生态转型与生态城市建设》,《中国绿色时报》2005年1月19日)

第三章　城市文化的性质与特征

第一节　城市文化的性质

到目前为止,涉及城市文化的研究文章和论著不少,但是,明确地为城市文化下定义却是罕见的。这种现状表明,有关"城市文化"的探讨均属于研究的起步阶段,尚不足以形成达成共识的定义。万事开头难,但总需要做出新的努力。在这里,我们将参考有关学者的初步研究成果展开我们的论述。李燕凌等做出的尝试性定义为:"城市文化指城市在其发展过程中长期积淀的,既具有区别于其他城市的自身独有个性特征,又属于城市市民共同意志表现的物质、制度和精神文化总和所形成的整体。"[①]

城市起源的生命力和本质功能都指向市民在其中自发形成居住社区,拥有谋生和经济往还的产业,并逐渐组成行业协会机构的生活群体。否则,不论城市的历史久暂、规模大小、地位轻重,它都仅仅有"城"的价值(如果是政治中心或军事重地的话),而不具有"市"的功能。市民是城市的主体,市民文化是城市文化的创造者、承载者和传播者。因此,本节里主要讨论市民与聚居群体、公共产品与共同设施、共同性准则与共识性精神。

一、基质:市民与聚居群体

建成综合功能健全而力求完善的真正的"城市",一定要培育市民社区系统,鼓励并扶植市民群体或行业形成他们自助或互助的社团和行业协会组织。这样,就可以形成市民的社会组织。他们能够在很大程度上形成互相沟通、协助、互助、自律的良性社区,具有自助或互助的公益服务社区的性质,进而走向社区认同、行业互助,相互扶持并相互监督的社区文化,形成诚信、公平、和谐互助的社区、社团、行业协会。只有到了这个阶段,城市二字里的"市"才是健全、成熟而有效的。建国初期,废除了传统上的宗法制、族群性的民间社会形态后,代之以单位制,将全社会划分为不同的阶级,再全部条块分明地隶属为不同的单位,每一个公民必须有所属的单位和户口,否则就成了黑户、无业游民。那时是没有社区、社团、行业协会的,即便旧社会曾经有,也在20世纪50年代被废除了。只有到了改革开放以后,才不同程度地出现了各类行业协会,然后出现科学研究和文化事业机构的民间社会团体,再往后,才逐渐孕育出了民间零散的社区雏形。

真正的城市,其生长过程不是"人工饲料鸡饲养场"式的方式可以催熟的。它需要经过自然条件的先天优选,往往是在河流交叉口、海岸出海口或陆地交通要道,自发地聚集起来人口与资源。在多数情况下,它不是政府为了加强统治和管理的便利而采用行政措

---

① 李燕凌、陈冬林:《市政学导引与案例》,北京:中国人民大学出版社2006年版,第154页。

施刻意地建立起来的(政府为了加强统治和管理而兴建的常常是政治城堡或军事要塞)，而是自由民(既后来的市民)因为河口或海口交通方便、物流集散集中，作为自发成长的主体，在谋生与发展中，通过相互之间的协作、交换、消费、循环而完成谋生与幸福的生存目标，进而逐渐聚居、定居于一处。在这些生存与发展活动过程中，他们形成了各种生产关系和生活中的人际关系，形成了一个个特定的社区组织和行业组织，这些社区结构和行业组织就构成了城市的基础。因此，面对这样的社区社会结构，政府需要调整长期以来形成的"控制化管理"思维方式，不要总觉得不是自己委派、任命的人，"控制"起来或"领导"起来就不放心、不可靠。这种自发、"天然"形成的民间社区结构，其实更多的情况下需要政府做的是服务，当然也有必要而适当的管理，不是一味地加强"领导"后却跟不上必需的服务。

在现实生活中，我们常常会见到，简单化地派去了"领导"，却不会提供服务，或者这些管理者、"领导"者们只想到控制，却没有服务的理念、能力和行动，于是出现管理动机与客观需要之间的显著错位，甚至不同程度地出现了人为的"滋事扰民"现象，外行指挥内行现象，不能促进社区良性发展却又需要社区把这些"领导"们供养起来，占据了本来就比较紧缺的编制、待遇、经费和资源。这些现象在当前变得比较普遍，与市场经济条件下的和谐社会发展理念不相适应，导致严重的"官僚化"倾向。

为什么中国大陆各地的城市建设总像从一个模子里被拷贝了千百遍一样，我们要说，问题并不仅仅是各地互相抄袭、拷贝，思维单一的问题；也不完全是我们的城市建筑与景观设计师们缺乏创意想象力，设计不出特色卓越又能为市民真心实意喜爱的好建筑、好景观。各地各级政府建立起来的各种级别、层次的工业区、物流区、港务区、外贸区，毫无疑问都是开发区的典型形态，而在各地的中心城区分布着无法确切统计的开发区的衍生形态。这些衍生形态的开发区可称之为"非典型性的开发区"，其表现形态有CBD中央商务区、某某类产业园、文化观光区、高档别墅区等。最普遍的，就连住宅区都是依照开发区的模式拷贝千百遍的产物。最根本的问题在于，这些住宅不是为了居民生活的方便、幸福感与认同感的提升、原有社区和人际关系的连带性、能否量身定做居室空间而设计，设计团队常常被要求尽力压缩成本，因而常常照搬一个现成的设计来照猫画虎。各个如此的结果，就形成千篇一律的定制布局，将建设成本压到最低，实现开发商经济收益的最大化。时至今日，各地依然在成规模地复制着这样的"开发区"，无以数计的巨幅广告美其名曰"世界上最优美的宜居家园""最尊贵的皇家会所""城市中的庄园""富豪"＋"帝豪"，不一而足。

在上述的开发区或"准开发区"内，市民仅仅是经济动物，人不过是庞大的工业或产业体系的附庸。产业经济能否出经济效益，才是城市建设的重心，也是最被关注的命门所在。这些被机械或被动地安置进来的"人"，却不是城市建设的中心所在。于是，看似荒谬实际上却颇为流行的吊诡现象反而成为了常态：不是城市为这些市民服务，因为有了这些市民的存在才具有了城市建设自身得以确立的理由；恰恰相反，市民不过是产业增长、经济结构齐备、税收增加等指标中不能不具有的工具。城市不是为了满足市民的幸福生活而存在，相反，是为了实现经济指标的扩张，迫使被纳入"规划"中的市民们被强力拉动，去满足"拉动"消费的指标和考核要求。因此，颇为吊诡的现象一再重复性地出现。

我们城市现代化的结果,常常陷入如下一种窘境:我们空有"现代化"的城市建筑与街道,城市的外壳看上去也很气派,但就是缺少甚至根本没有作为现代城市存在与发展的基质——市民社会所自发形成的社区、行业自助与互助的组织。以人体生理解剖结构作比喻,我们不过是人为地机械堆砌了 206 块骨头,这些骨头相互之间却没有自然有机地形成活的有机生命体。这样的城市理念和城市形态是机械的、冷冰冰而生硬的,没有城市应该具有的灵魂、气息和有机介质。导致表面光鲜的城市,其经济结构却同质化到单一、苍白、乏味的地步,市民的日常生活丧失了城市本来应该具有的活力和内涵。国际和国内有眼光、有见识的城市文化专家们指出,这是表面的城市现代化,其实却是丧失了城市本来内涵的"伪城市"。

我国东南部沿海地区,虽然是改革开放后中国城市化发展最快的地区,却又是以开发区模式成长起来的"半城市"形态最典型的地区。当下的城市不过是一个个开发区的附属产物或若干个经济开发区的拼凑与黏合物。我们有的是产业区,却很少甚至没有把原有的老城社群结构保存下来,而是统一指令、简化行动、强制拆迁,让原有的社区系统彻底碎片化。原有居民搬迁到陌生的新驻地,与同样陌生的外来人口或来自另外社区的"老居民"们互为邻里,导致新邻居们有着天然的隔膜,非经历一段时间的相互了解,彼此是不肯接纳对方进门做客的。严重的,甚至老死不相往来。

同一座住宅楼里的邻居互不相识,其原因固然不能完全归咎于现代的电梯楼,但我们现代这样的居住造型设计的确把街坊消灭掉了,就像计划生育把"亲兄弟姐妹"的概念变成历史一样。我们也把邻里变成了钢筋居室外加钢铁门窗的"对门"了。

于是,当下的中国有城市的产业形态,却没有或不完全拥有城市的综合服务功能;有成千上万座超过美国、欧洲人口规模的城市人口,却没有自发地形成市民社会;特别着力于城市外观上追赶美国、欧洲、日本,以为采用它们的高楼大厦、钢筋混凝土、玻璃幕墙,就是洋气十足的现代化城市了,却和中国社会固有的人际关系网、社群系统、文化传统、生活方式发生了彻底或近乎彻底的断裂。

那么,怎样才可以切实促进理想化的现代城市形态变为中国的现实呢? 我们可以通过如下途径来实现。

第一,以当地人口为就业主体,以内生的服务业为产业主体,经济活动从属于特定地区的社会动态和文化发展趋势。内生经济和内生服务业的优势就是,无论是本地自主发展起来的服务业或产业,还是外来投资设立的工厂、商业,都能够在本土生根、开花、壮大,形成稳定的生产力。不会因为金融海啸的波及而搬迁,不会因为"非典"疫情泛滥而倒闭。在这一方面,历史地看,江苏苏州以电子高新技术产业为主导的科技企业,在 2008 年以前不及广东东莞以"三来一补"为主要代工方式的两头在外经济模式。东莞以"三来一补"给台湾商人代工的模式曾经在 20 世纪 90 年代红火一时,现代显然比不上以顺德模式为代表的佛山本土化制造产业带更加具有抗风暴、抗搬迁、抗"候鸟"的优势。

第二,坚决改革户籍制度,吸纳那些建设现代化城市所急需的外来人口,破除以往的开发区化、工厂化发展模式导致的"半城市"现象,综合治理与改造"城中村"现象,将本地与外来人口的二元结构融合为现代化新城市的统一的共同体,增强市民中不同群体之间对城市的认同度和亲切感。事实上,广东省早在十年前就宣布 2010 年开始废除户籍制度。政府、事业机构、民间社会团体、市民社区、企业都需要改变观念，既不能轻视甚或歧视民间社会团体，给他们的自愿结会结社诉求，设置繁杂的程序、条件，还必须挂靠到某个党政机构来归口管理；也不能认为他们无足轻重，或者没有派强力部门的人员去控制、管理他们，就放心不下。虽然它们的成长不可能百分之百都顺利并且是良性的，但是，总体趋势却肯定是有利于社会稳定大局的。更何况民间组织都是以自觉自愿加入为发展的前提条件，如果出现了不为市民群众办好事的个别异化的、违法的社团，日益成熟起来的市民群众可以选择退出、监督、举报、抵制等维护自身权益的办法。

第三，允许、鼓励、支持、奖励市民的公共生活和公益活动。当前，全国各省各市里，都可以见到公园、住宅小区、超级市场门前、街心花园里有大量市民在跳集体舞、自发比赛唱歌、卡拉OK、同练武术、共同跑步，等等。民众生活得更加舒心、幸福，市民们的这些活动分外有情趣，有生命的活力和质量。

到目前为止，中国社会全能超级政府的垄断性管理，加上城市化进程变为产业化、开发区化的偏向，导致城市的功能过度单一化、经济主体化、城市的综合性服务功能先天缺乏，后天不足。现在，城市升级中的一个迫切的任务就是补上城市综合性社会功能严重欠缺这一课。就像乡镇里正在实践全民直选与全民普选一样，新兴小城镇更容易培育出现代市民社区、现代市民组织，这里比权力结构固化严重的大中型城市更有可能生长出现代市民自助、互助又自律、互律的社区组织新形态。

二、特质：公共产品与共同设施

城市既然是不同的市民汇聚在一起而形成的人口共同体，那么，城市的发展就必须有能力为市民公众提供公共产品和公共设施，从而切实服务市民群体，提高市民的生活水平、文化艺术水平和社会福利水准。这些公共产品可以分为两大类：一类是公益性的公共产品，必须贯彻民有（市民全体所有）、民与（提供给民众自愿参与）、民享（市民大众可以获得享受福利的实惠）三大原则。另一类是非公益性性质的公共产品与设施，这一类别的产品与设施采取有偿服务的形式为市民群体提供服务，同时获得相应的经济利润，以便收回成本并扩大再生产，提升服务水平。

在城市公共产品与设施的建设方面，发达国家在早期阶段也是以工矿区为城市的动力和中心，进入后工业化阶段以后，它们开始追求全面发展的城市功能，矫正片面地发展开发区的偏向。

开发区和城市不仅是名词概念的不同，还是性质完全不同的两种事物。开发区，是完全采用后天的人为规划，可以完全做到从无到有地将同种、类似及相关产业集中到一条街区里或一个地区带，便于同业互补、集中管理，实现成本的节约、商业利润的最大化和政府财政收益的最大化。

在我国的当前现实条件下，许许多多的城市规划机构，心目中的城市化常常与建设开发区混为一谈，结果导致城市的发展常常畸变为开发区化，甚至不自觉地以为"城市化就是开发区化"而不自知。大到北京、上海和天津，中到各省省会、地级市，小到各县级城镇，城市建设的基本思路和操作模式都是如下的流程：从政府规划到建设大同小异的各类开发区（无论是保税区还是高新产业区），再到附属民用工棚、医务所、小学（也是后来才意识到而不得不附加,并且是为了提高购房增值欲求的手段)。

这种模式的典型案例和后遗症,以台湾企业富士康的员工分别在深圳出现八连跳(楼),在重庆又接连出现跳楼事件而达到巅峰。

三、本质:共同性准则与共识性精神

城市既然是人类文明高度发展的产物,它必然形成对市民有约束性和凝聚力的公共准则。建立在这些公共准则基础之上,又形成了特定城市的精神风貌,凝聚成某些约定俗成或心心相印的文化共识,这些文化共识构成了城市的共时性精神。

现代城市的运行方式、规则与传统的乡村社会判然有别。区别最显著的就是城市市民的公共社会准则,它构成了城市文化的基本面貌。以这些共同性准则为基础,城市各种管理系统将会产生各种社会运行规章制度、法律、条例、公共沟通管道、人际交往礼仪、行业组织行规,等等。在这样的城市规则下,任何人都没有权利与资格凌驾于其他人、其他群体之上。市民彼此之间在平等协商、相互尊重、相互理解的基础上构筑起德国哲学家哈贝马斯所倡导的"交往理性沟通"的共识性平台,在这样的平台上协调彼此之间的各类别复杂的利益关系。经济行业协会负责协调与平衡经济利益,社区组织负责协调邻里关系,职业机构负责协调职业领域的各类利益关系。因此,共同准则和共识性精神成为维系城市运转的文化基础和规则的轴心。一系列的伦理道德、法律规章、价值尺度都是城市共同准则与共识性精神的延伸、扩大、变体和升级的产物。城市建立在这样的基础上,才能够长治久安、兴旺发达;如果没有构筑出这样的共同准则和共识性精神,一座城市就没有稳定性和凝聚力,也就无法真正兴旺发达。以千百座城市为有机体细胞的国家,也无法实现有序、协调、稳定、和谐地运转。城市文化关涉国家的兴衰成败,城市文化兴盛则国家就具备高度的、凝聚力、向心力和吸引力,就可能产生近附远徕、怀敌招远的软实力和正能量。

因此,我们要纠正一种长期以来形成的似是而非的认识,与人们普遍想当然地以为城市经济是城市文化发展的基础这种似是而非的认识相反,恰恰是城市文化对城市经济档次和品质的提升提供了基础保障和升级的动力。从中观角度着眼,一个城市的特色文化对一个城市整体环境的提升,对城市的国内外知名度塑造具有不可或缺的重要意义。

例如,世界孔雀舞大师杨丽萍精心创编出原生态舞蹈《云南印象》,一炮走红,震撼世界,仅仅在2008年就有68个国家与地区与她们签约,受邀前往演出。一部《云南印象》加一个云南民族村,成为昆明享誉中外的金字招牌。云南大理更是以古大理国为文化品牌,一白族传统建筑造型和白加黑素色基调再配以墨色书法,弃绝陶瓷砖类装饰构件,构成鲜明、肃穆、整洁、淡雅的城市文化格调,民族特色浓郁、建筑风格鲜明、城市品位优雅,令人流连忘返、赞不绝口。

"桂林山水甲天下,阳朔山水甲桂林"这是全中国人都知道的。正是这句话让阳朔的山水、阳朔的洋人街、阳朔的《印象刘三姐》年复一年地聚集了国内外数以万计的旅客。俗语云:靠山吃山,靠水吃水,桂林、阳朔真的靠它们的秀甲天下的山与水,通吃天下。

国内有特色的城市还有很多,诸如西安以被誉为"世界第八大奇迹"的"秦皇兵马俑"为品牌,带动整个城市的旅游、经济、对外文化交流。开封以再现北宋时代东京汴梁风物的文化产业景观区《清明上河园》为标志,做活了整个开封的经济面貌,赢得文化产业的成

功口碑,内外叫好,名利双收。

日本东京迪斯尼的海洋公园和陆地公园相映生辉,再加上银座的西化高楼鳞次栉比和浅草寺、浅草塔与雷门牌坊的盛唐建筑格调相得益彰,构成了各具特色而又令人流连忘返的城市文化品位。因此,城市文化是城市经济吸引力与辐射力扩大的基础,是支撑城市生存、竞争和发展的巨大动力与无形资产。

城市文化是城市个性和特色形成的条件。城市文化的个性,不仅仅决定于城市经济,也决定于城市建筑,因为特色的建筑会给外来者一个鲜明、强烈的"首次"印象。城市文化的个性特色,主要决定于一个城市的生活方式。在这种生活方式中,民间的生活时尚、婚丧嫁娶的习俗、迎来送往的礼仪、规矩、禁忌和传统,民间盛行的歌舞、音乐、戏剧、曲艺、杂技、装饰性工艺和特产,恰恰构成了民风民俗的核心内容。一个城市的工业产区可以随着产业循环的国际潮流而转移,一个城市的建筑可以随着经济实力的消长和代际流动的变化而变化,但是一个城市在长久的历史发展进程中形成的民俗情调和生活方式却不是可以随时改变的,更不是新的流行时尚可以轻易代替而湮灭无闻的。我们将这些拥有持久生命活力的民间风情、民俗形态活化到新的城市升级改造与城市功能的转型超越过程中,并且适时、适当、适度地与新的现代化传播媒介相结合,城市得到脱胎换骨的现代改造,形成既是现代的,更是传统韵味深厚的城市品位、城市个性,则这种特色城市就能够持续发展、富有魅力,不会在中国如火如荼而又千篇一律的城市化浪潮定制格局中丧失个性与品位,不会淹没于众多新兴而毫无特色的千百座"城市复制品"之列。从这个意义上来考察,北京的名气不完全在于国都地位、交通要冲和中国综合实力第二大城市的经济比重,而在于天安门、故宫、大前门、中南海、北海公园、颐和园、天坛、八达岭长城这些世界景仰的庙宇建筑奇观和红楼梦大观园的文化艺术加观光游览的服务功能。即便是商业文化,北京的王府井、上海浦东外滩东方明珠塔、上海的城隍庙,也是弥补北京奥运会鸟巢、水立方以及备受争议的中央电视台新馆"大裤裆"、上海浦东外滩"大玉米"这些西洋化的现代化建筑景观的城市风情画廊。

城市文化是城市经济发展的动力。一座城市的文化具有诱人的魅力,人才、投资、产业、市场、机会就会接踵而至。城市文化对城市经济发展具有直接驱动和潜在拉动的效应,对饮食、酒店、会议展览经济、旅游观光、特色消费、景点门票、歌舞演出的拉动往往十分明显;对整个文化产业的带动,在宏观上看也是明显的,对整个城市经济结构的促进也具有或直接或潜在的拉动作用。虽然因为气候、季节、物产周期、品牌营造、经营管理方式的不同,而呈现程度不同的具体差异,但是总体发展促进的正相关作用则是毋庸置疑的。试想一想,云南大理的鸡足山寺庙逾千座,前往朝拜、敬香还愿者有数十万众,气象非凡、生意火爆。这一座宗教寺庙显然是城市文化的魅力所在了,却带动了整个城市乃至地区的交通运输、饮食观光、酒店旅馆、茶叶销售、石器玉器、旅游配套服务设施和产业,解决当地众多人口的就业问题,甚至许多人搭上了这个顺风车而暴富。

当然,这种驱动效应也并非总是正面显性的。不能笼统、浮泛地认为,城市文化对城市经济的动力总是正面积极的,我们需要做出具体的定量调查研究后,才能对这一领域的微观运作提出具体的咨询、服务、建议和指导。

在我国城市升级改造过程中,决策者一定要重视城市精神、城市形象、城市品位的塑造。在此过程中,固然要精心规划、设计、建造出一批有着现代化与传统有机相融的城市形象理念,有高度创造性的设计原则,有令海内外游客眼前一亮、为之心动而流连忘返的城市建筑景观,更要有机系统地提升城市的历史文化与民俗风情的底蕴,使海内外游客在震惊、新奇、炫目之后,又能感受到卓尔不群、精神内质上有几分亲切感,让市民感受到现代化的进步中保留了城市历史的韵味,外表现代化中又有几分令人神往的文化精髓在流淌,不会产生置身于一个现代化的外国城市之类的错觉。

只有特色独具、开放大气、现代中蕴涵本土特色的城市文化,才可以让升级改造转型后的城市拥有魅力,近悦远附,才能对海内外人才产生吸引力和认同感,才能增强本土人才的向心力和凝聚力,也才能提升城市经济的价值形态和品位,扩大对外吸引力和辐射力,塑造出优美宜居、令人神往的城市形象。

城市文化对城市经济的制约与影响作用正随着社会发展由初等发达社会向中高级社会阶段转型而日益显著。

当前中国的城市升级需要做三个层面的工作:第一个层面,将产业至上的发展理念转型升级为推动功能健全的城市化建设;第二个层面,将物质外壳千篇一律的那些美欧哥特式钢筋混凝土立体建筑加玻璃幕墙的城市建筑模式,转型为具有东方传统风格和底蕴,特别是具有区域建筑风格的城市形象。第三个层面,加强城市文化建设,形成城市的精神品格和魅力四射的城市风貌。

实现这种新的转型,不仅是经济生活方式的改变,也不仅是城市物质外观的改变,还是城市内在蕴涵的升级、城市精神的升华、城市整体功能脱胎换骨的改造和蜕变。这个变化带来的,首先是社会与政治的问题。建成功能健全的现代化城市,它的社会基础不是无限扩大着的工厂,而是现代市民形成后现代市民共同体的形成,现代市民给予自发自愿的需要,通过各种方式联合起来,形成了有机的市民共同体,就产生有机的市民社会。在这样的有机市民社会中,将逐渐发育出根基深厚的、真正的城市社会与经济形态。在这种社会形态下,产业区、经济行为仅仅是城市社会众多功能中的一个功能,而且不一定是最核心、最丰富的功能。

因此,一座现代化的城市不应该是单纯经济开发区模式的城市,甚至也不是经济主导型的城市,而是综合服务功能健全完整的、人类宜居而有幸福感和认同度的城市,不仅是我们的理想,更是世界城市理念发展到今天不能不加以更新、升级、超越既往的必由之路。

第二节　城市文化的十大特征

一、集聚性

城市文化的首要特征就是与乡村文化的分散状态相反,呈现为人口的集聚性。文化的定义也表明,文化一定是人类的活动所创造的,离开了人类,文化也就无从谈起。人口密集之所,必然产生相应的人口文化。因此,城市文化天然地具有集聚性。

因为城市人口具有流动性和多来源性,所以城市文化不可能是单源质、单声部的,必然充斥着混杂性、多声部性、多源质性。这一切特性,我们统称之为集聚性。

二、公共性

公共性与特权私有具有相对立的特征。如果说奴隶制社会和封建社会时的社会资源属于贵族或地主私人独占，体现出私人独占性、权力垄断性和社会不公，那么，资本主义之后，社会资源虽然被资本所左右，但是市场经济的必备条件之一就是社会资源可以自由流动，向着有利于社会发展、有利于财富增长的方向流动。所以，资本与特权相比，是一种历史性的进步。当中国社会由计划经济转向市场经济的时候，如果在社会资源方面放弃垄断与特权，就会营造公平的社会发展局面。市场经济的充分发展，天然地具有挑战社会垄断和特权不公的倾向性。当今中国的社会转型需要进一步破除垄断，进一步改革开放，进一步贯彻公平与公正的原则。有一位学者形象地指出："如果城市只为皇帝服务，皇宫就如同天宫，就成为城市的中心，民居就没了地位；而只为'汽车社会'设计城市，非机动车和行人就注定边缘化和总处在危险之中。"[①]

三、开放性

积聚在一起的市民之间有许多共同的需求，面对着许多共同的困难，需要彼此沟通与交流，需要打破封闭和孤立状态，需要互通有无。开放性为这种欲求提供了实现的可能。城市市民的广泛交流构成了城市的活力基础。城市与城市之间的联系，也需要彼此向对方开放。开放性加速了物资的流通，增进了彼此的了解，深化了人类知识经验的运用程度与深度，提高了人类抵抗自然灾害和人为事故的能力。开放性可以极大地促进精神自由、心情开朗、文化包容、经济畅通、政治民主。这是城市文化最显著的魅力之一。

四、参与性

人类是群居动物，群居性决定了城市文化的集体参与性。从理论上来看，一个自然人，可以终身住在山野和洞穴里。可事实上，他也要狩猎、耕种，他也要婚丧嫁娶，他不可能放弃一切参与其他人或群体的活动。夏王朝时代的民谣曰："日出而作，日入而息，帝力于我何加焉？"这种愿望曾经被误读为早期人类的生活多么淳朴，多么接近大自然。其实，民谣表达的是远离政治纷争的倾向，并非接近原始社会的幻想。

自然人都不可能放弃群体参与性，那么，城市市民居住在闹市中，绝对不可能自我封闭于公众生活之外。随着社会的发展，越来越繁重的工作和难度越来越大的技术性挑战需要集成众多的人力与智慧才能成功。例如，我国的"嫦娥奔月工程"需要十万名不同系统的科研人员齐心协力地全力以赴，再加上举国之力，在人财物各方面做出充分的保证，才能实现载人奔月的目标。神舟系列飞船从一号到十号的成功，也需要十万名科研工作者的协同攻关。

五、丰富性

城市的产生是复杂的，城市人口的来源也是丰富多样的，这就导致城市文化具有丰富

---

① 陈飞宇：《城市文化概论》，文化艺术出版社 2008 年版，第 26 页。

多样的特征。在这里,不同的族群、不同的职业、不同的信仰、不同的阶级、不同的教育、不同风俗与禁忌、不同审美观念、不同的建筑格调,呈现为五光十色、绚烂缤纷的城市文化景观。任何人都无法强令城市变成完全一样的布局。丰富性体现在城市形态的多样性、城市人格的包容性、城市精神内涵的广阔性、城市文化的流动性。

六、互动与链式反应

城市文化具有参与性,参与性导致了互动行为的形成,互动行为的传递或扩大就形成链式反应。越大的城市,人们的互动性就越强;信息越多,人们的信息共振就越容易产生同步共振效应;互联网资讯越发达,人们越容易利用网络的便利,让一个特定的信息"瞬间天下皆知,立马诸侯皆惊"。

七、趋同性与变异性

(1)趋同性。城市文化极容易制造出社会流行时尚和热点事件,带来万众跟风、追踪模仿的现象,就像之前的哈利·波特热,街舞热与滑板热,iphone 与 ipad 备受时尚青年喜爱而纷纷购买,近年韩国鸟叔与《江南 Style》风靡世界各地。2014 年中央电视台春节联欢晚会上开篇的吉他伴唱歌曲里的一句台词"不管你是谁,群发的我不回",是现实生活的写照,表达出 13 亿中国人中许多人心中的感受,因而瞬间家喻户晓、处处传唱。

当今世界的文化传播存在一种传输定律:往往是在世界的某个时尚文化影响力比较大的城市先流行某种新奇事物,形成风潮后迅速向世界各地扩散。这种扩散效应绝非乡村地区和乡村文化所能望其项背。

(2)变异性。城市文化因为兴奋力强、扩散快,也往往在趋同与扩散的过程中,出现口耳相传、以讹传讹、变形变味的特征。随着互联网和网络视频技术的广泛传播,又出现了许多搞笑、戏仿、调侃、变形、夸张的"创作",博得城市公众轻松娱乐的同时,恶搞的天才、创作的灵感也得到社会的广泛认可。无论是超级女声、超级男声等节目,还是陈冠希、郭美美等事件,或是贺岁电影《人在囧途》《人在囧途之泰囧》以及第三部《港囧》,都是城市文化中趋同性与变异性在传媒通道中瞬时性爆发影响力、扩散能力的典型案例。

八、原生性与继发性

城市文化的发育在欧洲国家,特别是西欧各国具有原生性。在发展中国家则具有继发性特征。无论我们怎么强调自己的城市现代化需要尊重自己的传统,不能彻底抛弃传统完全照搬西方国家城市化的道路,我们总是不能抹去西方发达国家城市化的道路就是我们的参照系,甚至就是衡量我们是否现代化以及现代化到怎样一个阶段的标准。这种"影响的焦虑"强大到我们的言说方式、采用的专业术语、制定标准的数据,都是采用西方发达国家城市化过程中的经验和数据。

城市文化原生性和继发性的第二个层面体现在某一个城市事件在甲城市是原生性的,流传到了乙城市就是继发性的事件了。例如,2011 年发生在美国纽约的"9·11"恐怖袭击事件,对于美国纽约来说是原发性恐怖事件,后来,英国伦敦希斯罗机场袭击事件、西班牙袭击事件、俄罗斯国家大剧院别斯兰袭击事件、印尼巴厘岛恐怖袭击事件等,就被国际社会称为国际恐怖主义活动的继发性事件。

九、群落性与融合性

（1）群落性。城市文化因为丰富而驳杂，就会产生分化。因为不同的年龄、身份、族群、职业背景而产生不同的文化群落。如美国的嬉皮士、雅皮士、女权主义者、流浪者群体、同性恋群体，如青少年上网成瘾的亚文化群体、旅游爱好者形成的"驴友"、悠悠球球迷群体等。群落性是城市文化中的一个显著特征。

（2）融合性。由于生活在同一座城市，不同族群、亚文化群体之间并非处于绝缘状态，韩国首尔江南富人区流行起来的《江南 Style》出人意料地跨越出富人区，也不限于成年人，在世界各地的青少年中产生了风靡效应，最终成为全世界各色人等全民共振的流行歌舞。体现出城市文化所具有的融合性、兼容性、渗透性。

十、同质化与差异化

当今世界，城市文化越来越表现出同质化，表现在流行服装、流行音乐、美国好莱坞大片上有过之而无不及。这些还是艺术界或视觉虚拟世界里的同质化，更为现实而直观的却是城市建筑造型、城市广场景观的同质化危机。中国在近三十年里走完了西方发达国家一两百年所走过的道路，最显著的后遗症就是"千城一面、众城一模"。城市景观建设的同质化危机已经显著到令人吃惊的地步，我们走到几乎任何一座中国内地的城市重要街道口，拍下照片来，可以对异地朋友宣称是在任何一个大陆的大中型城市里拍摄的。由于中国城市建筑有太多的相同相似，对方很难找出你随意宣称的具体纰漏和舛误来。

在湖南卫视的《超级女声》节目火爆了几年后，江苏卫视精心打造出了金牌节目《非诚勿扰》《一站到底》，成为全国综艺类节目的翘楚。其实，相亲节目并非江苏卫视首创。20世纪90年代，香港凤凰卫视初创之时，从台湾购买了整套节目《非常男女》，后来，大陆若干省级电视台均有模仿，但收视率并不高。江苏卫视能够取精用弘、继承革新，注入了新世纪大陆人文心理和国际视野，深深打动了观众，成为最受欢迎的大众电视节目。《一站到底》的原创来自香港凤凰卫视中文台的一组有奖问答节目。当时，梁氏主持人离去，节目也随之停播。其后中央电视台也曾有过类似节目，曾经高居央视收视率第二位。多年后，江苏卫视接办这一最具有知识性、挑战性和趣味性的节目，再次大获成功。因此，南京不仅因为六朝古都、十朝都会而著名，也不仅因为云锦而广受国人喜爱，现在，中国广大电视观众一提到中国电视节目，脱口而出的往往就是《非诚勿扰》新一期节目里特邀嘉宾又说出什么雷人的名句，或者某一位待嫁女嘉宾第几次出场了。可以说，《非诚勿扰》成了当今江苏和南京的新名片。

案例一：《中国城市化的三大问题与三大对策》

"十一五"期间，我国的城市化目标和道路应该如何选择？可能面临哪些难题？应该采取哪些对策？《中国经济时报》记者就此专访了国务院发展研究中心发展战略和区域经济研究部研究员、研究室主任刘勇博士。刘勇博士认为：

2004年我国的城市化水平为41.7%，处于30%~70%这一城市化快速发展的时期。我国城市化本身由两种力量推动：一是大城市的拉动；二是农村人口收入和农业生产效率提高的推动。

处于城市化快速发展的时期，是和中国正处于工业化的中期阶段相适应的。工业化中期阶段，各种产业以及城市的兴旺发达，吸引人口向城市集中。著名经济学家斯蒂格利茨说过，21世纪将由两大力量或者说是两个基本因素推动世界经济发展，一是美国的高科技，另一个是中国的城市化。城市化对我国来说的确是一个非常重要的战略，也是一种发展趋势，更是工业化中期发展阶段的要求。

在"十五"期间，城市化的确成为推动我国经济、社会发展的重要力量，起到了重要作用，但在这五年中我国城市化发展过程中也确实存在着许许多多的问题。

第一个问题，也是我国城市化的最大问题，是土地的城市化快于人口的城市化。也就是说虽然土地非农业化了，但是人口并没有非农业化。实际上城市化包含两点：一是人口向城市集中，其职业从农业转向非农业产业；二是土地的非农业化，即土地由原来的农业用地变为第二产业和第三产业用地。

第二个问题是经营城市存在误区。认为经营城市就是借钱去搞建设，或者说是卖地去搞建设，这是完全错误的。问题在于这种观点把城市化理解为城市建设。城市建设当然是必需的，然而城市建设毕竟是公共产品，过分依赖于非财政性资金是存在风险的。经营城市误区造成的典型问题就是开发区在全国范围内遍地开花。开发区是重要的，有的城市老城推不动就搞新城开发，这是对的，但遍地开花就是个问题。举个极端的例子，某沿海省份的一个县本来有两个乡镇，为了使各个地方都发展起来就把乡镇都改为街道，因为有街道就可以搞开发区，可以大量地开发土地。这样，一个小小的县就搞了12个开发区。

第三个问题是在具体的城市化道路选择上过分强调发展小城市。大、中、小城市协调发展是我们确定的城市化道路，但实际的做法是以小城市为核心。城市化发展方针，即到底是以大城市、中等城市、小城市还是小城镇为主，是需要认真思考的。我国城市化的大方针是不错的，但具体做法值得反思。有的学者提出，我们不提大中小城市而提城市群。发展城市群的好处是它既坚持了大中小城市协调发展，又避免了到底发展谁的问题。这个提法很巧妙，城市群在"十一五"规划中是核心概念。

那么，在"十一五"期间，我国需要一种什么样的城市发展模式？它又应该包括哪些内容？

城市群是个方向，概念上叫紧凑型城市化道路。这种紧凑型的城市化道路，首先要突出城市群的发展，以城市群为核心，大、中、小城市协调发展。其次，紧凑型城市要有明确的边界，每个城市要有明确的边界。最后，政府要控制土地，集中开发。

城市要有边界。国外的城市都是有边界的，就是说地方政府应该有两个形态：一个是区域政府，管理整个区域；另一个是城市政府，管理一个城市。区域政府是一个完整的政府，它有一套完整的机构。而城市政府是点状的，它就管理城市和基础设施。在国外，城市政府都归区域政府管辖。而我们刚好相反，这就容易出问题。

　　城市扩张要有博弈的对象。在改革开放之前,我国城市设立的基本模式是整片划市,比如北京一大块都是北京市,而不仅是城区。美国就不一样,纽约市就是纽约市,就管理那么一块地方,其他的土地在纽约县,纽约市归纽约县管,它要土地就和纽约县政府打交道,去博弈。这样,市场上这土地是多少钱,就要给纽约县多少钱。

　　(孙汝祥:《中国城市化的三大问题与三大对策——访国务院发展研究中心发展战略和区域经济研究部研究员刘勇博士》,载《中国经济时报》2005-9-13:6版)

案例二:《中国的城市化道路多艰》

　　"城市,让生活更美好"是2010年上海世博会的主题,也是城市化进程中所有人的期待。联合国环境规划署署长指出:"城市的成功就是国家的成功。"2001年诺贝尔经济学奖得主斯蒂格利茨提出:"中国的城市化将是区域经济增长的火车头,并产生最重要的经济利益。"

　　与这些响亮的"名言"相比,城市化这一包含客观、地域、社会变动的过程中,却有着沉重的历史和现实。有关我国城市化的争论一直没有停止过:目前我国的城市化是滞后还是超前?城市化的速度应以多快为宜?城市化道路应该如何走?凡此种种,不一而足。

　　但在现实中,我国的城市化仍以"多姿多彩"的面目阔步前行。

　　摇摆——论争——难题——解决,成了我国城市化前行路上的关键词,把这几个词串起来,显示的则是我国城市化发展的"路线图"。

　　一、摇摆:现实发展偏离了预期轨道

　　根据世界城市化的经验和一般规律,国家城市化水平达到30%以后,将进入城市化加速时期。2005年6月2日,国家环境保护局副局长在国务院新闻发布会上说,我国城市化水平不断提高,进入快速增长期,城市化率从1993年的28%提高到2004年的41.7%。

　　我国城市化进程起步较晚。改革开放以来,我国走上一条独特的城市化道路——农村城镇化,而且发展速度很快,用20年左右的时间走过了发达国家几十年,甚至上百年才走完的城市化发展过程。

　　但在加速发展的背后,却是城市化战略的摇摆乃至举棋不定。

　　20世纪80年代中期到90年代初期,乡镇企业"异军突起","三分天下有其一",用现在的话形容是"村村冒烟"。在此期间,在我国的财政税收、出口创汇和GDP总值中,乡镇企业的贡献率都超过1/3。与此相适应,农村城镇化战略大行其道,一直到20世纪90年代后期,农民仍是"离土不离乡,进场不进城"。

　　90年代末期,乡镇企业基础设施不足、环境污染严重、信息不灵、配置不优等弊病进入了一个总爆发期。乡镇企业被迫进入调整期,农村城镇化战略开始难以为继。"十五"期间,"城镇化"的提法占主调,自2000年以来,各地普遍启动并呈现出极大活力的却是大中型城市的规模扩张以及与此相应的城市建设加速和城市经济活跃。实践的发展偏离了原先设想的轨道。

随着珠三角和长三角经济的崛起,有关城市群、城市带、大城市圈的提法进入了人们的视野,我国"十一五"规划首次把以经济区发展为内容的区域规划放在了突出的位置。

二、论争:城市化发展速度与规模之争

城市化战略摇摆的背后,是人们关于城市化话题的激烈论争。论争涉及我国城市化进程中的方方面面,但集中起来包括三点:

首先是我国城市化是滞后还是超前之争:有学者认为,我国城市化滞后,世界城市化平均水平是47%,我国目前还没有达到这一水平,从城市化与产业结构的关系看,我国城市化明显滞后于工业化;也有专家提出,我国城市化与我国目前的经济水平比较,显然是超前了。

其次是我国城市化进程中应重点发展何种规模的城市之争:究竟是发展大中城市还是发展小城市,在学者圈里都有各自的拥趸,持"三者并举"(认为大、中、小城市应当共同发展)、"两头重点"(认为既不能偏重于某一方面,也不应齐头并进,而应当重点发展大城市和小城镇)论的专家也不乏其人。

最后是如何选择中国特色的城市化道路之争:有学者认为,我国的城市化水平偏低,主要原因是城市的数目太少,应该下大力气增加我国城市的数量;也有专家指出,要提高我国城市化水平不能单纯靠增加城市的数量,而应根据国际、国内的现实情况,走一条建立在区域综合协调发展基础上的城市化道路。

三、难题:城市结构不合理的状况并未改变

"之所以有这么多争论,是因为我国城市化进程中所遇到的难题太多了。"国务院发展研究中心农村经济研究部副部长在接受《中国经济时报》记者采访时如是说。

事实上,目前我国城市结构不合理的状况并没有因为经济的发展而得到改善,不但东、中、西部发展不平衡,城镇结构也不合理。"大城市不大、中城市不活、小城市不强、小城镇不优",是城市结构不合理的生动写照。

社科院城市发展与环境研究中心主任助理宋迎昌研究员告诉《中国经济时报》记者,中国城市趋同化较为严重,城市形态、产业结构、建设方式"全国基本一个样",有的城市热衷于搞"形象工程",导致了土地资源和资金的浪费。

大广场、高楼房、宽马路,曾几何时,中国城市的发展建设,如同孪生兄弟的成长,几乎保持了完全相同的模样。有人戏称,随便在一个城市拍一张照片,你可以把它说成是任何一个类似规模的城市。

"到处是高楼大厦,到处是建筑工地,到处是开膛的马路,到处在搞绿化建设。虽然住在'一年一变样,三年大变样'的城市里,却感到浑身不自在。特别是夏天,仿佛置身在牢笼之中。"宋迎昌说。

国家发改委经济研究所副所长杨宜勇在接受《中国经济时报》记者采访时提出,城市化是以劳动力的非农业化为实质而推进的,城乡二元结构是制约中国城市化发展的制度性难题,农村人口进入城市,本身遭遇到很多体制性问题,加上一些人有"农民工抢城里人饭碗"的错误观念,这就带来了城市化进程加快与大量的农村剩余人口需要转移的矛盾和摩擦,就业压力增大是这些矛盾的集中表现之一。

中科院可持续发展战略研究组公布的《2005 中国可持续发展战略报告》指出,在 21 世纪,中国城市将不可避免地遭遇到环境与发展的巨大挑战:人口三大高峰(人口总量、就业人口总量、老龄人口总量)相继来临,自然资源的超常规利用、生态环境的日益恶化、工业化和城市化及现代化的急速推进、区域的不平衡加剧等带来的巨大压力,都将成为未来制约城市发展的瓶颈。

四、解决:城市建设要真正反映民意

近几十年来,大都市连绵区和大都市带在世界各国快速发展。这种大集中、小分散的地域发展格局在信息社会也许还会长久地持续下去,从而有可能导致"乡村城镇化"和"城市郊区化"两个过程的合二为一,使人类聚落向具有良好气候条件和生活环境的地域推进。

加速中国城市化步伐,充分发挥中心城市的带动、辐射功能,是提高我国社会经济发展效率、节约资源、保护生态环境、实现可持续发展的必由之路。全国政协委员、中科院可持续发展研究组首席科学家牛文元教授认为,中国城市化战略的健康实施,要在统筹城乡发展的原则下,树立"以发展克服城市病""以规划减少城市病""以管理医治城市病"的全新观念;不同规模的城市是一个有机的整体,大、中、小城市都应当在统一规范下得到合理的发展;应考虑到自然基础的差异、地理区位的差异、发展阶段的差异和生态条件的差异对城市格局与结构的影响;实施城市补偿农村,工业支持农业,大力推进乡村的产业化、市场化的进程。

用一句话概括:中国城市化的适度推进,必须高扬"科学"与"和谐"的旗帜。

(李成刚、孙东辉:《中国城市化:坎坷前行"路线图"》,载《中国经济时报》第 2 版,2005 - 9 - 13,编入本书时,题目有改动)

第四章 城市文化的构成要素与功能

第一节 城市文化的构成要素

一般而言,需要先分析城市文化的各项构成要素,然后再梳理城市文化的结构形态。掌握了城市文化的构成要素和结构形态后,就会深入思考城市文化的功能,换言之,就是这些城市文化要素能发挥怎样的社会作用,对我们城市市民有没有理论价值和实践意义。这种实践意义,通俗地说,就是对我们有哪些好处或坏处。现在先分析城市文化的十大构成要素。

一、地理优越

经济环境、历史、技术、地域、民族都是形成城市文化的基础。城市文化环境体现在三个方面:一是生态环境,优美的生态环境所形成的景观,就是文化;二是城市的文态环境,文态环境所体现的是民族特色和文化内涵,这要从建筑风格上予以展现;三是社区环境,社区是人与人交往的纽带,是感情融合的空间,社区优美的环境与和谐的邻里关系,不仅是社区精神文明程度的体现,也是社区文化内涵的展现。

举例来说,中国历代王朝选择南京作为都市的主要原因就是依凭长江天堑作为阻挡北方势力南下的天然屏障。南京虎踞长江天险、北控江淮、南俯长江下游的良田沃土、鱼米之乡,旁边有钟山耸立,得山水形胜之利、汇四面八方之财。是故,自古有"金陵王气"之说。中国传统文化一直认为,依山凭水,乃得风水形胜之宝地。有山可得靠山,寄寓着掌控权柄之势,可以飞黄腾达;有水则花开叶茂、风调雨顺,预示丰收在望、财源滚滚。南京的山势主要在于从它的东北部到中部地带延伸着一系列海拔不超过百米的山冈,这些低山环绕着一系列的湖泊与河流,葱茏茂密、青翠欲滴,实在是应了唐代诗豪刘禹锡在《陋室铭》里所说名言:"山不在高有仙则灵,水不在深有龙则灵。"从东北向西南依次为紫金山、富贵山、小九华山、鸡笼山(亦名北极阁)、鼓楼岗、五台山,冈姿绰约中通接了清凉山(三国至太平天国时代名为石头山)。相传东汉末年,曹操挥师南下直达赤壁,大有平定东南、一统天下之势。诸葛亮受刘备委托出使东吴,游说吴侯孙权与刘备结盟,孙刘联盟、共治曹操。当他走到石头城一带,登上山顶凭高视下,看到这建康城(当时的南京)山水形势恰似一条巨龙,龙头在紫金山,而龙尾就在秦淮河西面、石头城一带。于是禁不住浩然兴叹:金陵有王气!《焦氏笔记》第七卷《金陵词》的描绘颇为精辟动人:"龙盘虎踞,今古帝王州。水如淮,山似洛,风来游,五云浮,宇宙无终极。"一千七百年之后,孙中山先生在《建国方略》中也曾情不自禁地描述如此罕见的风水宝城:"南京为古都,在北京之前,其位置乃在一美善之地区。其地有高山、有深水、有平原,此三种天工,钟毓一处,在世界中之大都市,诚难觅此佳境也。而又恰居长江下游两岸最丰富区域之中心。"

图4-1　南京地理形势图

二、人口密集

地理是城市文化形成与发展的先天决定性条件。但是,随着城市的发展,地理条件也得到部分的改变。

但是,人口的规模的确是城市文化形成与发展的最根本条件,越是到了现代城市发展阶段,人口因素越是比自然地理条件的作用,对于城市文化的营造要显著得多。

三、历史基础

历史基础是城市文化发展的第三个重要因素。意大利佛罗伦萨只有40万人口,但它比世界上许多百万以上人口的城市知名度和影响力要大得多。主要依托文艺复兴时期创造的非凡声誉和现代旅游观光产业的吸引力。

四、交通要冲

交通要冲的影响更具有现实意义。

(1)秦末农民大起义中,项羽因击败秦军主力章邯的部队而称霸天下,自封为西楚霸王。但是,被胜利冲昏了头脑的楚霸王却没有选择扼守战略要冲而号令天下的大都邑作为首都,却定都于交通闭塞的家乡彭城,失去了控制天下的大好局面。

(2)北京不仅具有地理之便,在政治、文化上的优越性更是陆海空的交通要冲。建国后,各条铁路大动脉的兴建,特意交会于北京,由北京作为总的起点站,更强化了这种交通要冲决定全国交通命脉的地位。

(3)南京的交通要冲地位在20世纪以来也是不断加强的。1968年底,中国自主修建的长江大桥铁路、公路相继通车,结束了两千多年来长江下游南北运输只能依赖船运的历史。但是,限于当时的历史水平,没有考虑到涨潮季节,万吨江轮可以上溯到芜湖往返船运的水利优势,长江大桥距离江面的高度不足,影响了长江船运业的发展。而且当时也无法预料到几十年后的人口爆发、经济腾飞、交通运输量剧烈扩展的新景象。桥面设计在今天看来太窄了,道路的通行量成为现实的发展瓶颈。于是 2001 年 3 月 26 日,长江二桥的贯通,缓解了长江大桥的南北交通运输压力。随着京沪高铁的建成,北京、上海在全国的南北经济、政治、文化中心地位得到加强的同时,南京的交通战略地位也得到强化。

(4)武汉位于长江中游,汉江、湘江在此汇入长江,有"九省通衢"之称。1955 年,由当时的苏联援建的武汉长江大桥结束了长江中游南北联系只能依赖船运的历史,对于加强国家对长江中游的统治意义重大,对于促进南北经济交流作用显著。

北京、南京、武汉、郑州、兰州都是中国地理版图中的交通要冲。古都西安曾经是中国中古社会以前历代王朝建立首都的首选之地。但是,唐朝中期的"安史之乱"历经八年的生灵涂炭,全国总人口由 5 880 多万骤降至 1 000 万余个零头的地步。城池废弛、森林植被破坏、河流断流、土壤沙化、道路淤塞,于是,唐以后的王朝再也没有选择这里作为都城了。

五、景观独特

一座城市如果景观独特,会留给中外游客强烈而鲜明的印象,那么,它就会闻名遐迩,吸引到世界各地的游人并好评如潮。例如,美名已经远播中外的广西省桂林市、四川省九寨沟、湖南的张家界与凤凰古城等。河南嵩山少林寺本来早已颓败,1982 年因电影《少林寺》产生世界性的轰动而立刻名扬世界。小县城登封借着一部电影和一座名山而广为人知,乃至于后来撤县改市。

图 4-2 开封《大宋·东京梦华》大型水上实景演出

六、规划设计

城市的规划设计看似工程技术性工作,侧重对土地在空间布局上的形态和功能的设定。但是,这些技术性表象背后却具有深邃的人文含量,体现着一座城市的精神寄托和风尚爱好。西方现代城市的规划布局越来越突出人类适用性与生态环境的和谐相处,强调城市的自由和空间布局上的舒适。世界上的城市建设布局,除了一些政治首都全部是人为的规划之外,大多数城市面貌的定型往往是随地赋形、顺着自然地理形态而兴建的。而政治首都则不同,中国的北京、日本的东京都因为是政治都城,所以布局上横平竖直、东西正对,中轴线分明,左右布局对称均衡。强调的是天人合一、君临天下,以中心自居的皇权中心观念。

七、文化设施

文化设施是一座城市必须具备的,提供给市民从事文化艺术、娱乐休闲用途的公共性设施。在中国古代,城市文化设施主要体现在宗庙、祠堂、王宫、府衙、太学殿、监狱、城门、菜市等。当代中国则主要是城市中心广场、标志性摩天大楼、作为城市"绿肺"的街心花园、博物馆、体育馆等。西方国家的城市文化设施多见于教堂、博物馆、音乐厅、画廊、中心广场、桥梁。

中西方城市因历史基础不同,尽管中国在近三十年里,不断复制西方城市景观,毕竟因为价值观念的不同,宗教信仰的差异,城市文化设施在建设上有着轻重、主次、规模上的分野。例如,巴黎的卢浮宫、埃菲尔铁塔,澳大利亚悉尼的大歌剧院,北京举办第28届奥运会的主会场"鸟巢"、国家大剧院、游泳主赛馆"水立方",上海世界经济博览会的中国馆,广州亚运会的观光塔"小蛮腰"、省博物馆、主会馆,南京举办全国运动会的主赛场。这些标志性的文化设施,对于提高一个城市的品位、魅力和知名度,具有显而易见的作用。

八、文化机构

城市的各种文化功能需要有专门的人员去完成,城市的各类文化设施也需要相应的人员去使用、维护和更新,城市文化的生产、传播、保存、教育、经营更需要大批专职与兼职服务员工去实现。因此,文化机构的设立、运作和延续就显得十分必要。随着城市规模的扩大,文化服务工作越来越繁重,文化机构也越来越庞大、精细,文化机构发挥的作用也越来越不可替代。依照世界各地通行的惯例,城市扩大了,就要修建更大更多的博物馆、文化艺术场馆、体育馆、运动场、学校、教育培训中心、职业技能训练机构、新闻传播机构、电影院、剧场、电视台、无线电广播站、互联网网站,这些机构与它们的物化载体——文化设施,组成了城市文化不可或缺的重要支撑。

九、文化活动

有了文化机构和文化设施,就好比一台电脑具备了软件和硬件,但它依然不会运行起来。一座城市的文化如果想要运行起来,就仿佛给电脑通电那样,让整个城市的各种文化要素运转起来。这个运转的使命就落在了文化活动的肩膀上,比如,在上海大剧院举办一场交响乐演奏的音乐盛典,或者在南京夫子庙举办一场六朝秦淮电子声光歌舞大型演出活动。这些活动将有关的各类文化设施、文化机构、文化艺术工作者、赞助机构、经纪人公司、政府有关管理机构、广大的观众、观光旅游人士、大学师生联系了起来,整个城市处于文化创造、文化消费、文化服务、文化传播的运作过程中。文化活动是真正给城市带来活力和魅力的活的灵魂。

十、文化精神

归根结底，城市的器物文明和制度文明，都要提升到城市的文化精神高度。有强大的物质后盾却没有文化精神的城市，就像一位身体健硕的拳击运动员却没有头脑、没有明亮的眼睛。只有物质基础雄厚又沉淀出深厚的人文底蕴的城市才是魅力四射、近悦远来、令世人景仰的城市。文化精神是一座城市的灵魂。

如果资源充足或机遇好，一座城市迅速发展成一座新兴的城市，并非难事；一座城市抓住了历史性的好机遇，收入成倍增长也是可以实现的。但是，一座城市能够迅速凝聚成城市文化精神的共识，形成特定的城市精神和城市形象，则绝非一蹴而就。西方有一句名言，"罗马城不是一天就建成的"，表达的就是这个意思。

　　例如,上海是近代迅速发展起来的城市,除了贸易、制造业和服务业外,文化产业的发展成就也十分惊人。上海在上个世纪 30 年代被称为"东方的好莱坞",表明其电影工业的发达程度。进入 21 世纪之后,上海又提炼出了"海纳百川,追求卓越"的城市精神,"东方电影之都"和"设计之都"有了精神的聚焦点和文化认同的归宿。深圳是改革开放三十年的产物,市政府在 2004 年提出了"文化立市"的目标。内蒙古的鄂尔多斯市因为"世界新煤都"而创造了十年经济高速增长的奇迹,经济增长率曾居全国城市之冠,人均收入超过香港。但是,由于产业过于单一,沙漠上兴起的城市,缺少文化积累和智慧创新的精神照耀,一旦宏观经济形势逆转,拟定人口规模达一百万的新城区"康巴什"立刻变成了无人居住的"鬼城"。可见,文化精神是一座城市能否持续发展的重要条件,是实现可持续发展,不断突破资源瓶颈,不断寻找到新发展路径的动力源泉。

　　影响城市文化的其他重要因素有:城市的文化氛围、城市的艺术特色、城市景观形象、

城市经济发展水平、城市的政治体制、城市的法制环境、城市的社区发育程度、群众团体的功能、城市交通运输、城市通信水平、城市社会保障体系的完善程度、城市文化设施的质量与完善程度、城市教育水平、市民对城市的文化认同与幸福指数、城市生态绿化程度，等等。经济实体无论是技术水平、质量控制、管理理念、企业体制、人事制度安排，众多的领域需要人文元素的熏染、积累、发酵、提升和导向。城市文化是城市经济吸引力与辐射力扩大的基础，是支撑城市生存、竞争和发展巨大动力与无形资产。影响城市文化的其他要素还有：民间的生活时尚、婚丧嫁娶的习俗、迎来送往的礼仪、规矩、禁忌和传统，民间盛行的歌舞、音乐、戏剧、曲艺、杂技、装饰性工艺和特产、城市建筑。饮食、酒店、会议展览经济、旅游观光、特色消费、景点门票、歌舞演出等，都是对城市文化具有影响作用的动态因子，对城市的文化消费构成了影响。

第二节　城市文化的功能

城市文化的结构包括城市的生态文化、物质文化、社会制度文化和精神文化等方面。

城市的生态文化是指城市所处的自然地理与人文地理资源为基础的生存状态，也就是我们通常所说的自然环境状况。例如土壤植被的肥瘦状态、地下水资源是否丰富、是否有河流经过城市、是否有天然丘陵或山冈以及是否是平原、山地、高原或海滨城市。另外，大气条件对城市的影响也很大。例如，空气湿度如何，空气清洁程度如何（PM2.5），阳光的光照强度如何，等等。

城市的物质文化，是指城市的物质财富与有形实体设施的发展程度。这是一座城市最容易直观地反映出的外在形象。例如，道路、建筑、公园、广场、电讯设施、酒店宾馆、超级商场、集市贸易中心、停车点，等等。

城市的社会制度文化，主要指城市家庭结构、城市社区结构、城市的经济制度、城市的政治制度。

城市的精神文化包括物质载体所发挥的精神文化使命与非物质载体所依托的精神文化两方面的内容。前者又分为公益性的文化，包括图书馆、博物馆、文化艺术中心、纪念馆、历史文化遗产保护基地、学术研究机构、学术性书刊杂志、基础教育机构等；经营性文化，包括报纸、电台、电视台等新闻传媒产业，娱乐服务业、休闲服务业、文化产业等；还包括以公益性为主，又具有部分经营性质的文化机构，例如，高等院校、文化艺术创作中心、民间工艺中的部分非物质文化遗产代表作，等等。至于非物质载体承载的精神文化，表现形态也十分丰富。各城市移民带来的民俗习惯、禁忌、仪式，宗教信仰，民间流传下来的艺术或武术的绝技，伦理道德规范、思想体系、精神追求，等等。

上述生态、物质、制度、精神结构的问题，我们将在后面各章节里分别论述。本节重点讨论城市文化的功能。

城市文化的功能即城市文化的作用，是极为巨大的。尤其是当今世界的超级大都市，产生着世界性的巨大影响，因此无论政治家、金融家、新闻媒体人员和普通市民们对这些世界性的特大城市怎么高估都不显得过分。对此，早在半个世纪前，世界城市研究权威学者刘易斯·芒福德在1961年首次出版的巨著《城市发展史——起源、演变和前景》第十七章《特大城市的神话》第十节"世界城市的文化功能"中做出了如下精辟的论述：

　　我们已经面临了最坏的情况，我们最后终于能了解历史性大都市的积极的功能，不是作为国家或帝国的经济中心，而是更重要的潜在作用，就是作为世界的中心。它企图仅仅靠集中大量的各种力量、功能和公共机构盲目地去完成这个重要的但至今尚未实现的任务，然而这个任务只有通过彻底改组才能完成。

　　把如此大的权力集中在少数几个大的中心，这是许多有意识的动机造成的，但这还不足以说明这些中心具有无比巨大吸引力的原因，或他们在我们这个时代文化中的作用。大都市的巨大和拥挤，事实上有着更深切的理由，但这一点至今尚未被人们充分认识到：正是这些活动的中心使各国和各族人民第一次集合到一个合作和相互影响的共同领域中来。亨利·詹姆斯所说的关于伦敦的情况也同样适用于与伦敦相匹敌的其他大城市：那"是人类生活最大的集中，是世界的最完全的缩影。这里比任何别的地方更能代表和体现人类"。它的新的任务是把促进世界团结和合作的文化资源传递到最小的城市单位去。

　　这样，使内地老乡对大都市格格不入和产生敌意的那种特性正是大城市功能的重要部分，它把各种各样的特殊文化集中到比较窄小的范围之内：各种种族的人民和文化都可以在这里看到，至少可以看到少量的，同时可听到他们各种的语言，看到他们的风俗习惯、服装、特有的风味食品。在这里，人类的各族代表第一次在中立的场所面对面地相会。大都市错综复杂，它的文化包罗万象，这体现了整个世界的复杂性和多样化。世界上一些大的首都不知不觉地为人类准备着更广泛的联系和统一，现代对时间和空间的征服使这种联系和统一成为可能。

　　……

　　但是，如果说博物馆的产生和推广主要是由于大城市的缘故，那也意味着，大城市的主要作用之一是它本身也是一个博物馆；历史性城市，凭它本身的条件，由于它历史悠久，巨大而丰富，比任何别的地方保留着更多、更大的文化标本珍品。人类的每一种功能作用，人类交往中的每一种实验，每一项技术上的进展，规划建筑方面的每一种风格形式，所有这些，都可以在它拥挤的市中心区找到。

　　那种巨大浩瀚，那种对历史和珍品的保持力也是大城市的最大价值之一。能动有力的健康的大都市所提供层层研究人类历史和传记的能力两者是竞相增长的，这种研究不仅通过它自己的记载和纪念性建筑物，而且还通过它雄厚的资源得以吸引遥远地区。像我们复杂而又多种多样的文明需要这样一个稳定的城市机构，它能吸引几百万人在一起，大家合作，进行一切活动。城市有包含各种各样文化的能力，这种能力，通过必要的浓缩凝聚和储存保管，也能促进消化和选择。加入我们文化的一切材料太分散，假如有关的资料和加工品不能搜集在一个地方，分类排列、供再分发，那它们只能起很小一部分影响和作用。

　　虽然大城市是人类至今创造的最好的记忆器官，在它变得太杂乱和瓦解之前，大城市也是进行辨别、比较和评价的最好的机构，这不仅是因为它陈列出如此多的东西供人选择,而且也因为它同样创造出许多出类拔萃有才智的人们能处理这些东西。是的,范围广大和人数众多常常是必要的;但是,光是人数众多也是没有用的。大约只有 40 万居民的佛罗伦萨,比之人口比它多 10 倍的其他城市,起着更多的大都市的作用。今天城市文化中最主要的问题是增加城市这个容器的消化能力,同时又不让它变成非常庞大的凝聚在一起的一个大团块。如果不进行区域范围的获取区之间的大规模的改造,单单要在大都市核心区进行城市更新是不可能的。[①]

从上述论述中,我们可以了解到城市文化的功能十分丰富而巨大。专门论述城市文化种种复杂的功能是另一部专著的任务。作为一部原理概论性质的教材,本章仅向大家介绍城市文化的一些基本的功能。

一、生存与发展功能

生存与发展的功能是作为文化形态的城市必备的首要功能。

如果人们向往一座城市,那么,这座城市一定具有比乡村或其他城市更吸引四面八方人士来这里生活、创业、谋求发展的优越性。反之,人们就愿意离开这座城市而到其他城市或地方流浪。"人往高处走,水往低处流",这是一个普遍的生活法则。如果我们想把自己居住的城市建设成令人向往的地方,那么,我们就一定要让这座城市具备了吸引人们来安家落户并乐于创业的各项要素。生存与发展的基本功能是要首先具备的,因为"民以食为天"更是千古不变的生活第一法则。

在我国城市发展史上,如何解决城市人口生存与发展的问题,也经历了许多曲折。在经历过"三年自然灾害"之后,由于社会经济基础极其薄弱,城市无法吸纳越来越多的人口,我国实行了极为严格的城乡二元社会机构,在城市与乡村之间设立了严格的区隔。到了"文化大革命"爆发之后,城市面临的生存与发展形势更加严峻,于是,出现了号召"知识青年上山下乡"的运动,其实,是避免城市里饿死人的局面再次发生,而不得不把造反的青年学生发落到农村和山区。然而,当时的农村和山区也很难养活这么多的"新人"。可见,城市的发展关键还是依靠发展生产力,物质生产和文化生产都要努力抓紧。不努力抓好生产,解决吃饭、穿衣、居住、交通等基本问题,天天忙于人整人地搞运动,是不能推动城市文化首先要具备的生存与发展功能的。

二、服务功能

服务功能是生存与发展功能的延伸,是属于发展与提高的问题。

《管子·仓廪》曰:"仓廪实而知礼节,衣食足则知荣辱。"当农业生产和工业生产带来的物质资料越来越丰富以后,人们的兴趣就会转向如何生活得更好。这时,服务业就会发达起来。发达国家的服务业比重大多超过工业的比重,说明了一种社会发展的转变轨迹。

---

① [美]刘易斯·芒福德:《城市发展史——起源、演变和前景》,北京:中国建筑工业出版社 2005年版,第 572-574 页。

虽然自从金融危机爆发后,美国政府沉痛地反思自己的国策,开始实施"再工业化"计划,那是为了解决失业率居高不下的问题,不应该误解为"服务业过时了",需要淘汰,矫枉过正地一窝蜂地动员全部城市人口从事制造业,就像1958年搞全民大炼钢铁、钢铁元帅升帐那样。历史教训不可遗忘,就城市而言,服务业在什么时候都是必需的,只存在比重多少、质量高低之分,而不存在需要或不需要的争议。

三、管理功能

管理功能是城市实现有序有效发展而不得不努力的重要环节。

人的天性都不喜欢被别人管,同时,相当一部分人又很想控制别人并从中产生优越感、快感。但是,一个城市人人绝对自由、无法无天和人人相互控制、互为囚徒,都是无法想象、不可理喻的。于是,在相互认同、相互尊重、平等协商、各自分工、轮流负责、义务服务这几项共识原则基础之上,城市市民之间依靠契约、规章和法律,形成了自组织和他组织的各类管理系统,来为城市的有效运行提供必需的保障。管理功能就这样凸显出来。因为城市人口远高于乡村,城市的变动性也远远大于乡村,城市的管理功能就越来越显得重要。管理好一座城市,是一个高度复杂的系统工程。

四、文化认同功能

文化认同功能是城市文化的归宿。

城市的发展必须产生令外来人口向往的吸引力,产生令城市市民依恋或安定的凝聚力。这种凝聚力,有的动力源是物质的、有形的,有的是精神的、隐形的,更多的则是兼具物质与精神、时而有形时而无形的。

城市里不同的群体对城市的认同感也会有明显的差异。其中年轻人的亚文化群体更具有流行风尚、时髦新潮的标志性。

英国古典经济学家亚当·斯密曾论述过大城市的优越性。他认为,城市细致的分工依赖于密集的人口,只会做一种糕点的面包师,在大城市很可能成为五星宾馆"拿大顶"的特级点心师傅。但是,不论他手艺多么高,在小镇里都可能会失业。亚当·斯密的例子意在说明,越是高度密集的市场,越需要高度分化而精致的技术和人才。器物化的设施、设备、技术是如此,非实物化的人力资本也概莫能外。

其实,城市在文化市场的表现在这一点上,与物质经济的市场消费情形比较相似。小城镇很难吸引到大牌歌星、影星前去现身"走穴";内蒙古西部的中小城镇里也见不到麦当劳连锁店的身影,反倒是本土化的德克士快餐连锁店在内蒙古的河套平原、云南的大理、丽江都出现了。沃尔玛超级百货连锁店在广东沿海城市随处可见,在内陆西北和西南的中小城镇里就不多见了。市场营销领域的调查显示,当某种特殊的商品,其目标消费人群在0.1%以下的时候,代理商就不愿意在万人以下的小县城里设立零售店铺了。

大城市具有形成并引导潮流的功能,而小城镇则只能追随、仿效大城市形成的潮流,哪怕是红眼病、禽流感和SARS病毒。当世界杯足球赛在大城市举办的时候,会引来万人空巷的球迷,他们会为各自崇拜的球星相同而瞬间成为知己,更会为了球星是对手而大打出手,甚至爆发骚乱。但是,当球赛放在小城镇里举行,你不能保证上座率,更别指望出现上千个发烧友。在大城市里,你和好友们聚会必须提前电话约定共同空余的时间和大家都能接受的地点,否则,大家就没办法共聚晚餐,更别指望饭后能同桌打麻将。而小城镇的人们会很容易地凑在一起打牌、闲聊。你在县城里穿一件自己亲手缝制的另类服装,大家会认为你太"出格"或者老土得掉渣。但是,如果在大都会里参加某个艺术发烧友Party(聚会)或行为艺术的Club(俱乐部),同场合的发烧友很可能会认为你是一位艺术家了。这表明,在大城市里,人们是高度分化的,同类爱好者的亚文化群体内,又很容易找到知音、拥趸。你加入某些交际圈子,你的消费投资取向都要由趣味相投的群体来共同参与。事实甚至发展到一种令人瞠目结舌的地步,如果在一个比较庄重的会议厅内,大家都穿西装、佩戴领结,如果只有你一个人穿短袖短裤,即便没有人批评你,你也会觉得自己的穿着令人侧目而局促不安。反之,如果在某个后现代艺术行为大展现场,大家都是涂料满身地搞人体艺术,只有你是西装笔挺的装束,你就成了格格不入的另类,大家不认同你,你也会觉得自己不适合在这样的场合里表现自己。

现代都市就这样成为人们追求洋气、品牌、价值、地位的一座座路标和灯塔。让那些雄心勃勃或虚荣欣羡的年轻人们前赴后继、赴汤蹈火,有如飞蛾扑火一般奔赴而去。在法国大作家奥诺雷·巴尔扎克的长篇小说《高老头》和《幻灭》中,就是这样描写来自外省而不名一文的法科大学生拉斯蒂涅投奔有贵族封号的表姐家族,眼见一幕幕权钱交易,终于爬进上流社会的人生历程。

城市,尤其是大都会,形成一种高成本、高消费又精细化分层的生活方式,导致越高阶层的生活,越容易孤芳自赏,也愈发变得小众化。当且仅当大城市的人口密度足够高,才有可能在群体分化很精细后依然找得到足够多的同类小众群体,以便能够保证这种小众化的消费也能够维持在规模经济之上的层面。所以,当一帮年轻人刚来到大城市,或者一批又一批年轻的大学毕业生刚刚离开校园,准备在城市立足的时候,即便忍受着很低的起点,他们依然憧憬着心目中的理想人生和足够多的晋升阶梯,来激发并支撑起他们为眼下的面包和明天的理想义无反顾地奋斗下去的动力。这样的人生阶梯恰如英国名作家萨克雷的长篇小说《名利场》所描写的那样,导致城市变成了吸引着人类大多数群体,尤其是年轻人欲望和雄心的吸铁石与名利场,使得他们忍受着现实生活的种种艰辛,甘愿成为蚁族,蜗居在大都市而不肯退却。当今中国的"北、上、广"(网络俗语中对北京、上海、广州的简称)就是这样的情形。做着电影梦的年轻人中,更有"北漂"、"上漂"之分。前几年热播、现在又重播的电视剧《蜗居》就是当今年轻人认同城市又希望在城市里扎根的生动写照。

城市人在年轻的时候就要为自己的未来筹划,尤其在当今中国,被急功近利的实用主义充斥了大脑的父母们,更是违背人才培养原则和教育学规律,为子女们越俎代庖地设计着这些父母们心中自以为是的"最佳"出路,却无视子女的天然禀赋。其结果可想而知:自以为是为子女好,结果常常适得其反。中国望子成龙的父母群体,恰恰是加重城市人群恶性竞争、虚荣攀比、盲目跟风、急功近利的催化器。当父母们自己掌握特权的时候,常常把子女培养成"我爸是李刚"的拼爹族;当父母自身没有可拼的资本的时候,就不惜血本花钱买路。中国城市居民表现出来的这种不成熟的民族性格、与世界文明大趋势格格不入的落后观念和灭此朝食的赌徒心态,加重了中国向现代化城市转型的经济成本、社会成本与心灵煎熬。

　　理想化的城市文化,是符合人性并培育着人性深处的优点和良好潜能的。当一个城市、一个社会被急功近利的实用主义所俘虏,就会把城市变为贪欲的竞技场、虚荣的人生大剧场。这个时候,每一个人都为虎作伥地不得不追逐流行时尚的浪头,毫无理性地挤入城市,然后又不得不选择一个特定的领域作为竞技场,再殚精竭虑地谋划着自己的角色。当他被命运或所谓"自主"地选定了某个方向并迈出了第一步之后,他余下的几乎一生的脚步都被锁定在城市运转着的一系列逐级爬升的超级程序里面,巨大的惯性使他们很难再次真正自主地做出选择。

案例一:《世界城市的文化功能》
〔美〕刘易斯·芒福德

　　我们已经面临了最坏的情况,我们最后终于能了解历史性大都市的积极功能,不是作为国家或帝国的经济中心,而是更重要的潜在作用,就是作为世界的中心。它企图仅仅靠集中大量的各种力量、功能和公共机构盲目地去完成这个重要的但至今尚未实现的任务,然而这个任务只有通过彻底改组才能完成。

　　把如此大的权力集中在少数几个大的中心,这是许多有意识的动机造成的,但这还不足以说明这些中心具有无比巨大吸引力的原因,或他们在我们时代文化中的作用。事实是,大都市的巨大和拥挤,事实上有着更深切的理由,但这一点至今尚未被人们充分认识到:正是这些活动的中心使各国和各族人民第一次集合到一个合作和相互影响的共同领域中来。亨利·詹姆斯所说的关于伦敦的情况也同样适用于与伦敦相匹敌的其他大城市:那"是人类生活最大的集中,是世界的最完全的缩影。这里比任何别的地方更能代表和体现人类"。它的新的任务是把促进世界团结和合作的文化资源传递到最小的城市单位去。

　　这样,使内地老乡对大都市格格不入和产生敌意的那种特性正是大城市功能的重要部分,它把各种各样的特殊文化集中到比较窄小的范围之内:各种种族的人民和文化都可以在这里看到,至少可以看到少量的,同时可听到他们各种的语言,看到他们的风俗习惯、他们的服装、他们特有的风味食品。在这里,人类的各族代表第一次在中立的场所面对面地相会。大都市错综复杂,它的文化包罗万象,这体现了整个世界的复杂性和多样化。世界上一些大的首都不知不觉地为人类准备着更广泛的联系和统一,现代对时间和空间的征服使这种联系和统一成为可能。

　　这里我们也看到大多数大都市典型的机构——博物馆——存在的重要理由,它是理想生活的特征,正如希腊城市的体育馆或中世纪城市的医院。这个机构是由于大都市发展过大而必需设立的。

　　不可避免的,博物馆带有大都市的一些消极特点:它的任意猎为已有,它的总想过分扩大,它那种以参观门票多少来衡量是否成功。像在劳动力市场上,身躯越大越合适,把机械地扩大与重要性两者混为一谈,以为规模越大就越显得越重要。然而,一个形式和规模合理的博物馆,不仅是相当于一个实实在在的图书馆,而且可以通过有选择的标本和样品,用作了解世界的一种方法,这个世界是如此庞大而复杂,不这样的话人类的力量将远远不能了解它。这样一个合理的博物馆,作为了解的一种工具手段,将是对城市文化不可缺少的贡献;当我们开始考虑城市有机的重新组建时,我们将看到博物馆不比图书馆、医院、大学差,它也将在区域经济方面起新的作用。在巡回展览和设立分馆等方面,许多博物馆已经开始超出它们原有的特大城市的界限。

但是,如果说博物馆的产生和推广主要是由于大城市的缘故,那也意味着大城市的主要作用之一是它本身也是一个博物馆:历史性城市,凭它本身的条件,由于它历史悠久,巨大且丰富,比任何别的地方保留着更多更大的文化标本珍品。人类的每一种功能作用,人类交往中的每一种实验,每一项技术上的进展,规划建筑方面的每一种风格形式,所有这些,都可以在它拥挤的市中心区找到。

那种巨大浩瀚,那种对历史和珍品的保持力,也是大城市的最大价值之一。能动有力地仍然健康的大都市所提供层层研究人类历史和传记的能力两者是竞相增长的,这种研究不仅通过它自己的记载和纪念性建筑物,而且还通过它雄厚的资源得以吸引遥远地区。像我们复杂而有多种多样的文明需要这样一个稳定的城市机构,它能吸引几百万人在一起,大家合作,进行一切活动。城市有包含各种各样文化的能力,这种能力,通过必要的浓缩凝聚和储存保管,也能促进消化和选择。加入我们文化的一切材料太分散,假如有关的资料和加工品不能搜集在一个地方,分类排列、供再分发,那它们只能起很小一部分影响和作用。

虽然大城市是人类至今创造的最好的记忆器官,在它变得太杂乱和瓦解之前,大城市也是进行辨别、比较和评价的最好的机构,这不仅是因为它陈列出如此多的东西供人选择,而且也因为它同样创造出许多出类拔萃有才智的人们来处理这些东西。是的,范围广大和人数众多常常是必要的;但是,光是人数众多也是没有用的。大约只有40万居民的佛罗伦萨,与比它人口多10倍的别的城市,起着更多的大都市的作用。今天城市文化中最主要的问题是增加城市这个容器的消化能力,同时又不让它变成非常庞大的凝聚在一起的一个大团块。如果不进行区域范围的获取区之间的大规模的改造,单单要在大都市核心区进行城市更新是不可能的。

([美国]刘易斯·芒福德著《城市发展史——起源、演变和前景》,北京:中国建筑工业出版社2005年版,第572-574页。)

案例二:《粤港澳三地文化认同的难题》

(一)

武侠电影成为中国电影走向世界的品牌,黄飞鸿、霍元甲、叶问、李小龙功夫电影系列成为这个品牌中的拳头产品,成为中华武术、中国民间英雄的标志。有关洪拳大师黄飞鸿的武侠传奇叙事活动在岭南、港澳、台湾、东南亚、北美的传播历时百年,成为和新派武侠小说及影视系列、霍元甲小说及影视系列相并列的三大中国现代武功文化叙事系列之一。"特型电影艺术+中国特色文化产业"的特征使得成千上万的黄飞鸿叙事活动兼具霍元甲系列民族与时代主题和李小龙系列跨国度文化沟通之长,而避免了霍元甲题材在海外传播的相对不广与李小龙题材乡土民俗趣味甚少的问题。香港著名导演张鑫炎指出一个显然的事实:中国的武侠电影在国际上比较受欢迎。一般来说动作片的观众接受群体会比较广。无论听得懂语言也好,听不懂语言也好,都会被动作吸引。

黄飞鸿叙事活动变迁中折射出岭南民俗文化在近代晚期至当代的漂移历程中,在文化变异与认同过程中,形成了下列各项民俗的先决条件:

(1)浓厚的族群意识与乡土情怀。在1949年的两部和20世纪50年代的60部黄飞鸿功夫影视系列中,无论电影的片名还是情节内容,大多以"霸王庄""流花桥""芙蓉谷""海幢寺""花地""四牌楼""长堤""佛山""大沙头""龙母庙""沙面""小北江""观音山""天后庙""官山""马鞍山""西关""凤凰岗""马家庄""彩虹桥",这些或大或小的广州、佛山、香港的真实地名为情节背景,展开惊心动魄的生死大搏斗。其间,亲族关系、乡党意识、家乡观念、怀乡情结非常浓厚。正应了中国民间一句老话,"在家靠父母,出门靠朋友"。这显示了和大陆中断政治经济联系的纽带以后,香港人思念故园、追怀故里的浓厚乡愁。当时的香港正处于社会与心理双层面的断乳期,由乡镇型的城市向现代型城市的蜕变过程里,城市化与乡村化的双向挤压中,激发了市民阶层对昔日的人、事、景、物,产生了挥之不去的向往、追思和美好的憧憬。大陆的乡村、城镇至今保存着的族群意识与乡土情怀,其浓度、深度和完整性,是无法和香港、海外的华人社群相比拟的。学界曾有许多人发出感喟:要想了解大陆已经失落的汉族传统风俗,就要去东南亚或北美的华人聚居区才可以感受得到。笔者要说,如果你无法出国考察的话,那么从黄飞鸿叙事系列中完全可以更直观、生动、具体、形象而集中地感受到汉族中古至近代的传统风俗。只是它们是艺术加工的产品,在半个多世纪的创造活动中,越来越远离了岭南民风的原生态而进入了文化再现中的产业制作领域和艺术创造层面。从人类学的角度来看,它们未必够得上"原始"可靠,但从民俗学的视角来看,就具有研究价值,而从文艺学、文化美学的层面来考察,意义就十分富集而多维了。

(2)有神就敬,世俗化的民间信仰。从祭祀活动中可以最明显地见出岭南民间信仰的特别之处。三水芦苞镇的胥江祖庙里同时建成而并排供奉着佛教的南海观世音菩萨、道教的北帝冥神(水神)、儒教的孔子(文曲星),而且这三座寺庙的形制、规格一样,仅仅在神像、文字、局部装饰方面适应不同宗教传说的差异而显示出不同。有趣的是,在这三大宗教代表性神庙之东南方位,隔一个院落,又建有关帝庙(即中原各地的城隍庙),供奉着关羽这位被清朝统治者赦封为"关帝圣君"的民间忠义代表。佛山祖庙主要供奉着道教传说中的水神"北帝"(祖庙博物馆里收藏有北帝历经九九八十一难而修炼成仙得道的81幅画作真迹)。但是在祖庙主广场的西南角上依然有一尊刻印着"文殊菩萨"的巨型铸铁香炉。在"文殊菩萨"的西南方向,翻过假山南侧则立有孔子石像和文曲星宗祠内的万世师表画像。近年来又在主广场正北和西北方向增设了"黄飞鸿纪念馆""叶问堂"等历史上杰出的武术家展馆。在这里,各教各神各庙变得不具有排他性了,兼容于一的信仰背后,宗教的原教旨性蜕变为世俗化的民间性的多神教。一般信众心中甚至不大分得清楚各教的差别,他们信奉宗教的动机很简单、朴素且具有实用功利:各教尊奉的都是神,只要神能显灵,保佑我家发财、长寿、多子、高升就可信。如果从西方严格意义上的宗教标准来衡量,这种被民间世俗化了的宗教是否可以算作宗教可能存在疑问,但从民俗文化和民间艺术得以承传的角度来看,它们为岭南功夫电影里的民俗展示提供了生活语境,是很有文化意味的。

(3)"敏于行、讷于言、精于思",开放与保守、大胆与谨慎矛盾地集于一身。这是岭南文化突出的特征。岭南人精明能干,工于计算,颇具经济头脑,具有开放性和兼容性。岭南文化是近代中国最早对外开放的文化,加之其本根文化又没有中原文化那么辉煌,因而没有造成强烈的优越感和故步自封的心态,所以文化的兼容性表现得十分明显。珠江三角洲历代商业贸易十分活跃。在汉代前后徐闻港已是全国最大的海外贸易港,两晋时海外贸易移至广州,唐宋时期广州成为最主要的进出口口岸,即便在明代中晚期、清代中晚期"海禁"年代里,广州都是全国唯一的通商口岸、活跃的贸易港。直至当代,岭南地区最先实行改革开放,商业贸易在全国最为发达,近年来进出口贸易总量占全国四成左右。岭南性格表现在经济生产中是抓住机遇、大干快上,讲求实际、少讲空话,用足政策、勇走偏锋,商业意识发达。

(4)海外迁徙与衣锦荣归,强烈的变革意识。岭南民众具有强悍的个性、冒险精神和创新意识,加上最早受到海外,尤其是近代西方先进文化的影响,变革意识更强烈。不管是商业贸易还是近代史上的政治维新与革命举措,均可体现出岭南文化的上述特征。

(5)市井风情、休闲享乐与市民意识相和谐的人文生态。这是珠江三角洲所代表的岭南文化人格与心态最显著的一个特征。这种生活状态造就了平民性、享乐性和市民意识的增强。这归根到底是多元性经济和发达的商业贸易、商品经济造成的。

(6)物质生活的务实尚用。这是岭南文化异常突出的特征。岭南人少有玄思和抽象的兴趣,也难以定心定力于枯燥、高深的科学技术攻关。所以这里极少造就哲学家和科学家,历史上出现了禅宗六祖惠能,被哲学史家、文化学界认为实在是个异数,但这里却是商人的沃土、财富的聚集地。

(7)谦恭忍让、立身正直、见义勇为、顾全义气。岭南传统文化中的开放性与兼容性、平民性与市民意识这两个特征是非常明显的,由此决定了银幕中的黄飞鸿必定是包容并蓄、温良恭顺的,所以不可能具有鲁智深、李逵等人物的偏激暴躁的性格。在所有黄飞鸿电影中,黄飞鸿这个艺术形象一直保持着相近的性格、相同的武德,他提倡习武之人当注重修炼"武德仁勇",为人谦恭忍让、立身正直、见义勇为、顾全义气,这正是岭南民众所一致认同的传统美德。在这方面,关德兴所饰演的黄飞鸿可谓演出了神韵,不但性格耿直,行侠仗义,而且外表严肃,喜欢教化别人,甚至连坐姿也是规规矩矩,方方正正,是一个典型的具有中国传统儒家伦理道德观的英雄人物形象。因为在性格、武德上具有延续性,所以黄飞鸿这个电影艺术形象虽历经六十多年,几经修改衍变,依然为观众所津津乐道。

(二)

人们身在都市,却追怀乡野;人们进入现代,又留恋失去的近代;钢筋与机械所塑造的摩天大楼驱逐了古典园林,也放逐了乡镇的民风、传统的技艺。人们前进就必将付出代价。已经瓦解掉的社会是无法复制的,但乡间传统民俗从乡镇漂移出来,散落到现代都市的公园里、小胡同里,成为人们追抚过去、慰藉心灵的一块块"诗意地栖居"的精神时空,这些想象活动和赢得群落心灵共鸣、彼此认同的审美活动,是具体、生动、可再现、流动着的民间文化艺术的"活"形态。这里能够焕发出几多豪情,更常常勾连起观众遗失已久的历史记忆,毛茸茸又亲切切的尘封许久的记忆。

自近代以来,我国岭南的民众关于生活的理想就是十分具体而实际的,他们对于生活的文化想象与十里洋场的上海滩所崇尚的那种浮华虚荣、矫饰奢靡的中产阶级白领和文化小资情调不同。上海作为中国最现代化的都市,所崇尚的是20世纪30年代里法国巴黎的咖啡馆、酒吧、香水、包厢十美国纽约的百老汇剧场和霓虹灯下那些个上海丽人羡慕不已的夜总会。这种生活情调的艺术样板就是昔日曹禺《日出》中的陈白露,昨日王安忆笔下《长恨歌》中的老克拉,今日卫慧《上海宝贝》笔下的女主人公倪可。而岭南城市的风尚则是,论生活情调和居室环境,这里的民间崇尚着香港美食、肥皂剧十无厘头搞笑十南洋景观十欧式建筑。此处的生活时尚距香港近,离北京远。换言之,香港打个喷嚏,广东就得流行感冒。而对于北京来说,这里是山高皇帝远。

许多粤人在生活中所向往的更是非常具体、实际而可触摸得到的东西,那就是拼命赚钱,做老板,然后要做"四有"新人——"有(酒)楼、有(洋)房、有(轿)车、有(工)厂",再然后则是能游览世界各地或国内各地,再然后就是衣锦还乡、修祖坟(先前)、修路、修桥,捐资建小学、医院、社会福利院等,镌刻上自己父母的名字(或者以自己的名字命名),光宗耀祖。岭南的民间,乡土、家族意识非常浓厚。

这种意识经历几代人的迁移,似乎在新中国成立后的批判封、资、修,破"四旧"的革命中遭到严重削弱。但在改革开放以后,随着海外华侨返乡祭祖、捐资义修、投资建厂的事迹不断增多,而得以恢复并扩张。于是怀旧情结在改革开放后的大陆越来越盛。黄飞鸿叙事系列本来在香港已经很难再像20世纪50年代巅峰岁月里那样盛行了,但是由于拥有了大陆上亿的新拥趸,不仅有关李小龙、成龙、李连杰、洪金宝、赵文卓主演同名影片的VCD,DVD的正版、翻版碟畅销、长销不衰,而且有关黄飞鸿功夫题材的电视连续剧也在市场热销氛围下联翩产出。这无疑给珠江东翼、太平山下的香港同行打了一剂强心针,促使商业头脑远远快于大陆同行的他们,又想使老题材焕发新内容了。2006年,导演徐克参加上海举办的电影节时就对媒体表示准备再拍黄飞鸿功夫影视片。这种粤港两地观众市场的文化认同与价值指引,产生了不断地重新制作大众文化经典的欲望。因此,问题的关键其实不在于研究对象或疆界,而在于研究者的兴趣——即重心所暗含的价值倾向,而倾向背后则凸显出的是价值立场——不仅仅是学术立场,而是安身立命的社会立场。

当然,最显著的变化是在香港成长为"亚洲四小龙"之一的历史阶段。随着进入新兴工业化发展阶段,香港青年一代电影观众的观赏趣味发生了显著的变化,社会的本土自我认同度已经显著提高,自信心已经大为增强。尽管功夫巨星李小龙猝然离世,可是实力蒸蒸日上的香港民众的心态已经日渐恢复常态,无需在西方强势的挤压下依靠华人独擅胜场的功夫片里"打败洋人""打败番鬼"的想象来获得精神上的慰藉。他们发现无需那么崇洋媚外的同时也感到传统伦理人情虽然可爱,但又有些严肃、老土。总是一本正经、不苟言笑、忍辱负重、引而不发的黄飞鸿师傅虽然可敬却不可亲,他也应该从毛头小伙子逐渐变得老成持重,全身修炼成儒家典范前肯定也淘气顽皮、惹是生非。好中有坏、邪中有正、瑕不掩瑜、瑕瑜互见才能满足新一代青年观众的心理预期。编导们为了适应这种新期待,大胆起用新演员,让黄师傅变成黄大哥、黄帅仔,而且一定要加入一两个年轻美貌的女子,让他(她)们在相互依赖又相互猜忌中去争风吃醋。于是,新生代好戏连连,票房、声名也就扶摇直上了。

(三)

香港与广东的珠江三角洲地区,原本就是一家,都是岭南的核心地区。鸦片战争后,香港成为英国的殖民地,与大陆有了税收、进出的一些不同,然而在民众的心理和观念形态上,仍然是省(指省府广州)、港(香港)并称,许多珠江三角洲居民经常往返于省港两地谋生。那时的自我认同意识是天然的。产生文化认同的显著分别始于1949年以后的政治形势的差异。彼时在地理上、政治身份上,"香港人"成了独特的一个无国籍的殖民地概念;但是在心理、语言、风俗习惯上,香港又认同自己的岭南人特质,与大陆广东的各种联系还不忍割断。这就出现了既相异(排斥)又相认同的复杂性。

港产电影无法到大陆和台湾上演,他们却在东南亚找到了文化认同的广阔空间。在大陆改革开放后,香港电影强势席卷大陆的文化市场,首先在两广、福建找到久别了的文化认同。这在历史进程上看,显然不是首次认同或恢复早先的认同。而是在彼此变化巨大的情形下进行一场文化接续的再认同过程。这个过程在大体顺利的表象下面其实伴随更多的差异、错位、惊奇。于是彼此发现,满腔情愿的认同不过是建立在几十年前的认同基础上的想象。现实的错位却很明显。

随着黄飞鸿、霍元甲、叶问、龙小龙叙事由大陆尤其是广东珠江三角洲传到香港,再传到东南亚各地,然后传到好莱坞。海外热销的东西又转回来,变成了出口转内销,进而带动了大陆相关影视产业、文化产业的开发。

当前,中国大陆许多地区正在恢复一些传统风俗,尤其是在港、台、澳、海外华侨华人社区依然保留而受到尊崇的诸多民间节庆活动、祭祀仪式得到不同程度的恢复。有些民间的节庆活动和古迹无法恢复了,但为了地方特色或吸引外来商业投资,仿古、复古工程热了起来。

(选自姚朝文:《中国功夫影视的跨文化再认同难题》,获"2011年度广东省社会科学年度论文三等奖"(2011年12月23日颁奖))

第五章 城市文化的发展类型

在分析城市文化类型之前,需要先介绍清楚城市的类型。

本书导论部分已经指出,在当今社会条件下,尤其在中国大陆,人口聚集的地带可以由多到少划分为如下十个等级:特大城市、大城市、中等城市、小城市、县城、建制镇、中心集镇、一般集镇、中心村、基层村(也称为自然村)等。上述十种类别里的前五类特大城市、大城市、中等城市、小城市、县城,可以统称为城市。另三种建制镇、中心集镇、一般集镇属于"镇"的范围,既不属于城市,也不属于乡村。它和小城市、县城两类,被当今社会权威机构合称为"城镇",恰恰是十八届三中全会以来"新型城镇化"的主要落脚点。最后的两类中心村、基层村,则是最基本的乡村社会的主体细胞。与本书讨论命题无关,兹不赘述。

正如刘易斯·芒福德曾经指出的那样,世界上有各种各样的城市,也有许许多多种城市的分类方法。我国的城市分类方法主要有如下几种:

第一种,按照人口规模来分类,这是国际上最通行的一种分类。可以分为:

(1)镇。与行政级别相同的"乡"相对。但是,"镇"属于城市的范畴,而"乡"属于农村的范畴。一般而言,市区的非农业人口介于2 000人至10万人之间的,命名为镇。

(2)小型城市。往往与行政级别中的"县"相对应。市区非农业人口规模在10万至20万之间。

(3)中型城市。也叫中等城市,与行政级别中的"地级""地区""行政专署"相对应。市区非农业人口规模在20万至50万之间。

(4)大型城市。也叫大城市,往往与行政级别中的省级政府所在地或省内经济、交通、影响力比较大的城市相对应。市区人口规模在50万至100万之间。

(5)特大型城市,也叫特大城市。往往与国家中央政府的首都或发达省份的省会相对应。人口规模在100万以上。

(6)超级大都会。这是20世纪后半叶以后越来越明显的城市化高速发展的产物,是当今世界涌现出的人口超过500万甚至超过1 000万以上、国际影响力空前巨大的城市。最典型的当属美国的纽约、日本的东京、中国的上海与北京、英国的伦敦、法国的巴黎。另外有香港、首尔、墨西哥、圣保罗、莫斯科,等等。据最新统计,2012年我国人口规模最大的六个城市的人口分布分别是北京市常住人口2 069.3万,上海市人口2 380万,重庆市人口2 945万,天津市人口超过1 413万,广州市人口1 270余万,深圳市人口1 054.74万,都超过了国际上超级大都会规定的1 000万人口规模的上限。另外,十朝古都南京的常住人口也达到816.1万人,其中户籍人口为638.48万人,也超过了500万人规模的国际大都会基准线,居全国城市人口规模第30位。经济实力稳居广东第三位的佛山市,人口规模也高达723.1万人。南京与佛山都明显地超过了国际上超级大都会的人口指标底线。

（7）超级都市群。也叫超级都市带，是 20 世纪末以来出现的城市超高速度发展、人口急剧膨胀到接近一个中等国家人口规模的城市现象。当今世界最著名的超级城市群，首选美国纽约都市群，其次是日本的大东京都，再次是法国与德国接壤的巴黎-鲁尔-法兰克福-科恩-柏林城市带。我国超级城市群最密集的地带是珠江三角洲城市带，其次是城市规模最大的长江三角洲下游城市带。珠江三角洲城市带以广州与香港的双核驱动为显著特征，周围聚集着 7 座 300 万以上人口的特大城市群和近百个行政级别上属于地、县（区）、镇而实际上的人口规模超过了内陆省会、经济总量"富可敌省"的市、县、镇。例如，广州市 2012 年的 GDP 为 13 551.2 亿元，接近整个内蒙古 15 988.34 亿元的水平。长江三角洲城市带以上海为龙头，上海市 2012 年的 GDP 为 201 02.33 亿元，周围具有 300 万以上人口规模的城市有 13 个以上。其密度不及珠江三角洲地区，但其人口和经济总量居全国之首。广东、江苏的经济总量在 2013 年末超过一万亿美元，赶上了位列世界第 15 位的韩国。根据 2012 年的 GDP 排名，我国排名前 5 的省份分别为广东、江苏、山东、浙江和河南。如果放在世界的版图上，上述省份的经济排名大致为第 16 位、17 位、19 位、24 位和 28 位。如果形容这些省份是"富可敌国"，是十分恰当准确的。

第二种分类法，是按照城市的性质和功能来分类。有：

（1）综合性城市。如纽约、东京、北京、上海、伦敦等。

（2）交通要冲城市。例如郑州、锦州、株洲等等。

（3）风景旅游城市。例如中国的桂林、三亚、张家界、大理，泰国的吉普、印度尼西亚的巴厘岛。

（4）金融商业城市。例如纽约、伦敦、东京、上海、深圳、佛山等。

（5）矿山城市。例如鄂尔多斯、大庆、大同、克拉玛依市、鞍山、唐山等。

（6）科学文化城。例如日本东京东北的筑波科学城、英国的剑桥、美国的硅谷、中国的曲阜和敦煌、欧洲的梵蒂冈、中东巴勒斯坦和以色列纷争不断的"圣城"耶路撒冷。

第三种分类法，按照城市的地理位置划分为：

（1）沿海城市。例如我国的厦门、烟台，俄罗斯的圣彼得堡，印度的孟买，缅甸的仰光。

（2）沿江城市。例如埃及的开罗、印度的新德里，我国的兰州、哈尔滨、南昌、镇江等。

（3）内地城市。既不靠海也不靠近边境的城市。

（4）边境城市。靠近边境的城市。

第四种，是按照城市的行政地位分类，这一类别具中国特色。

（1）中央直辖市。在我国，只有北京、上海、天津、重庆。

（2）副省级市。一些经济发达省份的省会或沿海特别发达的非省会城市，例如广州、深圳、南京、青岛、大连、武汉。

（3）地级城市。如苏州、无锡、常州、温州。

（4）县级市。如登封市、二连浩特市。

第五种，按照城市的特定二元分类法划分的城市，往往具有学理意义和特定区域意义。

（1）单一中心城市和多中心组团式城市。例如，大市合并后的佛山城市规划就提出五区组团式发展模式。

（2）敞开式城市与封闭式城市。市场经济发达的沿海城市几乎都是敞开式城市，军事重镇、稀缺能源城市比如卫星发射城市就是封闭式城市。

（3）分散式城市和集中式城市。

本书依据国际文化名城的历史发展实际情况，采用综合不同划分方法而兼顾文化名城实际状况的发展类型。

第一节　国际文化名城的发展类型

一、河流交汇型

河流交汇的城市在国内外都比较多。例如，南京、武汉、长沙、佛山、福州、桂林、湛江等。国际文化历史名城的产生，往往在铁路交通工具产生以前就繁荣兴旺了。所以，这里不包括处于铁路要冲位置上的城市，因此，郑州、锦州、张家口、株洲这些重要城市不列入其中，不是它们不重要，而是它们并不处于河流汇聚之处。

河流汇聚之所是人类文明的发源地。远古时代如此，近现代更是如此。一座城市如果没有水，就没有灵性，也就没有了神韵和魅力，也就难以吸引来投资、消费。所以说，水能招财。

图 5-1

二、江海相通型

更多的世界城市名城却是在地理腹地更为开广的海洋与大型河流的交汇处。例如，纽约、东京、上海、香港、伦敦、悉尼、里约热内卢、开罗、新加坡、广州、鹿特丹、天津等享有国际盛誉的城市。

图 5 - 2

图 5 - 3

三、产业集聚型

这类城市分为单一产业的积聚和多种产业的集聚。前者的典型是世界煤都内蒙古的鄂尔多斯、山西的大同，中国石油城黑龙江的大庆、新疆的克拉玛依、四川的攀枝花市。后者的产业集中地如美国的金融之都纽约、汽车城底特律，德国的鲁尔煤炭钢铁重镇、法兰克福金融聚集区。

图 5-4

四、政治功能型

为了政治统治和行政管理的方便而兴建的城市,其功能比较明确而单一,其城市规模也不是很大,是政治中心。最典型的当属美国的首都华盛顿和澳大利亚首都堪培拉。南非的首都职能划分更明确而细致。其政治行政管理首都是约翰内斯堡,而立法首都却是比勒陀利亚。日本古代的京都、奈良就是政治中心,不像幕府统治时代的江户那样处于江海交通要冲和军事重镇的地位,更不像今日的大东京都那样拥有 23 个市区,集聚全国的金融、科技、教育、经济、贸易,人口达 2 500 万,人口规模与经济产值均占据全国的四分之一。

北京不仅具有地理之便,更具有政治上、文化上的优越性。北京也是陆海空的交通要冲。建国后,铁路大动脉的兴建更强化了这种交通要冲的决定全国交通枢纽的地位,是政治统治上的需要进一步刻意强化了这种交通要冲地位。其实为了减轻北京中国铁路交通枢纽的运输压力,有些线路不经过北京反倒更省时、省事又方便。例如,华中、华南人口去东北,可以从天津北上而不必选北京为必经之地、必停之终点站。中原人口去内蒙古西部,可以走山西、陕西,也未必必须在北京停换车。当前北京的交通拥堵是几十年前铁路布局带来的后遗症,当时未能预料到人口对交通会造成如此巨大的压力,解铃还须系铃人。

五、科学教育型

在国际上,科学教育型的城市大体上有两类。一类是古代的宗教历史文化名城,例如,中国的曲阜和敦煌、欧洲的梵蒂冈、中东巴勒斯坦和以色列纷争不断的"圣城"耶路撒冷。另一类是随着第二次世界大战后科学技术领域的国际竞争出现白热化现象,各国集中力量创办的新型科学重地。也有的是以某些高科技大学为基础,在其周边兴起的相关产业地带而兴旺的城市。

这方面的事例不胜枚举,如:日本东京东北的筑波宇宙科学城,再如英国的剑桥就是以剑桥大学为中心的教育与科学研究的城市,又如:美国的普林斯顿大学和英国曼彻斯特大学所在的城市也具有类似特征。美国的硅谷成为世界电子计算机与高新科技的摇篮,就是依托它附近的斯坦福大学而得以兴盛。美国加利福尼亚州旧金山市东北郊的小城市奥克兰,主要凭借为世界著名的伯克莱大学师生提供生活、交通、日常设施服务而得以存在和发展。当寒暑假来到的时候,小城里的许多商店就歇业;当大学开学后,各家商场就迎来鼎沸的人气了。中国北京的海淀区中关村,就是以附近的北京大学、清华大学和其他几十所各类大学为依托而成为中国的硅谷。苏联时代兴起的航天城,就是专门发展宇宙航空高科技产业的结果。

城市的文化氛围、艺术特色、景观形象、社区发育程度、群众团体的功能和城市文化设施的质量与完善程度、城市教育水平给一座城市的特色定位具有不可替代的影响。

科学教育城市中,各类文化设施、文化机构、文化艺术产品、赞助机构、经纪人公司、政府有关管理机构发达,广大的观众、观光旅游人士、大学师生构成了城市文化创造、消费、服务与传播的主体。科学教育文化活动是城市的依托和灵魂。

六、综合型

中国的北京、英国的伦敦、日本的东京、法国的巴黎、俄罗斯的莫斯科,既是政治文化中心,又是交通要冲、军事中心、科学教育的首善之都。这些综合型要素,是中国古都西安、日本古都京都、印度古都德里、缅甸古都曼德勒所无法比拟的。例如,上海是中国长江汇入东海的总出口,又有崇明岛为离岸码头,便利进入船舶停靠、分流。北上辐射整个中国的沿海各城市,南下通达南中国各地沿海和南洋各国,东出进入太平洋,参与世界产业大循环,向西可以将国外货物、技术与观念输入中国各省区。近代迅速发展起来后,除了贸易、制造业、服务业,上海的文化产业也成就惊人。上海在 20 世纪 30 年代被称为"东方的好莱坞",表明其电影工业的发达程度。进入 21 世纪之后,上海又提炼出了"海纳百川,追求卓越"的城市精神,"东方电影之都"和"设计之都"有了精神的聚焦点和文化认同的归宿。

第二节　中国城市文化的发展类型与城市群分布

本书导论里曾经提到后面的事实。2014 年 1 月 22 日上午,国家统计局马建堂局长在国务院新闻发布会上公布了 2013 年中国国民经济各项重要指标,除了国民生产总值(GDP)达到 568 845 亿元外,最引人注目的数据就是截止到 2013 年底,中国内地的城市化率达到 53.7%。这是 2011 年中国大陆城市化率超过 50% 这个关键指标之后,城市化规模进一步快速发展的最新权威数据,意味着整个中国的城市人口规模显著地超过了农业人口,中国进入了城市主导的新时代。

中国在数千年的历史长河里,虽然历代王朝的都城几乎都可以称为世界大都市,但是,中国农村人口远超过城市人口的历史事实是毋庸置疑的。如果想清楚地估量中国由乡村社会转变为都市社会的革命性意义,就要了解中国历史上城市文化的发展类型和城市群分布的基本情况。

一、发展类型

（1）文化古都。中国的文化古都，除了滨临沿海的杭州、广州，其他城市在当今时代，发展潜力都不及新兴的沿海商贸城市与工业化重镇。南京的高等教育和文化发展是值得自豪的，但是社会经济发展规模与水平，不仅比上海、杭州逊色，也比政治地位显著不及它的苏州、无锡、常州、宁波为弱，可以说，处于相对衰落状态。当今的西安与唐朝安史之乱之前的国都长安相比，更显著地衰落了。成都、洛阳、开封的发展比广州、深圳、天津、佛山、东莞逊色得多。北京由于多方面的综合因素决定了它全国首都的地位，在政治、教育、文化艺术、科学、文化产业方面的发展水平在全国遥遥领先。但是，在经济贸易、金融服务业、交通便利程度上依然不及上海。除了滨海的广州和杭州，中国历史上的内陆性古都城市，只有北京比较发达。北京恰恰是当代的国都。如果假设北京不是当代中国的国都，它的发展程度会怎么样呢？即便如此，北京的文化高度发达，与它的交通极度拥堵、空气严重污染、地下水资源缺乏程度超过世界上最缺水的中东和北非，恰恰形成鲜明对比。

（2）工业新城。世界各国都存在着这样的现象，在一些新兴产业的带动下，原来名不见经传的乡村突然间崛起暴富，用十年至三十多年的时间就超过了原来比较强大的周边城市。与此同时，原来比较兴旺的老城市随着资源的耗尽或技术的落后而渐渐衰落。在我国，前者如曾经的石油城大庆、汽车城长春、煤都大同，还有名气略小一些的抚顺、三门峡市等。当今快速发展的城市代表是深圳、苏州、鄂尔多斯、佛山、东莞，但是，一个潜在的问题却未必引起人们足够的重视：如果这样的城市能够尽快发展出多元化产业，以智慧经济替代消耗原材料的单一经济，那么它就有可能在完成资本原始积累后继续进入高成长阶段。反之，如果它一直停留在资源消耗的低技术含量的暴利阶段而不思进取，那么，在资源耗竭之日，便是它衰落之时。因此，我们可以引申出一条智慧经济或者说文化经济的规律：靠头脑吃饭总比靠材料吃饭可靠而持久。这就是城市竞争到了高级阶段，竞争比拼，更多依靠的是科技、文化而非土地和材料的根本原因。

（3）军事重镇。军事重镇看似与文化关系不大，实际上却关系密切。军事也是人类智慧、技术与经济实力综合较量的直观表现。即便是在冷兵器时代，刘备手下的五虎上将都对手无缚鸡之力的诸葛亮俯首帖耳、佩服至极。在当今高科技条件下的战争攻守、城市攻防，是对各方面文化智慧的综合考验。当然，军事重镇也为保障城市文化提供了重要的保障。我国的酒泉、西昌、太原等航空科技城的特殊地位，是其他城市无法替代的。当今的俄罗斯经济实力并不强大，远非前苏联时代，但依然要耗费巨大的资金租用哈萨克斯坦在前苏联时代留下的拜努科尔火箭发射中心，就是为了维持其世界大国的地位。金融海啸之后，美国的实力显著下降了，尽管不得不砍掉再次登陆月球的计划，甚至终止了航天飞机工程，但却在亚太的夏威夷、关岛、澳大利亚达尔文港、新加坡加强军力，说明军事重镇对于维持大国地位非常重要。

（4）通商口岸。随着蒸汽与航海时代的到来，在江湖与海洋交汇处的城市就会兴旺发达。这条发展规律在电气化、超级电子信息化的当今时代也不曾改变，反而更加强化了。中国自从郑和七下西洋之后，防范北方陆地威胁取代了经略海洋的国策。清朝是马背上得天下的王朝,为了封锁海疆,对付台湾的郑成功父子,常常烧掉民船,将沿海居民内迁。造成了我国对海洋权益认识上的严重落伍。鸦片战争后,我们从陆地"天朝大国"的迷梦中惊醒,在被迫开设通商口岸中,学到了市场经济和国际经济大循环的见识。当今世界,通商口岸的发达已经是无可争议的常识。从清朝在《南京条约》中被迫对英国"五口通商"开始,经过一个多世纪的曲折,在改革开放后,我们先由五个经济特区到全国 25 个开放城市,到今天,全国 20 个省可以实现对外通商中经常项目下的人民币跨境贸易、结算,避免了使用美元结算的风险、成本,提高了中国的国际地位。美元在国际市场上的流通率由二次大战结束后的 85%,缩减到 2012 年的 65%。

当然,城市兴衰的历史经验并非一成不变。随着中国经济的高速发展、中国高速铁路铺展到全国之后,正在亚洲大陆各国不断延伸,未来的世界很可能重新回到亚欧大陆为中心的时代,大航海时代让位于大陆高铁时代。到那时,处于高铁交通要道上的城市将进一步崛起,美国、日本这些当今的发达国家,未来将处于世界经济、政治、文化、艺术、科学活动的边缘地带。2008 年金融海啸以后的国际格局的变化显示,这个可能性越来越具有现实性了。

(5)行政中心。我国不仅国都是政治中心,各省的省会也是行政的区域中心。但是,各省之间的具体情形却不尽相同。有些省份,省会往往也是经济实力最强的城市。例如四川省的成都,山西的太原,青海的西宁,贵州的贵阳,吉林的长春。但是,也有一些省份,省会不仅不是最强的城市,甚至屈于第三。例如,山东省的省会城市济南,经济实力处于青岛、烟台之后,内蒙古的呼和浩特名次退居鄂尔多斯和包头之下很远一段距离。沈阳也明显不及大连,福州远不如厦门。虽然他们是省会城市,发挥的却不是经济领头羊的作用,而是行政中心的作用。其实,在重庆成为中央直辖市之前,重庆就一直对成都不服气,认为成都并不如自己却在充老大;自己经济实力比成都强,贡献率也高过成都,曾经是抗战时期的陪都。

关于行政中心和经济中心之间的纷争,其实并非只存在于上述各城市之间,其他省级和地级城市之间,地级城市与县级城市之间的纷争都曾有过。解决这些争议,也是一个综合性的课题。

(6)经济特区与政治特区。我国在建国后曾经有一个特区,那就是湖南的韶山冲,毛泽东的家乡。改革开放后,取消了这个特区。新设立了五个经济特区——深圳、珠海、汕头、厦门四个经济特区城市和海南省一个特区省。当然,在中英关于香港回归的谈判中,又确定了香港和澳门两个政治特区。其实,设立特区的做法并非中国的发明,美国建国后因为费城与纽约争首都,迫使联邦政府建设新首都华盛顿。当时,就将华盛顿以法律的形式确定为既不属于纽约也不属于费城的"特区"。

受到中国经济特区城市大获成功的启示,苏联和当今的俄罗斯在远东的纳霍德卡也设立了经济特区。朝鲜也开始仿效中国,在中国丹东对岸的新义州,也设立了经济特区。

运用好特区和特区城市的政策,会促进一座城市、一个省份、一个国家的发展,相反,则会产生诸多消极影响。

二、城市群分布

（1）长江三角洲的城市群：城市群规模最大的增长极。中科院可持续发展战略研究组完成的《中国可持续发展战略报告2002～2003》指出，中国的城市发展正面临着五大挑战。第一，我国城市群的人口密度过大。目前上海浦西区的人口密度为3.7万人/平方公里，北京和广州城区的人口密度分别为1.4万人/平方公里和1.3万人/平方公里，而目前世界主要大城市如东京只有1.3万人/平方公里，其余城市如纽约、伦敦、巴黎和香港的人口密度最多也只有8 500人/平方公里。第二，我国经济增长方式粗放。报告数据显示，我国经济每创造一美元所消耗的能源是西方工业七国平均水平的5.9倍，美国的4.3倍，德国和法国的7.7倍，日本的11.5倍。第三，我国的劳动生产率偏低。依据世界劳工组织2003年8月31日的报告，2002年美国劳动生产率为60 728美元，欧洲国家平均水平为43 034美元。根据报告的统计，2002年我国珠江三角洲地区的劳动生产率仅为10 600美元，长江三角洲为9 500美元，京津唐环渤海地区为6 800美元，三大城市群劳动生产率平均为8 900美元。报告认为，通过比较显示，我国的劳动生产率依然较低，因此未来我国城市发展必须把提高人力资源积聚财富的能力置于首要地位。第四，我国首位城市的作用与贡献率偏低。目前我国三大主要城市广州、上海、北京的GDP分别占全国的1.8％、4.6％、2.5％，而纽约、东京、伦敦、首尔的GDP分别占全国的24％、26％、22％和26％。由此可见，我国大城市的发展规模和发达国家城市之间依然存在巨大差异，我国首位城市规模偏小和积聚财富能力偏低现象，已经到了必须认真考虑的时候了。第五，我国三大城市群对于国家财富积累的贡献率明显低于世界经济大国。报告数据显示，美国三大城市群（大纽约区、五大湖区、大洛杉矶区）的GDP占全美份额为67％，日本三大城市群（大东京区、阪神区、名古屋区）的GDP占全日本份额的70％，而我国三大城市群（珠三角区、长三角区、京津环渤海区）的GDP占全国的份额只有38％。[①]

（2）珠江三角洲的城市群：城市密集度最高的增长极。报告还指出，作为我国新一轮财富聚集中心的珠江三角洲、长江三角洲和环渤海地区三大城市群，其发展程度不一，其中珠江三角洲地区发展已趋向成熟，长江三角洲地区则基本形成规模，而发展最慢的环渤海地区还只是具备雏形。要实现更快的发展，还需要国家城市化整体战略设计中有一套明确的大城市区、大城市群的政策作为支撑。未来我国城市发展将呈三维分布，即培育三大城市群（面）、创建七大城市带（线）、发展中心城市（点）。这一格局形成后，全国人口的55％、全国GDP的75％、全国工业总产值的85％以及全国进出口总额的95％将在这些地域产生。报告分析认为，到2020年，我国会在3％的国土面积上生产出占国家总财富2/3的GDP，真正形成世界大国中具有全球意义的三大组团式城市群和我国财富积聚的战略性载体。[②]

---

① 陈筱红、曾伟：《三大城市群"钱"景看好，"城市病"问题有望解决》，载《可持续发展动态》第38期，中国可持续发展信息网

② 陈筱红、曾伟：《三大城市群"钱"景看好，"城市病"问题有望解决》，载《可持续发展动态》第38期，中国可持续发展信息网。

具备了上述两个中国经济增长极的对比数据后,我们再将我国华东最发达的省份江苏与华南最发达的广东省做一番宏观比较,更有典型意义。

广东省的经济总量居中国各省市第一位,而江苏省处于第二位。但是江苏的经济增长率则连年超过广东,经济总量也越来越逼近广东省。两省各地区、各城市之间的比较也颇富有意义。

首先,比较两省的人均 GDP 量。从 2011 年的人均 GDP 来看,江苏三个区域的发展平衡度要好于广东,广东珠三角的人均 GDP 依次是粤东、粤西、粤北的 3.55 倍、2.82 倍和 3.5 倍。而苏南仅为苏中的 1.62 倍,苏北的 2.51 倍(如图 5-5 所示)。

广东2011年四个区域生产总值(亿元)　　江苏2011年三个区域生产总值(亿元)

广东2011年四个区域人均生产总值(元)　　江苏2011年三个区域人均生产总值(元)

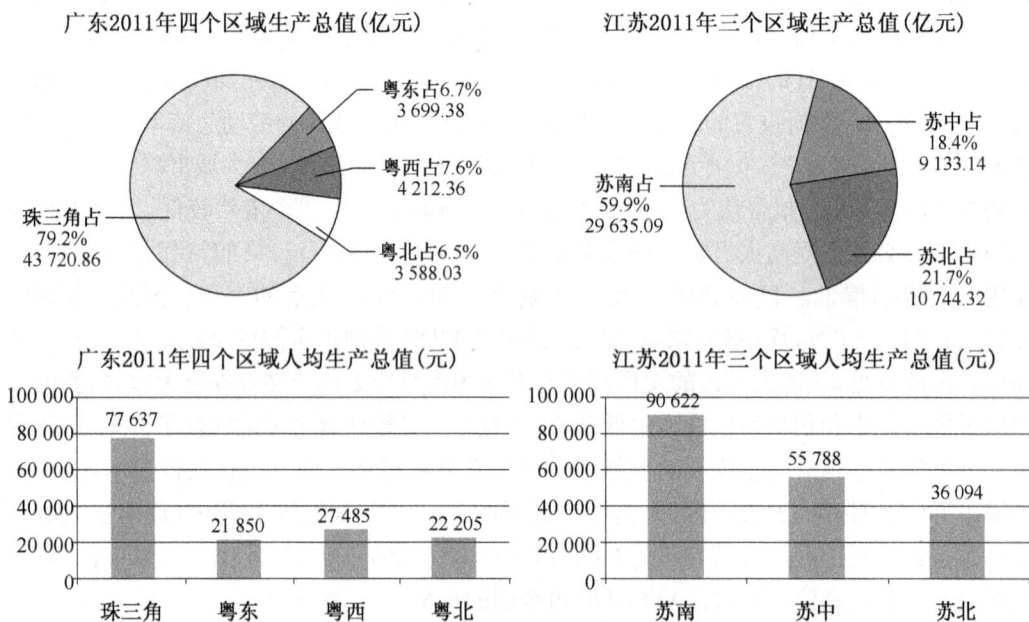

图 5-5

其次,比较珠三角与苏南的工业化水平。从 2011 年三个产业的占比来看,广东珠三角的工业化程度最高,已经处于第三产业主导的后工业化时代。而江苏苏南、苏中均处于工业化高峰期。广东的粤西、粤北工业化程度最低(如图 5-6 所示)。

再次,比较珠三角与苏南两地的城市化率。从 2011 年两省各区域的城镇化率来看,广东珠三角城镇化率最高,比江苏苏南地区高 11 个百分点。然而广东的落后地区粤西、粤北,其城镇化率远低于江苏最落后的苏北地区(如图 5-7 所示)。

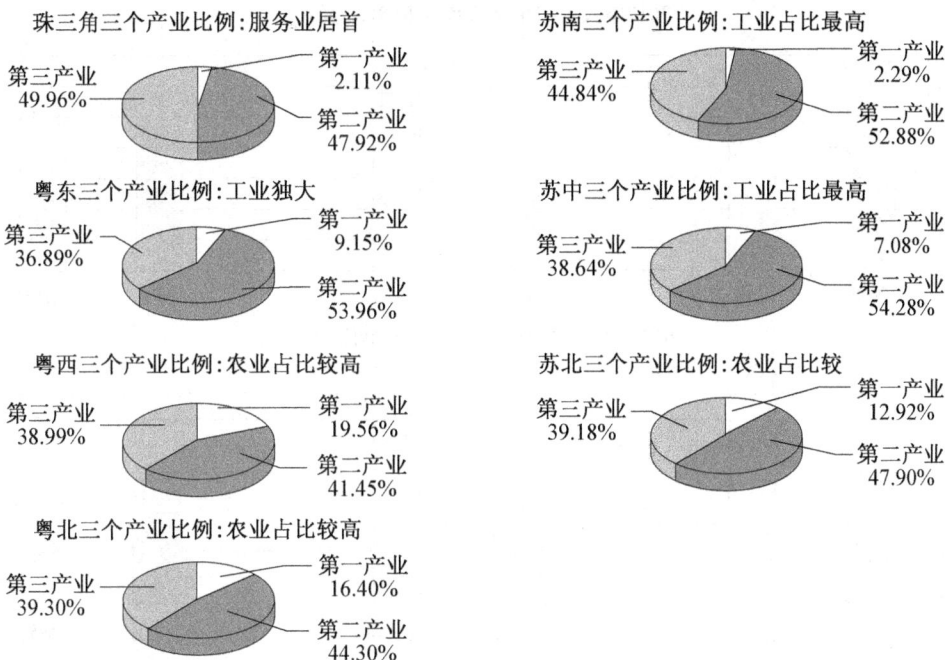

图 5 - 6

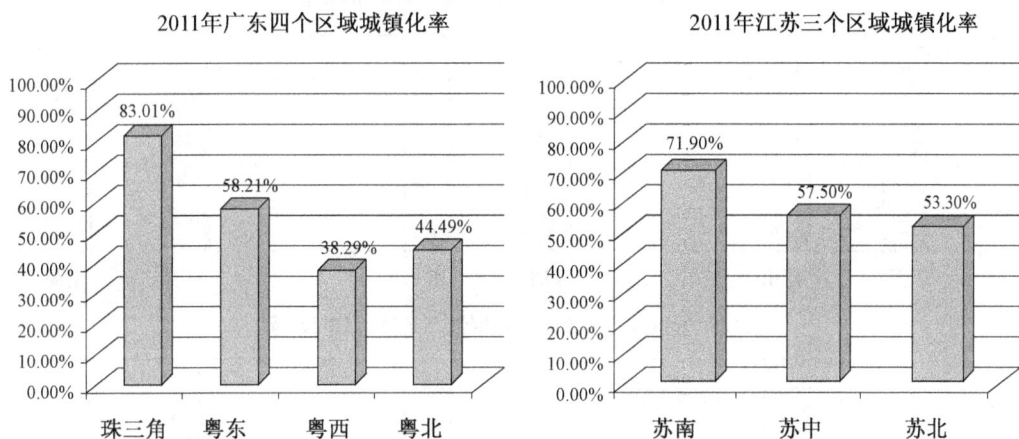

图 5 - 7

复次,比较两省城市前三甲人均 GDP 之间的差距。再来看部分已经公布的 2012 年数据。在人均 GDP 方面,两省的前三甲在伯仲之间;但两省的倒数三名之间,却存在着较大的差距。江苏的倒数一、二、三名,分别高出广东 82%、70%、95%(如图 5 - 8 所示)。

又次,比较两省城市前三甲之间的城镇居民可支配收入的差距。再比较 2012 年城镇居民可支配收入可以看出,广东前三名比江苏前三名更胜一筹,但同时广东的倒数三名又差于江苏。人均 GDP 和人均收入的对比均可看出,广东的区域贫富差距要大于江苏(如图 5 - 9 所示)。

2012年人均GDP前三名地市(单位:元)

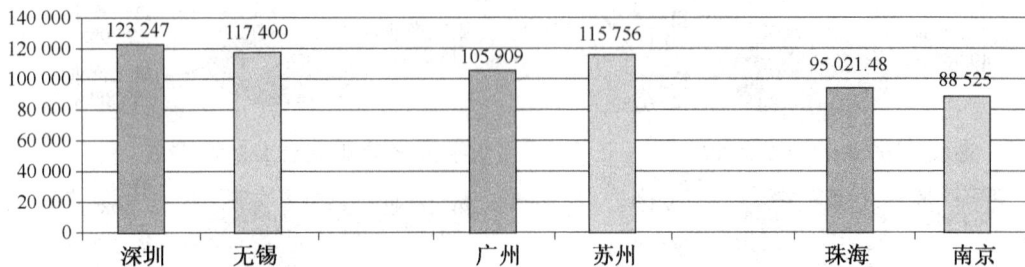

	深圳	无锡	广州	苏州	珠海	南京
	123 247	117 400	105 909	115 756	95 021.48	88 525

2012年人均GDP倒数三名地市(单位:元)

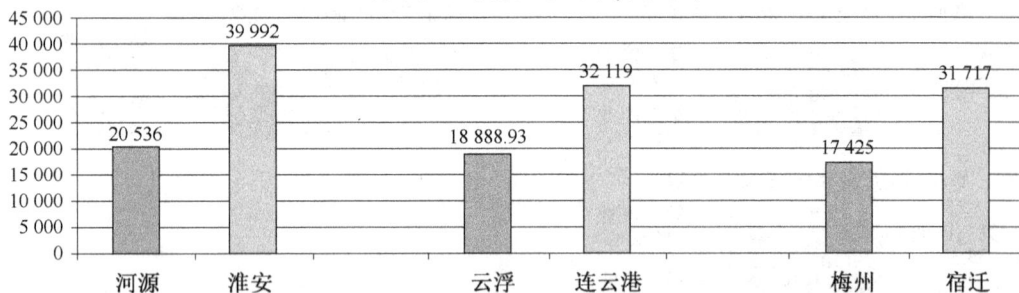

	河源	淮安	云浮	连云港	梅州	宿迁
	20 536	39 992	18 888.93	32 119	17 425	31 717

图 5 - 8

2012年城镇人均可支配收入前三名地市(单位:元)

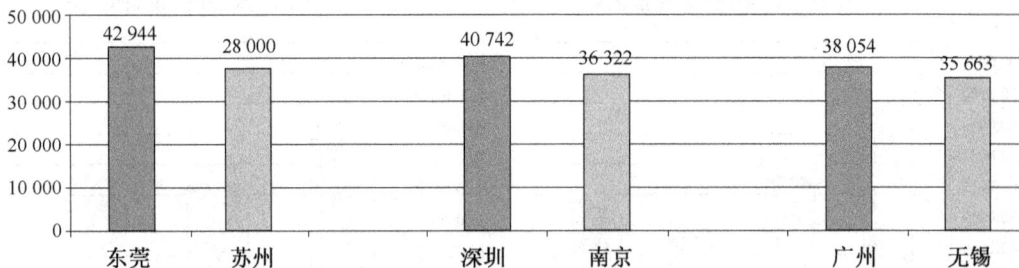

	东莞	苏州	深圳	南京	广州	无锡
	42 944	28 000	40 742	36 322	38 054	35 663

2012年城镇人均可支配收入倒数三名地市(单位:元)

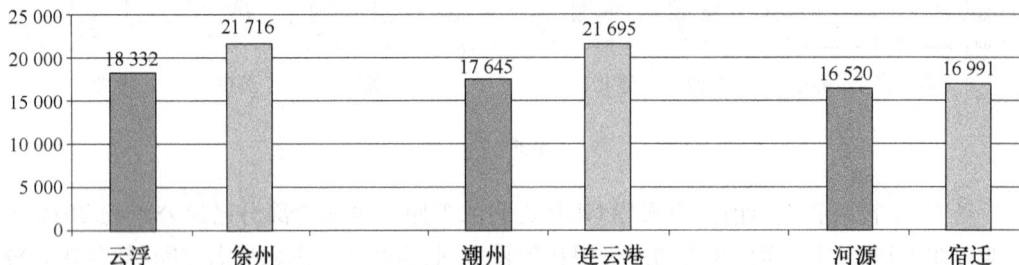

	云浮	徐州	潮州	连云港	河源	宿迁
	18 332	21 716	17 645	21 695	16 520	16 991

图 5 - 9

("粤苏争霸论"第 3 期《广东区域发展不平衡远比江苏严重》,腾讯大粤网 2013 年 09 月 20 日 09：50)

值得强调的是研究团队得出的结论,对两省领导决策的参考作用以及对广大城市公众的提醒,更有现实针对性。

报告切中肯綮地指出,江苏和广东不约而同地走上了一条以"工业化、城镇化"推动落后地区快速发展(甚至期望是跨越式发展)的路子,所不同的只是推动的时间、具体的措施而已。

两省能否循此路径,实现工厂遍地、高楼林立的工业省、城市群之梦,尚待时间的检验。不过就广东省来说,却还有一条成熟的发展路径可资借鉴。

和广东是中国的经济领头羊一样,加州也是美国的领头羊。两个地方都有漫长的海岸线,都在各自国土的南边。很有意思的是,加州的面积正好等于两广(广东+广西)的面积。这个世界上经济总量最大的加利福尼亚州,走的是工农结合发展的道路。其南部的洛杉矶、中部的旧金山都是国际化大都市,而其余的广阔土地均以农业为主。因此加州不仅是全球的高科技、金融和文化中心,也是美国最大的农业基地。其出产的开心果、核桃、杏仁、西梅、大米、葡萄酒等,要么依然雄踞世界第一,要么也至少具有举足轻重的地位。

加州这种城市化奇迹中同时产生的农业奇迹,发人深省。其城市与乡村、工业与农业已经形成良好的生态系统。在广东急于推动农业地区工业化的"升级转型"的同时,加州地区也完成了自己的"升级转型"——从农业机械化到农业有机化、个性化的转型。

而就中国所处的改革阶段来说,农村土地流转的尝试正在迈开步伐。可以想象,或许以后的两广地区,不光只有珠三角城市群,也有大量具有世界级地位的某某农产品主产区。现代化的工业与现代化的农业交相辉映,形成有机的、可持续发展的生态圈。

然而这种发展模式最大的软肋是,这是一项细水长流的工程,难以在短时间内制造出高增长的 GDP。

上述报告结论揭示的恰恰是"中国式"城市高速增长的动力来源和核心问题所在。

(3)京、津、唐城市群:中国城市群第三增长极。报告还从三个方面提出了从根本上解决日益严重的"城市病"问题的对策措施:首先,必须在区域概念下重新进行城市规划。其次,改善城市发展格局,转变城市建设局限于一个小区内的封闭式做法,要形成辐射,形成大中小城市和小城镇协调发展的格局。最后,打破现有政策和体制上的约束,并进行实质性修正,协调城市与区域发展,克服目前城市状况所带来的影响。①

(4)内陆城市文化类型。"内陆城市文化"是从地理位置的角度来界定城市归属,是相对于沿海城市而言的。在不同的城市之间,内陆与沿海也是相对的概念。比如,上海、大连、广州、杭州、青岛、宁波是最典型的沿海城市。与它们相比,南京、苏州、无锡、佛山就是内陆城市,但是与成都、重庆、西安、洛阳、沈阳相比,南京、苏州、无锡、佛山就被视为沿海城市了。在我国通常的称谓中,"沿海城市"有两种含义,第一种是地理位置上完全处于海滨的城市,第二种是位于沿海省份的城市。在这第二种含义里,只要你是沿海省份的城市,哪怕你不在海滨,但距离大海比较近,也被视为沿海城市。与"沿海城市"相对的"内陆城市"却不存在这种海洋因素的羁绊,一般而言,不存在地域的分歧,那些不靠近海洋的城市,一般都可以包括其中,哪怕你处在河流、湖泊的边缘,也是内陆城市。例如,武汉、长

---

① 陈筱红、曾伟:《三大城市群"钱"景看好,"城市病"问题有望解决》,载《可持续发展动态》第 38 期,中国可持续发展信息网

沙、九江。就理论意义而言,身处内陆的边疆城市,也应该包括在内陆城市之列。这本来没有什么问题的,但是,在我国通行的习惯称谓中,却把地理上处于内陆但在国境边缘的省份及其所隶属的城市,单独列出一项称谓,叫"边疆城市"。

(5)边疆城市文化类型。边疆城市的命名依然采用地理位置分类法则,但是又在自然地理概念基础上增加了国家政权管理的含义,于是,本来属于内陆城市范围内的边疆城市,单独命名为"边疆城市"。在国境线上的城市,例如伊犁、满洲里、友谊关、丹东、二连浩特,或者靠近国境线的城市,例如南宁、乌鲁木齐、拉萨、呼和浩特、海拉尔等。

事实上,在人们的内心深处,除了远离海洋、陆地国境附近的显在标准之外,还有一个隐性的因素就是多民族聚居。只是这个因素并不明确,时淡时浓、可意会而不可言传。

案例一:《沪港两强是竞争对手也是合作伙伴》

2005年5月21日上午,上海《东方早报》于四季酒店举办"沪港城市论坛"期间公布了由《东方早报》、香港中文大学工商管理学院和上海社会科学院世界经济研究所联合完成的《2004沪港城市竞争力报告》。沪港两地研究人员共访问了209个香港和上海跨国企业的高层、资深行政管理及专业人员,被访问者就32项国际城市竞争力指标对上海和香港进行评分。报告显示,虽然2004年香港在引资环境和全球化形象方面仍然处于优势地位,其国际城市地位继续领先于上海,其整体城市竞争力略高于上海,但是,在创业精神、科技实力、工业和经济结构调整、大学科研活动、政府管理水平等经济持续发展条件方面,上海和香港之间的差距正在不断缩小。

《2004沪港城市竞争力报告》项目负责人、香港中文大学段樵教授解释说,开展这个项目的研究,缘起于几年前悄然兴起的所谓"上海威胁论"。从2000年开始,当时的香港社会普遍存在一种焦虑,就是看到上海经济与社会的发展日益进入鲜花与掌声之中,而香港的经济经历了一些波折,于是大家开始担心香港的地位会不会很快被上海所取代。上海对香港的"威胁"直接促使港沪两地学者开始沪港竞争力比较研究。

上海是我国最大的经济中心城市,香港则是我国一国两制下的国际都会,一直以来,沪港经济竞争力的比较都很受外界关注。上海和香港所依托的两大城市发展腹地既广阔又深厚。撇开上海和香港两个城市,从国内生产总值角度看,长三角地区略高于珠三角地区。长三角地区除了区域内城市数量多之外,大部分城市的GDP在400亿元以上,各城市经济发展水平相对较高且均衡,这是长三角国内生产总值较高的主要原因。珠三角地区的GDP紧随其后,其主要优势是各城市的GDP都较高,均在400亿元以上。但从人均GDP角度来看,珠三角地区实力最强,为36 440.31元,长三角地区则为25 262.24元,处于劣势。在包括香港在内的大珠江三角地区,10个大城市中有7个人均GDP在30 000元以上。长三角地区中人均GDP在30 000元以上的城市只有3个。从出口贸易额看,珠三角地区和长三角地区不相上下。

《2004沪港城市竞争力报告》的研究令人欣慰。该报告结论认为,香港与上海是天生的竞争关系。然而这种竞争的结果不是非此即彼的关系,这种竞争是一种良性的竞争,其中一个城市的崛起不会"逼死"另一个城市。一句话,"香港与上海既是对手,又是朋友"。香港与上海的地理位置不同,上海的快速发展不会威胁到香港经济的发展。港沪两地未来最根本的发展之道,除了强化本身的条件外,其实是如何去巩固与发展城市邻接地区的经济关系,扩大其经济疆域。对香港来说,那就是如何更好地利用珠江三角洲地区,以求互利互惠。从更长远的角度看,沪港两地在未来新的城市国际竞争中,还可以充分发挥自身优势,形成互补双赢格局。

该报告最后认为,城市竞争力的关键看形象。城市之间的竞争基础在于打造自身的城市竞争力,这种竞争力就像一个金字塔模型。在这个金字塔模型中,上海和香港的城市竞争力评价标准被划分为三个层次:首先是经济持续发展的若干基础条件;其次是城市的引资环境;而最后,也是最重要的,则是城市的传统及国际化形象。"城市就像一个出售给投资者的商品一样,首先要具有良好的总体形象,这才是一个国际型城市核心竞争力的最根本体现。"段樵说,"在这一点上,香港与上海都有着与中国内地其他大城市截然不同的地方,这也是这两个东方魅力之都最吸引人的地方。通过强调和对外传达城市形象,香港和上海,都将步入新的发展时期。"

（《报告:沪港竞争力差距缩小》,联合早报网2005-5-21;金咬咬《上海和香港科技竞争力等差距日趋缩小》,新华网2005-5-22）

案例二:《上海探索建设自由贸易试验区 倒逼新一轮改革》

上海探索建设自由贸易试验区,在洋山保税区、外高桥保税区和浦东机场综合保税区的基础上,先行先试,进一步扩大开放。4月12日9点,经济之声评论:进一步扩大开放,倒逼中国新一轮改革。

中广网北京4月12日消息 据经济之声《央广财经评论》报道,位于上海东部的洋山保税港区、外高桥保税区和浦东机场综合保税区,面积仅有28平方公里,相当于上海市面积的1/226。但现在,这片土地正被寄予厚望,有可能成为撬动中国新一轮改革开放的支点。在3月底的一次基层考察中,国务院总理李克强正是在这片土地上鼓励支持上海积极大胆探索,在现有综合保税区的基础上,研究如何试点先行,在28平方公里内,建立一个自由贸易试验区,进一步扩大开放,推动完善开放型经济体制机制。他说,我们要用开放扩大内需,用开放形成倒逼机制,用开放促进新一轮改革。

未来在28平方公里的上海综合保税区上孕育的新一轮开放,不仅可能为其他沿海省份的转型提供经验,在国有企业改革、审批制度改革、投资制度改革等方面,都会做出有益的尝试和推动。如今,中国改革已进入深水区,触及了更多体制机制的问题,攻坚势在必行。《央广财经评论》,经济之声特约评论员、国家发改委对外经济研究所国际合作室主任张建平评论这个话题。

"自由贸易试验区"和常说的"自由贸易区"有什么不同?

张建平:自由贸易试验区是一种海关特殊监管区,是指在自己的国土上,在一个很小的范围之内,实施特殊的关税政策,比如货物进出免关税等,检验检疫程序也非常便捷,人员流动便利化程度非常高,这样一个小的区域为国际物流中转、便利国际航运,还有我们有关的金融政策都非常便利。

自由贸易区英文叫作 Free Trade Agreement,严格翻译过来应该叫"自由贸易协定",是指国家和国家之间签署的自由贸易协定,实际上整个中国和日本、韩国,在中日韩自由贸易区之间签署的就是自由贸易协定,是在国家层面上实施的自由贸易区。

李克强总理在谈到上海自贸实验区时提到,要让跨国公司的亚太地区总部能向中国地区转移,还说这是一个稍纵即逝的机遇。如何解读李克强总理的这一说法?在审批制度改革、投资制度改革等方面,我们面临怎样的挑战?

张建平:亚洲正日益成为全球经济发展的中心,全球的跨国公司不断向亚洲集聚,在这个过程中,亚洲的竞争很激烈,与东盟、印度这些经济体比起来,中国的要素成本现在上升得非常快,仅仅是劳动力要素成本,每年工资增长速度要超过GDP的增长速度,研发成本也在上升,所以在和东盟、印度竞争的过程当中,可能处于相对不利的位置。

咱们国家现在的投资管理体制对于外资,要进行审批和备案,但是在国外通常都是对外资实施准入前和准入后的国民待遇,程序非常简单,这样也对抓住机遇、吸引更多的跨国公司到中国来投资提出了挑战。

李克强总理指出,中国的服务业仍有广阔的发展空间,并蕴藏巨大的就业潜力,要发展服务业,还要用开放来倒逼,这是否意味着发展服务业是上海建立自由贸易试验区的重点?

张建平:没错。中国经济转型升级非常重要的一个内容就是必须加快服务业的发展,提高服务业的比重。上海是中国改革开放的一个前沿阵地,也是一个排头兵,这一次自由贸易试验区的建设非常重要的就是要促进上海服务业的发展,特别是促进上海服务贸易的发展,在这个方面,上海要打造国际金融中心和国际航运中心。

政府在金融和物流方面给它提供了很多政策,推动上海朝这个方向发展,比如外汇管制的放松、融资租赁、期货保税交割业务的开展、保税仓单的质押融资等。另外,在国际物流中转这方面会有一个很快的发展,在离岸贸易和在岸贸易的结合、内贸和外贸统筹运作方面都会产生非常大的优势,这会把上海的生产性服务业、消费性服务业都带动起来,推动上海的改革。

作为中国经济最发达的两极,上海和香港总是喜欢被人拿来比较。有人担心,在上海设立新型自由贸易区,那香港所拥有的信息优势和政策优势将会被大幅削弱。怎么看这种判断?

张建平:完全不会削弱。上海这个试验区的面积只有28平方公里,香港有1 095平方公里,整个行政区可以看作一个大的自由经济体,因为香港是全球最自由、透明度最高的经济体,上海现在只不过是在提升城市竞争力和经济竞争力方面迈进。

当然上海和香港之间肯定会有竞争关系,但是,中国经济规模如此之大,需要有不同区域的经济中心,香港是华南的区域经济中心,上海是华东的区域经济中心,之间有良好的竞争联动,共同发展一个好的机制,促进经济发展。

(中国广播网/网易财经 2013 - 4 - 12)

案例三:《上海自贸区不会威胁香港》

信息时报讯(记者 邝凝丹):"上海自贸区的设立间接地为香港带来了机遇,但不会动摇香港国际金融的地位。"日前,"中国发展新阶段:港澳地位与角色"国际学术研讨会在中山大学举行,中国、澳大利亚、德国、日本等国家逾100位海内外知名学者与会。有与会港澳专家认为,上海自贸区对香港造成冲击一说言之过早。

不少参会的港澳专家认为,香港仍扮演着离岸人民币及金融中心的重要角色。香港大学社会学系主任吕大乐教授认为,香港的营商环境非常好,毕竟香港的管理更专业化,信息也透明化,商业法律制度也较完善,因此上海自贸区短期内不会对香港构成威胁。现在无论是基础条件还是人才聚集,香港的金融发展都远胜上海。他称,成为国际金融中心很重要的一个因素是资讯是否开放流通,相关的配套基础设施是否完备齐全,更重要的是拥有优秀的各类专业人才。

原香港中文大学亚太研究所所长杨汝万认为,上海自贸区的定位虽然也是金融中心和航运中心,其物流、转口贸易、离岸金融方面的业务或许对香港有影响,但由于辐射范围不同,两地不会出现直接竞争,但对于香港来说,会迎来新的商机,香港的经济腹地会随着上海自贸区的发展而更开放。

中国科学院院士、香港大学城市规划与设计系教授叶嘉安称,香港是自由贸易港,拥有完整成熟的金融体系,以及活跃的外汇交易市场和国际化的银行业,这些可为上海自贸区提供经验,也是成为国际金融中心的条件。

(邝凝丹:《上海自贸区不会威胁香港》,《信息时报》2013－11－18:A9)

第六章　城市文化软实力与竞争力

第一节　城市文化软实力

有一个生动的事例,很好地说明了文化软实力巨大的隐性威力和立竿见影功效之滞缓。第二次世界大战爆发后,西方组成 26 个同盟国,发表了《大西洋宪章》,发誓"抵抗纳粹暴政到底",主张任一缔约国不得单独与德、日、意法西斯轴心国缔约媾和。苏联的斯大林很高兴。但是,西方同盟国在反攻欧洲大陆时,对教廷梵蒂冈格外看重,有些投鼠忌器。工人兼军人出身的斯大林是一位只迷信硬实力的人,傲慢地讥讽:"教皇有多少个师?"这被西方基督教国家认为是对教皇的大不敬。半个世纪过去了,被苏联统治了半个多世纪的波兰却出了一位波兰后裔的梵蒂冈教宗,他没有一兵一卒,却引导了 1990～1991 年庞大的苏联东欧华沙条约国集团土崩瓦解。这就是软实力生动而神奇的影响力,也是斯大林至死不悟之所在。

改革开放后的三十年,我国经济迅速从一穷二白的境地上升为世界第二大经济体。可是,我国在国际分工中处于没有核心技术、没有优越的价值观输出的国际低端"打工仔"地位。新加坡前总理李光耀这位大政治家一针见血地指出,没有价值观输出的国家,就不可能成为强国。那么,我们要说,没有价值观和城市精神品格魅力的城市就绝对不可能成为"文化强市"。

一、软实力概念的提出

在 20 世纪 90 年代以前,国际竞争尤其是美苏两个超级大国的冷战中,备受重视的是军事、政治、经济等"硬实力"。后来,西方智囊们意识到,不那么"硬"的文化力量,常常具有持久的影响力。于是,美国哈佛大学的约瑟夫·奈教授提出了"软实力"的概念,用来指代导向力、吸引力和效仿力,当然,这并非唯一的理解。同样是美国学者,斯拜克曼则提出"软力量"的概念并把它定义为民族同质性、社会综合程度、政治稳定性、国民士气。英国大学者罗伯特·库伯又特别重视软实力中的合法性要素。

我们尚未见到明确地提出"城市软实力"概念并做出界定者。这里把软实力概念引入城市文化研究领域,尝试提出"城市软实力"概念。我们先尝试做出如下初步的界定:城市软实力是指城市用于经济、军事、政治目的的物质设施之上的城市形象、精神气度、文化艺术、市民心态和道德指向等实力因素。推倒一座旧城,建设成外观气派恢弘的现代化城市的外壳,只要经济实力雄厚、技术条件具备,完全可以实现当今中国城市建设流行的"一年一小变,三年一大变"的日新月异。例如,改革开放后的三十年时间里就建成了深圳市,又如十年时间里就令天下诸侯皆惊的新煤都鄂尔多斯市。但是,想在短期内将一个名不见经传的城市建成一座文化魅力无穷、举世向往倾慕的城市却是不可想象的,即便你迅速投入一万亿资金,建成的还是一座"暴发户"城市,而非"文化名城"。西方有一句谚语:罗马不是一天建成的(The Roman wasn't built in a day.)隐喻的就是这个道理。这也是我们在初级阶段的时候坚持以经济建设为中心的历史性成就与不足之所在。

二、软实力的构成

城市软实力是指城市用于经济、军事、政治目的的物质设施之上的城市形象、精神气度、文化艺术、市民心态和道德指向等实力因素。这个定义就为我们了解软实力的构成,指明了方向。

(1) 城市经济因素。城市经济活动为城市的生存与发展带来活力,是城市得以发展的动因所在,也是城市繁荣的直接支撑力量。尤其在古代社会,经济基础对城市社会的形态具有决定性的力量。李白的名诗《子夜吴歌》之三《秋歌》就十分形象地表达了城市经济对战争和政治的影响。

> 长安一片夜,万户捣衣声。
> 秋风吹不尽,总是玉关情。
> 何日平胡虏,良人罢远征。

这里说明,大唐帝国的国都长安,不仅仅是政治、军事中心,也是人口最多、生产力最发达的城市。帝国的军事战争所依赖的兵力、粮食、军服、交通,长安城做出的贡献最为显著。夏季的粮食作物收割后,秋季的城市平民千家万户的妇女都在家里日日夜夜奔忙于织布机前。秋天来了,冬天还会远吗? 不仅自己、家中耄耋老人和垂髫幼子需要增加棉衣抵御寒冬,更令人揪心的是,远在千山万水之外戍边的丈夫、儿子更需要铠甲与厚棉衣抵御那塞外大漠周天寒彻的冰冻天气。所以,家家户户的老少妇女们身在长安民居内纺纱织布,心中却日夜牵挂着玉门关外为国戍边的亲人是否健在、安康。爱好和平的民众心中向往的当然是早早平定了边关外敌后,家家户户的顶梁柱们能够快快凯旋,回家团聚,再也不必冬夏寒暑戍守在荒漠边塞了。从大诗人的诗句里,我们除了感受到其渴望和平、厌烦战争的愿望及离乱人不及丧家犬的苦楚之外,也可以想见百万余人的长安,家家户户生产布匹军衣的规模。这正是当时处于世界规模最大的城市经济活动的生动写照。在高科技时代的今天,有的时候,是因为某种新的强大技术推动了城市新经济的繁荣,科技与文化对城市的影响因素比以往任何时代都更显著、更强大了。但是,经济对城市的基础作用依然是毋庸置疑的。

(2) 城市军事因素。是否具有军事价值,对于国家、政府而言分量自然大不相同。一座城市因为有军事价值,会得到重视,从而有利于其城市的发展,这是显然的常识。但是,仅仅具有军事价值而缺乏其他因素的促进,就只能是军事城堡,而谈不上城市。它也会因时代政治的变化和军事因素的降低而衰落无闻。例如,汉朝、唐代在西域建立的北庭都护府、安西都护府,因军事与政治因素的变化终于挡不住岁月的冲洗。另外一些边关,如秦朝与唐朝的渔阳,除了军事因素外,还有重要的交通、文化、经济因素的作用,后来发展成元代的大都、明清至今的北京。西汉时代的云中郡在当时主要是扼守北边国境、抵御匈奴的封地。到了清中叶,则成为富甲帝国的银票(金融)中心,20世纪里则主要以煤都著称。张家口市主要是军事和交通要冲,它的经济、文化、科技成就不显著。在明代中叶,它是瓦木堡,明朝和游牧部落瓦剌在此作战,明英宗被俘。清末,广东籍伟大的铁路工程师詹天佑设计并建造了京张铁路,其军事要地、交通要隘的作用持续至今,它在文化、经济领域方面的影响却比较有限。

(3)城市政治。在发展中国家,一座城市的政治地位对其发展的影响比较明显,有的时候甚至是决定性的。但是在部分发达国家,城市的政治功能与经济功能是可以分开而相安无事的。除了美国首都华盛顿、澳大利亚首都堪培拉之外,巴西首都巴西利亚、南非国会的首都比勒陀利亚都是纯粹的行政首都。缅甸古代的首都是曼德勒,现代首都曾经是南部沿海城市仰光,但是,2003年9月,美国出兵伊拉克推翻了萨达姆的统治后,曾密谋闪击仰光。缅甸举国震动,决定全力以赴地修建位于曼德勒和仰光中间,既占据平原又靠近山麓的新首都内比都。内比都的兴建,主要是为了政治安全的考虑,也兼顾了地理交通因素。

(4)城市形象。城市形象的设计、营造,当然需要必要的物质设施基础,但是更多地表现出城市人口在历史发展过程中显示出的性格。古罗马城的形成体现出来自农民的军人特性对城市的影响,罗马人平时耕田种地,战时披甲上阵,从主帅到普通士兵无不如此。这就形成了城市的朴实尚用、注重实际,强调集体协同中又保留了各地耕种土地的相对独立性倾向。"罗马城不是一天建成的",这句名言就是对当时罗马精神的形象说明。但是,到了帝国中晚期,奢侈浮华之风盛行,最终导致帝国塌陷,分裂为西罗马帝国和东罗马帝国。至今,世界各地说到奢侈败国的典型城市,都会提到罗马、古巴比伦、北宋国都汴梁(今河南开封市)。这些评说里当然包含着许多因素,但主要针对的是城市形象要素。

城市形象也常常被大众媒体、普通大众当作茶余饭后的谈资或城市魅力比较的话题。一提到南京,人们就会想到六朝的粉黛烟雨,十朝古都的历史沧桑、云锦的富丽灿烂、南京大屠杀的惨绝人寰。一提到改革开放对城市的影响,内陆民间人士的歇后语就风靡全国了:到了北京才知道(自己)官小,到了深圳才知道(自己)钱少,到了海南才知道(自己)身体受不了,到了上海才知道(自己)土佬。其他约定俗成的城市形象如,花城广州、冰城哈尔滨、山城重庆、江城武汉、水城苏州、春城昆明。又说外地人到了北京,发现每一位北京铁路站、四合院的老太太都可以担任政治动员的教员,发现上海里弄太过拥挤、上海人太过精明、小气。2013年,有报纸报道,中国城市曾经的"四大火炉"南京、武汉、重庆、济南,现在被改写了,杭州、长沙、南昌取代了南京、武汉、济南。更有把城市比喻为女人的形象化说法,上海如十里洋场的少妇,广州如文君卖酒,商业气息浓厚,重庆是徐娘半老,成都似宝钗初嫁,厦门如少女纯情,扬州仿佛小女初长成,苏州是小家碧玉,武汉大手大脚如花木兰从军。

(5)城市文化艺术。某种成就巨大的文化艺术或特色卓著的科学技术,常常决定了一座城市的品牌,甚至成为某个城市在人们心中的标志性印象。这就是城市文化艺术的魅力所在。"上有天堂、下有苏杭",说的不仅是"鱼米之乡"对杭州、苏州的作用,更是指丝绸、刺绣、茶叶和"多山多水多才子"的江南文化具有引人自豪的魅力。其实,明清之际,岭南珠江三角洲的广州、佛山,经济水平不输江浙,当时的诗歌创作水平也一度处于全国领先水平,甚至明朝嘉靖皇帝为父子四人中进士、三人高中三元(状元、会元、解元)的伦文叙一家御赐石刻"中原第一家"牌坊。但是,论历史渊源与文化积累的持久厚度与深度,江浙比岭南具有更强的文化品牌效应。意大利的米兰、佛罗伦萨、热内亚、都灵,至今在世界各地拥有很高的声誉。它凭借的就是意大利在文艺复兴时期涌现出的"文学前三杰"(但丁、彼特拉克、薄伽丘)、"绘画三杰"(达·芬奇、米开朗基罗、拉斐尔)等人给当今世界造成的文艺城市的印象和品牌效应。如果以城市的经济产值或对外贸易量来计算,今日意大利城市远不及中国珠江三角洲地区的一个中小城市。这就是一座城市的文化艺术分量发挥着经济财富无法替代的影响力之所在。

(6)市民心态。市民心态是指在城市中生活的市民群体对自己所居住的城市或自己的城市与其他城市对比时产生的心理态度、评价倾向等表现。这也是城市文化中的一个重要方面。前两年,曾有某个城市的城建规划局局长斥责对他提出质疑的市民为"刁民"。这反映出的就不是市民心态,恰恰是部分地区、部分阶层的老爷心态,这与另一位副局长在听证会上质问市民"是在为党说话还是在为群众说话"如出一辙。其实,城市市民对一座城市有认同感,有总体上良性的评价,就说明这座城市有吸引力、凝聚力,生活在这里的市民感到放心、安心、踏实、舒适,看好这座城市的现在与未来,那么,这座城市就是有希望的、比较成功的城市。即便部分市民,尤其是一些网民们容易产生偏激的想法,多数是了解到的信息不准确、不畅通而产生误解,城市管理者向市民开放信息、做好耐心的解释,做到信息资源共享,就会消除大部分的误解和偏见。同时,城市市民的心态也可以从民间的顺口溜、红段子、有趣的短信、当代"诗经"采风中获得。例如仿照毛泽东的词作《沁园春·长沙》来描述武汉酷暑难耐的《沁园春·热》:"武汉夏天,千里清蒸,万里红烧;望主城内外,烈日炎炎,各大区县,基本烤焦;屋内桑拿,汗水洗澡,躺下就是铁板烧;大街上,看吊带短裙,分外妖娆;气温如此之高,引无数美眉竞露腰;惜外地学子,求假无效,各大院校,不安空调,一代天骄,非洲外教,仰天直呼受不了;俱往昔,还数本地崽儿,拿把蒲扇边扇边笑!"民间有高人,词作内容形象而有趣。

另有当代《陋室铭》表现当代城市生活中的不正之风:

> 爱不在深,有钱就行;人不在大,有权就灵;
> 分不在高,后门就行;学不在精,有爹就灵;
> 饭不怕贵,公款就行;酒不怕醉,请客就灵;
> 路不怕远,有车就行;钱不怕花,报销就灵;
> 调动不难,送礼就行;奖状没用,发钱就灵;
> 厕所不净,收费就行;宾馆不大,有星就灵;
> 厂不在大,合资就行;货不怕假,回扣就灵;
> 钱不在多,美元就行;品不怕贵,名牌就灵。①

---

① 聂仁:《民谣下的中国——当代顺口溜赏析》,长春:时代文艺出版社2001年2月版173-174页。

在表现云南民众生活的"十八怪"之外，陕西有"八大怪"：一怪辣子是道菜，二怪锅盔像锅盖，三怪面条像腰带，四怪姑娘不对外，五怪板凳不坐蹲起来，六怪房子半边盖，七怪手帕头上戴，八怪秦腔不唱吼起来。原本形容半个世纪以前东北农村的"东北三大怪"是：糊窗户纸迎外，生下个娃娃吊起来，十八岁的大姑娘，嘴上含着个大烟袋（另一说，脚上穿着个大红鞋［东北方言读作 hái］）。现在则成了全国各地的民心民态的奇观。

还有流行语，描述人一生奋斗的曲线：20 岁看体力，30 岁看学历，40 岁看经历，50 岁看智力，60 岁看病历，70 岁看日历，80 岁看黄历，90 岁看舍利。

20 世纪 90 年代中期，流行于许多城市里，批评官员腐败的顺口溜："如果拉出某个部门里科级以上的官员，让他们在广场上排成一排，用机关枪挨个扫射，就会有冤枉的，如果每隔一个杀一个呢，就会有漏网的。"

这些正反对举、谐谑相生的顺口溜及仿制之作不一定都准确，但是，正如黑格尔所说，存在的就是合理的。这些生活风情，也确实是市民文化心态的不同折射。

（7）市民道德指向。市民道德指向关涉人心的向背，不可无视。但是普通大众的道德指向却是矛盾混杂的。如果说 20 世纪 90 年代里城市知识分子由 80 年代拥有整体的价值立场（都认可民族现代化的主张），分化为主流知识分子、精英知识分子、大众知识分子等不同的群体，[1]那么进入 21 世纪以后，处于后现代社会语境下的市民群体们则进一步分化为不同诉求的亚文化群体，甚至碎片化到彼此几乎无法产生共识的成千上万的"小众圈子"。[2] 你是高尔夫群体，我是驾校联络委员会，他是义工爱心社联络员，她也可能是《江南 style》的发烧友或街舞、公园交谊舞的狂热分子。一位书画圈子里的人很可能对住宅楼对门的健身操协会熟视无睹，却通过 QQ 群与远在美国、新加坡的同行保持着密切的联系，对同行们大有"天涯若比邻"的亲切，而对邻居竟然有"咫尺天涯"的心理距离。

（8）城市精神气度。城市精神气度是在城市形象之上的更高的一种要求，是指一座城市是否具有某些特定的城市性格所指向的精神追求、城市理想、价值观念、信仰等具有凝聚力的精神要素。彼得大帝在 1713 年冒着被全国贵族所反对的风险，决意将首度从莫斯科搬迁到面向波罗的海出海口的港口荒地，这里成为帝国的新首都圣彼得堡。全新的圣彼得堡把代表着封闭、落后、保守的俄罗斯，引领到营造对外开放、学习西欧、崇尚现代的国家精神新气度方面来。"如果说彼得大帝创造了俄国人的躯体，女皇叶卡捷琳娜二世则为俄国人塑造了灵魂"。[3] 同时，圣彼得堡也是一座英勇无畏的城市，它长期处于俄罗斯与西方国家接触与冲突的前沿地带，经受着时代、政治、战争和民族冲突的风雨。尤其是在第二次世界大战中，一直遭受法西斯德国包围中饥饿而死的人超过战场上死伤人数数倍的情况下也抵抗到底，决不屈服。当市民中活着的乐手仅有 28 人，达不到作曲家肖斯塔科维奇编创《列宁格勒交响曲》设定的向全城征调 80 名乐手的要求时，不得不从前线士兵里征调 52 名通晓音乐的乐手。他们战胜了极其虚弱的身体，不惜吃去世不久的市民遗体来维持体能，又战胜了生疏的乐器，排练出长达 80 分钟的英雄乐章，成为抵抗精神不

① 高小康：《文学想象与文化群落的身份冲突》，《人文杂志》2005 年第 4 期第 89 页。
② 姚朝文：《文学研究泛文化现象批判》，上海：上海三联书店出版社 2008 年版第 84 页。
③ 宋瑞芝：《俄罗斯精神》，武汉：长江文艺出版社 2000 年版，第 27 页。

可战胜的英雄绝唱。① 莫斯科市更是一座文化灿烂而又英勇无畏的城市。1812 年,法兰西第一帝国皇帝拿破仑率领整个欧洲的 67 万军队,挥师东进,直抵莫斯科。经过惨烈无比的波罗金诺战役后,在库图佐夫元帅的指挥下,俄罗斯经历了千辛万苦,最终彻底击败不可一世的"欧洲第一名将"拿破仑。1941 年 9 月 30 日,莫斯科保卫战打响了,苏联 80 万红军对抗希特勒德国 190 多个师,最终打败了德寇的进攻。当东线 50 万援军赶到时,直接经过红场,冒着敌机轰炸的危险接受斯大林的检阅,高呼着"乌拉(万岁)"的口号,向西冲向战斗的前线。两座城市虽然也存在着拥抱现代还坚守俄罗斯传统的争论、较量,但是以"第三罗马"王朝自居的心态,拥有拯救世界的弥塞亚情怀、高扬大无畏英雄气概等精神气度方面,两座城市的优势异曲同工、不遑多让。

分析了城市文化软实力中的经济、军事、政治、城市形象、文化艺术、市民心态和道德指向、精神气度等实力因素之后,我们接着讨论城市文化软实力的延展性。

三、软实力的延展性

城市软实力的提升以城市的经济实力为基础,以政治制度保障为依托,以文化领域的高度成就为标志,以成熟的市民心态为持续动力和生命力的依归。

城市文化软实力的形成和提升,要形成广泛的市民参与建设的延展性,拥有深厚、持久的群众基础,城市的软实力才能够长盛不衰、持久永固。这种延展性可以穿越历史的长河而亘古流芳,可以跨越空间的限制而享誉环球。即便当一个城市的经济总量、出口总值已经不是全国第一甚至世界第一了,但它已经形成的强大软实力,依然可以赢得国内外各地的向往与尊重。反之,如果一个城市完全是凭借单一经济支柱迅速崛起,那么,一旦经济支柱性产业受到波动甚至亏损,则这座城市的知名度立刻衰减、口碑马上转为负面。美国昔日的煤都匹兹堡、汽车城底特律如此,英国曼彻斯特也如此,中国内蒙古的鄂尔多斯迅速崛起为新煤都,经济增长率居全国第一,人均收入超过香港。但是,当 2011 年下半年宏观经济开始减速的时候,它的私募资金链条断裂,高利贷狂潮迅速退潮,大部分食利阶层血本无归。美国"股神"巴菲特说:谁都想下海做弄潮儿,但"只有在退潮的时候才知道究竟谁没有穿裤衩"。同理,自 2008 年以来,温州、东莞私企老板不断"跑路"的事件,多个城市的私募资金的公司倒闭、老板跳楼自杀的事例,说明了急功近利、饮鸩止渴、诚信缺失、不把责任当生命,此种种现象都是缺乏软实力的具体表现。

成熟的、有向心力的城市,需要具有国际视野、开放兼容的心态、健康活泼的城市性格和有所为又有所不为的理智、扬长补短的谦和与冷静。这些优良的城市品格必须从城市人格的培养做起,而且从"胎教"做起,从每个城市公民一出生就开始抓起。让他们从起点上就接受实实在在、具体可触摸的美德熏陶。这样的公民从来就不曾接触到走私贩毒,从来就不会想到假冒伪劣,那么,他们一生都不会去做反人道伦常的丑行恶德,更不会成为反人性、反文明的恐怖分子。

在当今中国正处于新型城镇化阶段,在人心浮躁、信仰迷失、道德滑坡的当下社会,培养市民具有"五种心态"是十分必要且迫切的。这"五种心态"分别是:平常心——能冷静

① 潺潺:《二战中列宁格勒的传奇乐队》,《辽宁青年》2005 年第 18 期。

地以长远眼光面对每一个胜负得失;进取心——相信中国人有力量从本民族悠久的文化中汲取精华,积极进取,奋发图强;包容心——海纳百川的宽广胸怀,既要包容世界各民族的思想文化,博采众家之长,也要以包容心态去处理历史问题和国际纠纷;自信心——在国际交往与交流中,保持不卑不亢的心态;责任心——对国际发展和世界和平,具有高度的责任感、奉献精神和主动创造精神。①

当前,我国城市在现代转型与升级改造进程中,大多数城市决策者和建设者们已经形成"文化软实力是升级核心"这样的共识,意识到一座城市能够实现可持续发展的根本保证,绝不仅仅在于经济,似乎更在于长期受到轻视和挤压的文化因素。归根结底,城市与城市竞争的关键,真的不是攀比建设世界第一高楼,而是营造出个性鲜明、底蕴深厚又能与国际普适成功经验对接的城市形象和城市品格。德国大文豪沃尔夫冈·歌德曾经在《歌德谈话录》里指出:"越是民族的也就越是世界的。"今天,我们需要再加以补充和部分修正,那就是:不仅是民族的,还是个性十足的,同时又具有国际前瞻视野的才是国人叫好,洋人认同的城市。

第二节　城市文化竞争力

经济竞争、城市竞争、竞争力、城市竞争力,这些概念早已经被美国、欧洲学者提出,并且成为当今国际社会普遍沿用的概念,甚至成为社会的流行话语。但是,由于城市文化尚缺乏成熟的共识性定义,皮之不存毛将焉附?"城市文化竞争力"就更是缺乏学术性定义了。在这里,我们尝试给出一个定义,便于学术工作的推进和教学任务的完成。

一、城市文化竞争力概念的提出

"城市文化竞争力"提出的前提是涵括了它的更大概念"城市竞争力",两者是小的属与大的种之间被包括与包括的关系。而城市竞争力的命名、定义,又有赖于竞争力、城市竞争两个更普遍的概念。竞争力与城市竞争两个概念,显然是因为经济竞争的行为才产生的。因此,我们不得不由远及近、由大到小逐一考察并确定其准确含义,然后,才能具备为城市文化竞争力做界定的基础。形象的说法就是,现在我们先去逐个找到大皮、小皮、厚皮、薄皮,然后再去考虑附着上去毛或剪掉毛的问题,再然后尝试解决究竟该剪掉羊毛、牛毛、骆驼毛,还是鸡毛、鸭绒、鹅羽。

经济竞争,这种行为在人类的远古时代就已经产生,中国先秦时代的墨子、荀卿以及《吕氏春秋》里就有所涉及,但是,对经济竞争行为的专门化、系统化论述,是英国工业革命提供了实现的条件。大卫·李嘉图、亚当·斯密对经济竞争的研究成果奠定了古典经济学的基础。《原富》是我们现代经济研究的奠基作。

城市竞争,是指特定的城市系统内部或者城市之间,为了获取生存与发展的可流动资源,尤其是为了争夺不可再生的稀缺资源,有利于自身更有利的发展环境和更多的财富,

---

① 谢卫群:《提升城市"软实力"——陈振民、鲍宗豪、马仲良谈城市文明建设》,载《环球时报》2005年7月6日。

扩大自身规模、增强自身综合实力与潜能，提升自身的吸引力而展开的相互之间的竞争行为。城市竞争有良性竞争与恶性竞争之分，当今时代的各国达成共识，面对地球资源的有限性，各城市之间提倡良性竞争、合作共赢。通俗地讲，地球就这么大，你活也要让我活；你想活得滋润，我也想活得更好。我们只能在相互克制、相互监督下展开公开、公平、公正的竞争，必须采用鲁迅先生在八十年前曾经抵触过的"费厄泼赖"（fair play，玩公平的游戏）。

竞争力，就是获取资源、能量，增强自身生存与发展和吸引水平的能力。竞争力普遍地存在于人类社会各地、名族、各个历史阶段，而于今尤烈。

城市竞争力，是指一个城市在竞争和发展过程中与其他城市相比较所具有的吸引、争夺、拥有、控制和转化资源，争夺、占领和控制市场，以创造价值，为其居民提供福利的能力。①

依据上述定义进一步推导，我们认为，城市文化竞争力就是指一个城市在其文化综合发展或特色化竞争的过程中与其他城市相比较所具有的吸引、争夺、拥有、控制和转化精神文化资源，争夺、占领和控制文化市场，以创造文化艺术价值，塑造城市精神气度，为其居民提供精神福利的能力。

二、城市文化竞争力概念的构成

城市文化竞争力就是指一个城市在其文化综合发展或特色化竞争的过程中与其他城市相比较所具有的吸引、争夺、拥有、控制和转化精神文化资源，争夺、占领和控制文化市场，以创造文化艺术价值，塑造城市精神气度，为其居民提供精神福利的能力。一座城市拥有的物质财富可以一次或多次消费后，就损耗掉或转化为其他的成果，但是，精神文化成果却往往具有长久的生命力，可以多次消费，甚至流传千古。一座城市的标志性雕塑可以历经岁月的冲洗而为世代市民所共享，美国洛杉矶的好莱坞、香港电影、印度宝莱坞电影形成的世界级品牌，长久赢得世界各地公众的认同。所以，与实物形态的物质财富相比，城市文化竞争力更具有穿越时空的影响力，对于一座城市的持续发展、品位提升和竞争力的提高具有持续增值的力量。如果一定要用摸得到、看得见的实物形态来衡量，尤其是可以折算为 GDP 才被认为有效的话，著名的诗歌、书法、相当数量的抽象绘画、思想库的智慧谋略就很难直观地折算为物质财富，但是，当这些精神财富影响了千家万户、被政府采用或者经过拍卖行的拍卖而标出价值连城的价码的时候，其价值就会令人惊奇不已。在这个意义上，20 世纪 50 年代初，享誉世界的空气动力学家钱学森毅然回归中国，美国国防部要求截留他成行，当局问此人有什么价值，国防部的回答是："此人顶得上五个机械化陆军师。"这就是科技文化的竞争力。后来的事实表明，钱学森对中国科学和国防事业的持续贡献，远远超过了当初被认为的五个陆军师。

城市文化竞争力显然包括硬实力和软实力两方面。文化硬实力包括人才、资本、科学技术、特定的历史文化结构形态、区位竞争力、文化设施、环境、吸引力。文化软实力则包

---

① 倪鹏飞：《城市竞争力与当前影响中国城市竞争力的最重要因素》，《经济日报》2002 年 1 月 7 日。

括制度结构、管理模式、文化观念、习惯性的秩序、开放程度、活跃程度等。

影响城市文化竞争力的因素首要的是人力资源积聚物质财富和精神财富的能力,然后是城市的创新环境、城市的品牌与美誉度、城市的科学文化氛围、城市的设施、城市的制度性安排是否有吸引力、市场的开放程度、城市的产业结构、城市的规模与经济流动量、城市与城市之间的城市群落分布的协同性程度、参与全球化的程度、城市后备土地资源、空气质量、水资源的品质与丰富程度等。

衡量一座城市的文化竞争力水平,不仅要考察它自身的各项指标,还需要用这些指标与其他城市做对比。俗话说,不怕不识货就怕货比货,又说"人比人活不成,毛驴比马骑不成"。用科学的话语来讲,没有调查研究和对比,就没有发言权。那么,建立可操作性比较强的城市文化竞争力的指标体系就具有十分重要的现实意义。这又是一个需要创造性地加以研究的领域。在下文中,我们列出评价的各项主要指标,限于篇幅,不再提供庞大的指标图表。

第一类别,城市一般功能指标系统,包括土地总量、人均土地占有量,空气净化指数、饮用水的等级、人均生活用水量,城市绿化覆盖率、人均公用绿地面积、人均住房面积、人均道路面积、每万人拥有公共汽车量、每万人拥有的医生数量和医院床位数、每万人拥有的教师数量,每万人口享有的博物馆、图书馆、艺术馆数量,各类学校的数量与规模、人均公共体育场馆面积、人均生活用水量、人均生活用电量、燃气普及率、人均通讯光纤长度、每万人拥有的手机数量等。

第二类别,城市的经济实力和产业结构指标系统,包括 GDP 总量、人均 GDP、总税收水平、上缴国库数量、地方税收数量、三大产业各自的比重,现代服务业占第三产业的比重等。

第三类别,城市文化发展能力指标系统,包括城市流通能力指标系统、城市增长能力指标系统、城市集聚能力指标系统、城市辐射能力指标系统、城市企业的活跃程度指标系统、城市市场开放程度指标系统、城市资本市场的成熟程度、城市治理结构指标、城市创新环境指标系统等。以城市治理指标系统为例,就包括政府管理绩效指数、政府透明度指数、政治职能转变指数、政府控制能力指数、公信力指数。再以创新环境指标为例,又包括城市科学研究投入占 GDP 的比重、风险投资占 GDP 的比重、高新技术产业研发费用占销售收入的比重、高新技术产业占工业总产值的比重、每万人享有的专利数量、每万人中的专业技术人员数量、每万人内的中等收入人数等。衡量指标很丰富,这里不再一一列举。

第四类别,城市发展潜力与魅力指标系统,包括社会进步指标、可持续发展指标、人力资源指标、社会成本指标、投资吸引指标、资源使用效率指标、城市形象指标、城市文化凝聚力指标、城市品牌美誉度、城市游客满意度等。这也是一个十分丰富的指标巨系统。例如,城市文化凝聚力指标系统就包括文化资源的开发利用程度、非物质文化遗产的保护与利用程度、外来文化的兼容度、本土文化的特色、文化传播指数、文化市场消费指数、文化生态环境指数。又如城市品牌美誉度系统里,就包含着知名度、美誉度、引发联想的关联度、市民对城市的忠诚度等指标。城市形象指标系统,包括城市视觉识别指数、城市行为识别指数、城市理念识别指数等评价要素。

在全面性、普适性的城市文化竞争力评估指标体系之外,我们也可以为不同城市量身制定特定需要的参照评估指标体系。

采用上述庞大的指标对一些重要的城市作出详尽的评价，将是另一部专著的任务。在这里，我们选择个别城市、突出其主要的城市文化竞争力特色，"窥一斑而略知全豹"可对上述指标内容做形象化的说明。前面提到南京的地方较多，这里以上海为例。上海在创建文明城市的过程中，工作重心不是许多城市那样以纽约、东京的建筑外观、城市器物层面的规划作为仿效的对象，而是努力营造"软环境"的改善。这些"软环境"的内容有：可持续发展的生态环境、安居乐业的生活环境、公平公正的法制环境、廉洁高效的政务环境、规范守信的市场环境、品质优良的人文环境。

上述努力，不是停留在政府层面做"政绩工程"，也不是发动企业出资出力达到政商结合、利益共享，而是发动千百万群众参与，让千百万市民焕发出主人翁意识，实现孙中山先生所倡导的理想：民与、民享、民有，即城市市民参与、市民受益，市民拥有公共服务的参与权、建议权和决定权，真正实现当家做主的权益。

其实，上海的城市文化竞争力的建设开展得比较早。最早是在上个世纪的 80 年代改革开放之初，以"五讲四美三热爱"活动、"做文明市民，创文明单位，建文明城市"的号召，实现了两个文明一起抓，经济建设和文明建设齐抓并举的目标。到了上个世纪 90 年代初，上海根据中央的浦东发展战略，提出"两提高"建设目标，从行业、公共场所、社区和郊区四个层面立体化推进，城市软实力的各项指标逐项分解到各系统、各层级，打造出今日文明城市建设体系的雏形。新世纪以来，上海制订了《迎世博文明行动计划》，发展目标确定为"法治之城、健康之城、生态之城、诚信之城、学习之城、礼仪之城、友善之城"七大目标。在构建和谐社会主题，参照《全国文明城市测评体系》，修订了上海精神文明创建的评价体系，推动城市竞争力跃上新的台阶。值得特别指出的是，上海人把自己的城市精神凝定为八个大字"海纳百川，追求卓越"。这既是上海地理位置的形象表达，又是上海在全国所处地位的期许。

总之，文化引领城市精神价值，体现城市文化战略。城市发展史不断地证明，文化所创造的境界与城市的特性和价值密切攸关，文化的发展将激发市民提升城市品位、创造更大财富、营造更高文明程度的欲望与持续的动力。

三、城市文化竞争力是风向标

文化产业是国际范围新兴的文化现象和巨大的产业洪流，而世界范围内的强势文化产业几乎都产生在城市或特定的城市郊区地带，爆发出强大的竞争力，成为引领一座城市未来走向的风向标。研究城市文化竞争力，形成城市文化竞争力的评价指标体系将是"城市文化学"里面最有利于各种社会评价、考核、比较和竞争的系统之间，最愿意采用的评比方式，具有极强的可操作性。

城市文化竞争力将成为当今世界使用频率最高的关键词之一，这是一片大有作为、风险与机遇同在而又极需要开发的、热门的新领域，它不仅具有文化理论上的发展后劲，更多的原因是社会现实的召唤。恩格斯曾经指出，社会现实一旦产生某种需求，其动力比十所大学的推动力还要大得多。现在，城市文化竞争力就是这样的一个新的显例。文艺复兴时代的法国文学大师拉伯雷在《巨人传》里激情澎湃地呼唤，庞大固埃这时代的巨人应运而生,他一出生身体就疯长,而且能惊人地大吃大喝,还能大声呼号:"让我们畅饮,畅饮知识,畅饮爱情!"日新月异的社会要求我们为提升城市的文化竞争力而发奋努力。

如果说,20世纪90年代初的美国克林顿政府预见了信息时代的到来,在朦胧中提出了形象化的"信息高速公路"工程,终于催生出"网络经济时代",那么,进入到21世纪的当今时代则是"城市文化竞争力的时代"。在那个以电子计算机为核心构成的电子信息时代里,电子计算机和网络软件、网络硬件是其关键。而现在,我们显然要借助信息互联网和电子技术,但是最根本的却不再是依赖"媒介"而发达的时代,而是着重发展文化创意产品与服务为核心、以知识产权保护为依托的"内容产业"时代。所以,20世纪90年代里有人讲"要从资本家到知本家",其实是电子信息技术技师为王的时代,硅谷热就是这种工具主义时代的典型代表。而现在,则是借助于发达而日益完善的互联网、新媒体技术手段,在这些"通道"里装入前所未有的创造性思想、文化艺术成果(主要是有市场开发潜力的文化创意产品和服务)并能够有效地使其转化为实际社会效益和经济效益的内容产业经济时代。这是利用市场经济而又提升市场经济的社会文明发展的一个新的、更高级的发展阶段,是未来社会发展的主导产业。那时,对政府业绩的主要考核依据不再是现在这样的GDP规模,而是文化产业在社会各产业中比重的高低;不再是政府招商引资引来多少外来投资,而是各阶层民众的生活质量与文化消费品质的提高程度;不再是财政税收提高了多少,而是政府为营造社会各群体主动创业提供了多少有利、有益的职业培训、行业教育、产业发展平台。政府真正由抓经济、办企业、招商引资的"经济型政府"转变为提供服务、咨询、培训、管理和引导的"服务型政府"。

随着新一轮世界范围内能源危机的到来,燃料、原材料、粮食轮番涨价,再依靠大量消耗能源的传统产业、传统增长方式,地球资源就面临枯竭的危险,人类的危机将不是危言耸听的传闻。所以,世界范围内掀起的城市文化竞争热的核心,就是主要依靠人类的智慧而不再是主要依靠人类对外在资源的粗放损耗来求得社会的跨越式发展,摆脱物质资源的有限性宿命,真正超越"增长的极限"。1972年"罗马俱乐部"的12位权威专家对未来社会的报告被合编为一本书出版,这就是震撼世界的《增长的极限》。三十年过去了,曾有许多乐观派学人嘲笑该书的作者们所预言的恶果没有灵验,嫌他们太过悲观。可现在看来,他们的预言仅仅是来得晚了一些,并不过时。如果不及早行动,改变人类对自然资源竭泽而渔的恶劣行为,人类就会自食恶果。其实《增长的极限》里指出的问题,现在已经出现,有的城市或国度已经很严重。中国在2007年超过美国,成为世界上温室气体排放第一大国,环境污染、资源破坏极为严重。

当前,制约我国城市文化竞争力提升的因素主要有:创新能力缺乏、创新成果的转化渠道阻力重重、知识产权保护乏力、权钱交易严重、贫富差距极大,弱势群体的利益诉求管道不畅、效果不彰,人口在2014年达到增长临界点后老龄化趋势越发显著、影响民族强大的持续能力,公权力缺乏监督、公益机构滥用人道主义救助资源发国难财等。这些问题,严重地挫伤了市民的民族集体认同感、公益积极性、责任感和同情心。

案例一：《中国经济：未来十年的十大挑战》

未来十年，国内外形势将更加复杂严峻，中国经济将面对以下十大挑战：

第一是经济转型。这是保持中国经济实现长期平稳较快增长的基本前提。从需求面看，中国需要实现由外需驱动向内需拉动的转变，从由投资为主向消费为主的转变；从供给面看，中国要在继续工业化的基础上，加快发展现代服务业；从增长模式看，中国要由外延扩张型的增长转向内生驱动式的增长；从技术和创新看，中国要实现从低技术、低附加值产业向高科技高附加值产业转移，从模仿走向自主创新。

第二是人口变化导致的冲击。中国过去三十年的高速增长一定程度上得益于有力的人口结构和丰富的农村剩余劳动力。但是，这两大有利因素在未来十年都将转化为不利因素：人口老龄化意味着中国将由人口红利转变为人口负利，刘易斯拐点的到来意味着农村剩余劳动力将消化殆尽。中国已经不能再依靠廉价的劳动力来支撑增长和发展。此外，中国还要面临劳动力人口比重和劳动力人口绝对数量的双重下降带来的对养老、医疗、社会服务和公共财政等方面的压力。

第三是处理好城市和农村的关系，推进土地制度改革。中国城市化的空间巨大，进一步城市化将是未来十年拉动中国经济增长的重要动力。土地制度改革是保证这一过程平稳进行的关键。通过改革土地制度，一方面可以保证农业用地的高效利用，支持农业生产，保证粮食安全，同时实现土地利益的合理分配。

第四是资源和环境瓶颈。中国的经济增长以资源和环境的大量消耗为代价。随着经济继续增长，资源和环境的制约将越来越强。资源瓶颈体现在中国对进口能源和原材料的高度依赖，环境瓶颈则体现在环境的破坏和污染存在超出人民群众和自然环境承受能力的危险。此外，中国的碳排放已经跃居世界第一，而且仍然快速增长，由此引发的国际压力将越来越大。

第五是合理实现共同富裕。共同富裕关系到社会各阶层对国家走向的认同，关系到经济和社会的稳定。共同富裕也是包容性增长的基本要求，是民生改善的基础条件。在尊重劳动、尊重创新、尊重产权的基础上，消除不合理的收入分配不公，特别是打破垄断和消除既得利益。

第六是维持金融稳定。中国是唯一一个没有发生过金融危机的新兴经济国家。这是一个光荣的纪录，也容易让人麻痹大意。如何在新的国内外环境下继续深化金融改革，同时控制金融风险，将是一个重大问题。避免金融危机，维持金融稳定，不能成为在改革面前无所作为的理由。改革存在风险，但不改革并不减少风险，而只是将问题爆发的时间拖后。

第七是国际经济金融摩擦。中国在未来十年面对的国际经济金融摩擦只会增加而不会减少。这一方面是由于主要发达国家将在相当长的时间里处于低增长的状态，国内的政治因素会导致矛盾向外转移；另一方面是由于中国经济的总量已经十分庞大且会继续增长，一举一动都会对别的国家产生各种影响，引发各种矛盾的可能性大大增加。

第八是正确处理政府和市场的关系。中国经济改革取得成功的核心经验之一就是市场导向。更多的市场导向和更少的政府干预是要坚持的大方向。但市场导向并不意味着不要政府,政府需要寻找自己的正确定位:政府应该支持市场的发展,提供公共服务和公共产品,维持法制和秩序,消除垄断和既得利益。政府应该不做市场能做的,但政府一定要做好市场做不了的。

第九是公共债务的增长。目前中国的公共债务水平看起来并不高,但面临几大压力。首先,中国的土地财政不会无限持续下去。一旦土地收入枯竭,支出又无法裁减,公共债务就会增加;其次,中国的人口老龄化势必给公共财政带来巨大压力;再次,部分地方政府的债务积累和偿债压力比较突出,局部的公共债务风险不容忽视,地方政府过度借债的动机始终存在。最后,中国的国有企业和银行体系在出现问题时还需要政府的救助。

第十是改善政府治理,建设法治社会。随着中国经济发展到一定阶段,政府治理、法律环境对于经济的影响和制约越来越明显。中国经济的长远发展需要高效廉洁的政府和公正透明的法律环境。如果在这两个方面进展缓慢,中国经济发展的潜力和空间将会严重萎缩。

(上海金融研究院研究员郭凯、唐杰:《中国经济:未来十年的十大挑战》,《21世纪经济报道》,《学习天地》2013年第1期)

案例二:《欧美"再工业化"对我国制造业的挑战和启示》

2008年金融危机爆发后,为重振本土制造业,欧美发达国家将"再工业化"作为重塑国家竞争优势的重要战略,这对我国制造业发展提出了以下挑战:

挑战一:我国制造业竞争力可能大幅度弱化。自改革开放以来,我国成为名副其实的"制造大国",劳动力成本低廉曾是我国得天独厚的优势,也是我国制造业产品在国际上有一席之地和相当竞争力的关键。然而,中美劳动力成本正在发生此消彼长的变化。制造业回归美国成为企业重要的选择,而我国制造业如果没有了低动力成本优势,转型升级将成为"中国制造"的唯一选择。

挑战二:我国出口制造业可能会受到巨大冲击,加工贸易有可能衰落。欧美发达国家"去工业化"曾经将大量制造生产环节外包到我国沿海地区。当前经过新技术改造的生产方式对要素需求降低,为美国"再工业化"创造了条件。新技术革命提高了生产效率,促使传统制造业回流美国,进而对我国的出口制造业形成巨大的冲击。

挑战三:美国等发达国家继续作为新一轮产业全球分工体系中的控制者,而我们的制造业依然被控制。目前我国制造业在整个国际分工体系中始终处于附加值低、利润薄的阶段,而发达国家则处于价值链高端,而且通过关键技术、产业标准、产品标准等控制了产业的价值链、制造业供应链。"再工业化"是建立在新技术革命基础之上的,美国等发达国家的信息渠道通畅、分销网络广泛合理,市场环境好、交通便捷,而且发达国家民众总体富裕,更具备个性化消费的条件。

挑战四:我们与美国等发达国家在创新竞争力方面有很大的差距,这个差距还可能加大。美国以市场为导向引导企业进行创新活动，这样既可以迅速实现产业化，也便于产生经济效益，美国政府的职能则为企业创新活动创造必要条件。相比之下，我国政府也高度重视自主创新，但在市场导向、制度安排与激励机制设计、知识产权保护等具体政策方面依然有所欠缺。

我国不能简单模仿欧美国家的"再工业化"措施，但对于共性的东西是可以借鉴的。反思美国经济发展战略转变的内在动机，前瞻这一转变对我国经济发展的潜在影响，有几下几方面启示：

启示一：建立面对新一轮工业革命的具有国际竞争力的产业体系。面对美国等发达国家的"再工业化"与新一轮产业革命，我国未来的产业体系应该是以先进制造业为基础的，与金融、贸易、航运等现代生产服务业互相融合的产业体系。我们应以"高端高效"的目标特征作为制造业发展导向，抓住新一轮工业技术革命机遇，在提升制造业核心竞争力上求得突破。

启示二：通过发展战略性先进制造业，推动制造业转型升级。战略性先进制造业的选择应该建立在新比较优势即知识创新能力与人力资本基础之上。我们不能被产业的新名称所迷惑，因为先进制造业也需要低端的制造环节，我们不能把先进制造业中的价值链低端环节当作我们的先进制造业，而是要从该产业是否处在价值链的高端环节，是否主要依赖知识与智慧资本，是否能够创造高附加值来判断。

启示三：培养价值链集成商，重构先进制造业与生产性服务业的价值链。制造业转型升级的主体是企业，应该围绕这个主体进行制度改革与政策设计，支持他们进行新制造模式的创新，争取全球制造业价值链的控制权。因此，培养价值链集成商，通过价值链集成商主导先进制造业与生产性服务业的价值链重构，进而实现先进制造业与现代生产性服务业的动态匹配，是符合现实条件、切实可行的模式。

启示四：政府要为制造业转型升级提供必要的服务，但又不是替代市场与企业。政府对制造业转型究竟应该起到什么作用？虽然欧美提出"再工业化"，但政府并不明确具体的产业选择，因此政府应该让市场去发挥功能，而不是政府自身去替代市场作出决定。所以，从政府层面来说，我们应该进一步进行经济制度改革，完善市场规则，让企业真正发挥工业强国的主体作用。

（芮明杰：《欧美"再工业化"对我国制造业的挑战和启示》，《中国社会科学报》）

案例三：《建立以市政债为主体的地方政府融资体系》

现行体制的问题

在一系列中央和地方的财政与金融关系中（包括事权划分、财权划分、转移支付、地方债务、地方金融机构监管等），地方债务是最可能构成系统性和宏观风险的问题。从国际经验来看，巴西自20世纪80年代以来经历过三次大规模的州政府债务危机（1989年、1993年、1999年），危机的根源都是由于州政府过度负债，导致在出现宏观经济冲击的时候出现偿付危机，并且每次危机的结果都是由联邦政府施以援手，这严重加剧了地方政府的道德风险,最后甚至导致了银行危机。20 世纪 90 年代,阿根廷、墨西哥等国家也出现过地方债务危机并加剧宏观风险的情况。从国内的经验来看,2009 年以来地方平台债务大幅上升到 GDP 的 20%左右,一些地方已经出现偿债风险;随着监管层收紧银行对平台贷款,从 2012 年开始,地方平台转向以信托贷款等方式融资,地方债务风险又以新的形式体现出来。

一方面,由于城镇化的需要,中国地方政府和平台公司为基础设施融资的需求巨大;另一方面,地方自主财力十分有限(房产税在近期内难以成为主要的地方财源),自主财力并将由于"营改增"而明显下降(目前为主要地方税税种的营业税将在几年后基本不复存在),地方的卖地收入又受到中央政策的限制(中央要求大幅度提高对农民征地的补偿),因此地方政府所面临的基础设施建设资金的需求和资金来源的短缺之间的矛盾将进一步激化。

在目前基本不允许地方独立发债的体制下,地方政府被迫不断采用变相的、不规范、不透明、没有自我约束机制的方式融资,会不断重复如下恶性循环:第一阶段,在经济增长相对比较低迷的条件下,中央和监管部门为了保增长,对各种融资渠道减少管制,此后便出现大量不规范和不透明的地方政府和平台的融资活动;第二阶段,这些不规范的融资活动导致经济过热和部分地方政府偿债风险,并使金融体系面临系统性违约风险;第三阶段,监管层面突然收紧政策,叫停各种类型的不规范融资活动,随后导致基础设施投资和经济活动的大幅减速。如果现行体制不变,上述三部曲将周而复始,不断重复。如果监管收得比较及时,经济的波动会出现小周期;如果监管收得过慢,则可能会导致经济的大起大落,使整个银行和金融体系(包括信托公司)面临大量不良资产,甚至使金融市场出现崩盘。

以市政债为主的地方融资体制的好处

我们建议,应该建立一个以市政债市场为基础的,有自我约束(风险控制)机制的地方政府债务融资体制,并设想了过渡到这个目标的具体改革路径。简单地说,这条改革的路径可以被称为从行政管控地方债务向建立市场纪律过渡的一个过程。在此过程中,通过市场机制的建立,加上立法、增加地方财政透明度、加强地方人大监督、建立预警体系等改革将会硬化地方政府的预算约束。

与目前的以行政管控为主的体制相比,这个新体制有如下好处:

(1)有更好的透明度,即将许多隐形负债(如平台债)转化为公开的政府直接负债,因而容易在早期识别和化解风险,避免风险扩大和从地方向全国转移;

(2)有自我约束机制,即对风险较大的地方政府,债券市场会以较高的乃至惩罚性的利率抑制其融资的能力,甚至完全切断其融资的渠道;

(3)投资者有足够的分散度(来自于银行、保险、基金、其他机构、外资、个人等),不会过度集中于银行体系,因此降低了系统性风险;

(4)通过提高中央政府不"买单"(或"不完全买单")的可信度,降低道德风险,减少地方政府因上级政府的"隐性担保"而过度借债的冲动,同时减少投资人因为"隐性担保"而低估风险、过度投资的倾向;

（5）通过有透明度的法规（如财政部和地方债券法中规定的发债条件和上限）对地方政府融资的约束、省级政府对下级政府的预警体系、地方人大对地方债务的审批和监督，可以进一步强化对地方政府的预算约束，避免地方过度融资和地方投资的大起大落。

改革路径

建立这个机制的改革路径的要点如下：

第一，由财政部对地方政府的风险指标进行详细分析，选择一批（开始选十几个，五年内逐步扩大到近百个城市）偿债能力达到标准（比如债务余额与财政收入加转移支付之比例、利息占经常性收入之比等；关于具体标准我们会另文讨论）的城市，允许发行市政债。市政债可以包括由财政收入支持的债券和由项目收益支持的债券两种。

第二，立法规定地方政府债务的上限，比如债务占当地 GDP 的比例不得超过50%，利息支出不得超过经常性收入的一定比例。规定地方政府发债所筹得的资金必须用于资本性项目，不得用于经常性支出。地方政府的经常性预算必须平衡。

第三，通过立法，明确宣示中央政府对市政债的偿还不承担责任。在实际运行中（比如五年内），应该允许若干基本没有系统性风险的中小规模的市政债违约事件发生，以建立中央承诺不担保的可信度，从而打消债券市场对"隐性担保"的预期，使得地方债市场的定价（利率）能准确地反映这些地方的债务风险。

允许违约，即打破软预算约束，并非不可能；在其他国家和中国的历史上，就曾经历过地方政府、金融机构和国有企业从软预算约束到预算约束强化的转变。

第四，对部分有系统性风险的大城市违约案例，应该采用在中央或省级政府支持下的债务重组方式（如中央或省级政府给予部分救助，但绝对不能全盘接收债务，以免加大道德风险），降低违约对投资者的损失和风险在金融市场上的传导范围。但是，涉及事件的市政府官员必须承担最大责任。地方首长免职、市政府重新组阁、地方政府开支大量削减必须成为上级政府帮助重组债务的条件。

第五，在被允许发行市政债的地方，地方人大必须建立起对发债和偿债能力的自我评估和约束机制。所有市政债的发行计划，都必须通过地方人大的预算批准。地方政府必须对地方人大、公众和资本市场公开详细的财政收支、资产负债表、偿债能力指标的信息。

第六，提高市政债的信用评级可信度。建议加快制定信用评级以及征信等方面的法律法规，强化评级机构信息披露，及时公布评级流程、评级方法和评级结果的变化。加强评级机构的独立性，防范利益冲突。

第七，省级政府可以考虑借鉴美国俄亥俄州的经验建立对下级地方政府违约的预警体系。这个预警体系可用来对已经发行市政债的地方政府的信用风险进行动态评估，如果超出一定的风险底线，省级政府就给予警告，通过警告来影响这个地方政府的融资成本和融资能力。

第八，由中央审计部门负责对地方政府公布的财政收支、资产负债表和偿债能力数据的真实性进行审计并公布结果，并要求地方政府披露若干中央规定的隐性债务数据

（如养老金缺口等）。

第九，允许地方直接发债改革的同时，应该赋予地方若干税收立法权，并建立比较稳定的一般性转移支付公式。地方必须要有几个独立的财源（见上文），才能保证其有稳定的偿债能力。中央向地方的转移支付应该大部分由透明的公式来决定，减少随意性很大的专项支付，使地方政府在披露和预测其财源时可以明确包括对一般性转移支付的预期。

第十，减少上级政府要求下级政府增加支出责任而不同时予以相应的财力支持（unfunded mandates）的做法。历史上，地方出现财政困难时，往往以"中央（上级）请客，要我买单"为理由，迫使中央救助。为了避免这种理由导致的"软预算约束"，从中长期来看，中央与地方之间支出责任的划分必须以法律形式明确下来，其中应该包括禁止上级政府在不提供财力的情况下随意要求下级政府增加支出责任的条款。

第十一，银行可以率先对不同信用级别的市政债采用不同的风险权重，从而对较低质量的市政债要求有较高的收益率来得到补偿。银行风险权重的变化可以引领整个资本市场对地方政府信用风险的有效定价。

地方政府的预算约束是可以硬化的

在地方债问题的讨论中，许多人对允许地方政府发行市政债的最大担心就是"地方政府面临的是软预算约束"，而且认为这种软预算约束在目前的政治体制下是无法改变的，"因此不能让地方政府自主发债"。我们不同意这种观点。我们认为，即使政治体制没有重大变化，通过允许若干违约事件、建立用脚投票机制、立法、加强地方人大监督、建立预警体系等手段还是可以硬化地方政府预算约束的。

第一，国际经验表明，在政治体制不变的情况下，从软预算约束到硬约束的转变是可能的。例如美国，在建国以后联邦政府曾经多次接手州政府的债务，但是在19世纪30年代末大批州政府再次陷入债务偿付危机的时候，联邦政府选择了不予救助。此举使得那些财政困难的州政府不得不勒紧腰带，但是最终都逐步摆脱困境并重新得到市场的认可。更重要的是，从此之后直到今日，联邦政府再也没有需要出手为任何一个州的债务违约而买单，地方政府债务也没有再成为美国经济的主要系统性风险的来源。

第二，即使在中国，也有硬化软预算约束的成功案例。比如1998年的广国投的违约案。在广国投事件之前，所有（包括外资投资者）都假设政府不会让其违约，当时对是否政府应该出手援救广国投也确实有极大争议，但最后下了决心，宣布广国投破产。此后，其他信托公司的融资金成本飙升，高风险的信托公司和业务逐步萎缩，避免了更大规模的金融危机。

第三，金融市场机制帮助硬化预算约束的另外一个例子是国有企业上市后的改变。20年前，非上市的国有企业普遍面临着严重的软预算约束，但是，上市后的国有企业引入了新的股东，并根据上市法规必须定期向公众披露详细的财务报表。与20年前相比，这些上市国有企业的预算约束得到了明显的硬化（虽然还有很大的改进空间）。在这个改革的过程中，资本市场用脚投票（抛售不负责任的企业的股票）、媒体的压力等起到了重要的作用。与此类似，如果引入市政债，则债券市场用脚投票、要求披露地方财政数据的压力也会成为一个重要的硬化地方政府预算约束的机制。

第四，过去10年，全国人大对中央财政预算的约束力有所增强，中央财政透明度有所提高，表明通过提高地方人大的监督能力来硬化地方政府预算约束并非天方夜谭。由于全国人大的作用，中央财政明显感觉到无法随意扩大赤字，近年来中央财政预算的公开和详细程度也有较大提高。另外，包括网络媒体在内的媒体人、学者通过舆论对财政的监督也开始产生作用。这些机制完全可能在地方层面建立一定程度的对地方政府的约束。

第五，通过立法（规定市政债的余额的上限和用途，要求地方政府公布资产负债表等、明确中央和地方的支出责任等）、强化信息披露（通过加强评级公司的作用）、建立预警体系（如省级政府提前对下级政府发出风险警示）、加强审计等手段，也能从不同的方面加强对地方政府的预算约束。

（马骏：《建立以市政债为主体的地方政府融资体系》，财新网［微博］2013 - 07 - 24 11:38）

第七章 城市文化产业

当今世界各国的强势文化产业几乎都集中在大中城市,尤其是影响力比较大、科学技术或文化艺术聚集比较集中的重要城市中。本章将着重先讨论城市的文化产业的集聚地带问题,然后讨论城市文化产业的关键问题——创意、市场需求与产业化能力,再为大家介绍城市文化产业的分类、城市文化产业新业态等知识性内容和实践性新状态。

第一节 城市是文化产业的集聚地带

联合国教科文组织对"文化产业"做出的定义比较简明:文化产业就是按照工业标准生产、再生产、储存以及分配文化产品和服务的一系列活动。北京大学文化产业中心的叶朗教授给出的定义则严密许多:"以生产和经营文化商品和文化服务为主要业务,以创造利润为核心,以文化企业为骨干,以文化价值转化为商业价值的协作关系为纽带,所组成的社会生产的基本组织结构。"①

文化产业属于文化中的经营性文化部分,是文化的经济属性的社会表现形式。文化产业是一个不断嬗变和生成的概念,从它的定义和范围来看,它不是一个具体性的实指概念,而是一个指涉很广的总体性的类概念。各国的指称范围和指称重点各有差异,比如说英国强调创意产业,是为了给有才能与天赋的个人或小手工作坊企业提供发展机会,解决社会就业并创造社会财富。韩国的内容产业,则重点发展影视、动漫、游戏、电子软件。美国更重视音像制品的版权保护、著作版权的授权与贸易。在文化部主导下的中国文化产业,特别关注的是文艺演出,比如京剧、粤剧、歌舞晚会、演出剧目等。这样一来,就产生了对文化产业不同的理解、不同的认识及相应的不同理论。通常情况下,会产生学院派和应用派的分野。其中的学院派主要是从思想理论观念出发来考察社会中的文化经济现象,自然形成了由大脑中先在的理论来解释、切割社会现实的现象。最著名的就是德国的法兰克福学派,他们这些西方马克思主义学者,发展了马克思主义的哲学观念和审美观念,从文化工业、机械文明、阶级、性别角度对当代资本主义文明展开了严厉的批判,带有明显的意识形态先入为主的思维印记。尽管意大利的博兰尼本身既是实际运动中的共产党领袖,又是在监狱里长期做出深刻思考的理论家,他的"文化霸权"理论也更带有社会实践-社会批判色彩,书斋成分要少许多,但是从先验的哲学思想出发来批判现实的思路与阿多诺、哈贝马斯、本雅明等具有一致性。英国的"文化研究"学派比之法兰克福学派,具有更多的社会现实性,他们研究工人阶级、种族、性别、弱势群体等,观念更加实际得多。但是论者们毕竟都是学院派出身,免不了他们民族志、人类学、社会学的学科背景。另一派,更

---

① 叶朗:《中国文化产业年度发展报告(2003)》,长沙:湖南人民出版社 2003 年版,第 25 页。

多地从社会实践出发来具体展开对文化产品的生产与流通、经营与管理、传播与消费等现象的研究。有的人主张建立宽广的文化产业链的概念，把文化产业纳入整个社会生产和消费的循环链条来做整体性的产业布局。至于国度的不同，"创意经济""眼球经济""注意力经济""媒介经济""内容经济""文化产业""视觉经济""体验经济"等，不一而足。

一般而言，文化产业的形成乃至强大需要具备如下几个特征：

（1）产业化的文化行为分析与批判。文化产业要提升人类以精神生活为重点的生活品质，围绕这一点而展开的一切可以开发为商品交易的产品与服务，要组合成一个规模化、集约化的产业链条，通过产业化和市场化的配置，对那些可以经营的文化资源做出可持续的再生产。

（2）企业化的经营方式。借鉴物质产业部分的企业经营管理方式，做出成本核算，追求物质利润和社会效益的最大化。文化产业必须具有法人资格，其经营运作应具有独立经营权，面向文化消费的市场为导向，经营绩效的考核以自负盈亏为基准（新产业则有三年免征税收的优惠）。

（3）文化价值能够在市场实现价值转换。文化产业要通过企业运作和市场行为使文化价值转换为市场经济中的商业价值，同时，又要以文化商品和服务的市场消费过程来实现文化价值的社会传播。文化产业是一条以企业为主体、以市场为纽带的协作链条，借助经济利益的驱动，凭借经济链条的各项环节的流通，整合各个环节的参与者，分工协作，使文化活动的精神属性渗透和扩散到生产和服务两大领域。文化资源的开发要以物质生产方式呈现，满足大众消费愿望的方式是提供产品或服务，价值实现的形态是以市场转换和文化传播中提升品牌和附加值，而整个产业链条的核心是适合社会需求的好创意、好理念，产业成功的基石则是得到有效保护的现代知识产权。缺少其中任何一项，就不可能获得巨大成功，即便是英国下岗女工罗琳，如果没有有效而严格的知识产权保护和一整套有效的产业链条运营，她根本不可能凭借写作《哈利·波特》系列，依靠文字作品的版税，成为世界上最富有的 30 个名人之一。相比较而言，中国的知识产权保护与打击盗版行为的力度和全社会公民的配合程度，都亟待加强。

（4）承载文化与经济的双重功能。物质产品属性和精神文化属性是有效地统一在文化产业的产品与服务中的。首先，文化产品提供的精神生活的享受和满足是首要的，无论满足有形的艺术兴趣、体育爱好，还是在"梦工厂"里满足人们的心理幻想。无论是让"美梦成真"，还是心理咨询对客户精神的舒解与诱导，先要提供普通的物质产品所不能提供的精神性满足的需要，思想意识的、情感的、伦理道德的、自我体验的多种需要。另一方面，精神享受必须具有物质载体，才能存在、传播、消费并扩大影响。在载体媒介方面，比如光盘生产、品牌营造、文化包装、传播发行、消费诱导等环节都需要按物质产业的流程来运作。需要资本、人力、生产、销售、市场推广等许多实物经济学的一般经济规则来实施。当然，文化产业有时候就是体验经济，比如看电影、听歌曲，他与实物经济学有许多不同，一盘饭菜，你吃掉了，他人就没得吃。听歌曲则不仅可以反复听、反复唱，而且同时听歌的歌迷越多，气氛越容易令人陶醉。持久性、可重复性使得文化产业具有物质投资的一次性，而收益却具有延续性、多次性、无限增值性等。文化创意产业最重要的是两件事：一是创意产品的开发，二是适当的营销手段和衍生产品价值链的营造。如果创意产品没有创造力和竞争力,则营销和衍生产品都失去了依托;如果光有好的创意产品,营销手段和衍生产品链跟不上去,就成了赔钱赚吆喝。创意产品的开发是一次性投入很高而且风险也比较大的,边际成本越来越低,价值却越来越高。这与物质产业边际成本越来越低,价值也越来越低的定律恰恰相反。

（5）高技术和高智力含量的特征。20世纪中期,人们一直在召唤知识经济,那时的热门知识是计算机、信息产业和网络技术;而现在,文化产业才是真正的知识经济的典型,需要多种专业人才和高智商的创意策划人才的密切合作的产业。在这里,媒介产业和内容产业要互相结合、资本也必须找到好的"知本"才可以将投资风险降到最小。物质经济与非物质经济要协作,传统制作要按照新的观念、新的运载工具（网络经济）来扩张。艺术家必须与经纪人、发行公司、投资人、赞助人、广告商、媒体共同运作"合谋"才能产生轰动效应,比如"超级女声""快乐男声""中国好声音"等电视竞争性选秀现象。严格来说,这是一个涉及面很广的高智慧群体性产业。

（6）有知识产权保护的效果。在盗版猖獗的国度,从事文化产业面临着重大的危险,你的好创意和好运营,很可能被盗取而你又无法通过法律有效地保护自己。如果依照美国的知识产权法,别人的产品或服务中有一个元素模仿了你,你就可以起诉他;而在中国,别人必须是所有的要素都抄袭了你的产品,你才可以告赢,只要别人偷了你十个要素里的九个而改头换面地变更了另一两个,你就无法告赢他。所以,美国经济商准备到中国来起诉《超级女声》剽窃美国的《无限美国》,但了解了我国的相关法律后只好撤诉。佛山一家电梯运营商抄袭邻家厂商的新产品后仅仅改变了尺度,由一米改为一米五,对方明知其剽窃了自己,却奈何不得。长此下去,原创者难以收回投资风险,更难以获利,而投机者、剽窃者却可以不必投入,短平快地获取利润。中华民族的原创生命力很可能就这样被这些鼠目寸光、急功近利的"聪明人"们毁掉了!

（7）有利的国家和社会公共政策对文化产业形成促进作用。国家、政府、行业机构必须做出巨大的体制、机制、政策和组织机构的改革,形成有利于文化产业发展的新体制。避免改革中传统体制复辟、政出多门、相互扯皮、包管不办事、关节过多、阻力重重、短期政绩至上等现象的干扰,让我国的文化软实力做大做强。中国共产党十八届三中全会为全面深化改革明确了方向,将释放出巨大的社会发展动力与热情。

（8）培育出一个尊重知识成果的公民社会。新加坡是一个终身学习型、主动学习型的社会。我国显然是一个阶段学习型、实用主义被动功利学习型的社会。读书学习是为了找一份依照时下流行观念来说所谓的体面、轻松而报酬高的工作,是为了满足面子上的虚荣、为了升官发财,而不是以提升自己、家庭、社会的素养为天职;所谓的被外国人誉为"中国人最重视教育"的假象背后,其实是父母不惜砸锅卖铁、卖血流汗挣来钱供子女读书学习,而自己却不肯学习;总以为学习是个敲门砖,学个十年,修成正果就可以再也不用学习了。古人所谓的"十年寒窗,一举成名"被当代人理解为,如果学习十年还不成功（比如大学毕业找到好工作,捞个文凭可以提一级工资）,那么学费就白交了,时间白费了。甚至急功近利到"十年就是十年",如果二十年才成功也不划算,太慢了。因为这种实用主义的急功近利观的隐性推动,那些学习不好的就迫不及待地通过抄袭、作弊等不正当手段过关。文凭是真的,但拿到了文凭的人却是假的（因为总经理、官员让高学历秘书做他的枪手而得以混到文凭）。学校教育如此，到了社会上创办文化产业的时候，发现自己既无真正的"文化"更不通"产业"行情，于是将抄袭、作弊的小儿科扩大化为剽窃知识成果、侵犯他人知识产权成果。而不学无术却靠走私、盗版掘到了第一桶金，完成了资本原始积累的不法盗版产业资本家们却自以为是地宣扬"知识无用"论。

文化产业是一个社会迈过了初级阶段即"为衣食温饱劳碌"的发展阶段后，社会群体更多地具有了社会发展、精神消费的渴求、人的品位的提升、心理困惑的解答的时候，即中等发达和高级阶段的社会发展之必然。社会发展水平和精神文化水平达到了需要文化产业超过物质产业的时期，将是文化产业发展的黄金时代。但是，这并不意味着只有等到社会自然而然地成长到中等发达阶段之后，我们才可以"务实"地转过身来做文化产业。产业不是种到田地里的西瓜苗，更不是只要你种下，它就自然会长成，而是需要我们现在就开始培育人才、培育观念、培育消费者、培育未来市场。现在的青少年接受了全新的文化产业观念，就是未来的文化产业创造者，更多的将是未来的消费群体。毛泽东曾经在他著名的词篇《念奴娇·鸟儿问答》里说"一万年太久，只争朝夕"。现在，文化产业对我们来说，就需要而且必须"只争朝夕"。

文化创意经济是一种知识性的经济。这种知识性的经济具有如下五项基本特征：（1）知识资源是文化创意产业之本；（2）知识资源的开发利用就意味着创新（创意）；（3）文化创意产业明确了"知识"是产生新产品的根本；（4）文化创意产业明确了"知识"是开拓新市场的原动力；（5）文化创意产业明确了"知识"对经济社会的推动作用。①

文化创意产业具有如下七项共性特征：（1）文化创意产业通常是以无形产品的形式表现出来，但是它的价值必须借助于物质产品才能实现；（2）文化创意产业的生产者都具有高水平的文化素质；（3）文化创意产业的产品是集体劳动的结果；（4）文化创意产业实体具有很强的动态性；（5）文化创意产业的产品价值具有很强的再生性；（6）文化创意产业的经营方式具有多样性和灵活性；（7）文化创意产业是一种知识密集型产业。②

至于城市社会公众接触比较多的传媒文化创意产业，除了具有文化创意产业的上述共同特征外，还具有独有的个性特征：（1）文化创意产业具有两重性，即经济性和政治性，同两重性特点相适应，又具有两种功能，即产业功能和宣传功能；（2）产品多是信息产品，而且缺乏整体的有序性；（3）活动的开展常常受主观因素的影响和制约；（4）有些产品的生产不受市场的调控；（5）产品价值的时效性较强，其价值的大小同付出劳动的多少是不成比例的；（6）传媒文化创意产业的发达程度直接同人们对传媒的认知度相联系等。③

当然，创意文化产业需要一个比较开放、自由、宽松的社会环境。各国都在学习美国硅谷高技术集聚、风险投资、依托大学和研究所的知识密集，但是，硅谷最有力也是各国学不来的恰恰是它的商业文化精神和不同于常规的道德规范：宽容失败、追求冒险、乐于重

---

① 欧阳友权：《文化产业通论》，湖南人民出版社2006年3月版，第2-3页。
② 周鸿铎：《传媒文化创意产业及发展》，吕学武、范周主编：《文化创意产业前沿——理论：碰撞与交融》，北京：中国传媒大学出版社2007年7月版，第137页。
③ 周鸿铎：《传媒文化创意产业及发展》，吕学武、范周主编：《文化创意产业前沿——理论：碰撞与交融》，北京：中国传媒大学出版社2007年7月版，第138页。

新投资、热情支持改革、欢迎合作。有识之士认为，硅谷不是传统的忠诚之家，在这里，思想流动不息……背叛作风是硅谷成功的秘诀之一。

英国创意集团主席约翰·霍金斯在2005年12月15日中国上海戏剧学院举办的"联合国全球创意产业研讨会"上特别提醒发展中国家的政府，如果仅仅视创意产业为可以创造可预期的高利润产业，那么一旦利润回报达不到预期，就会消减投入，创意也就可能变得名不副实。信息化时代的新技术，既是工业革命时代制造层面的科学技术，又是知识经济社会中人们创造文化价值的智慧科学，是比工具性技术更深层次的行为和思想活动，既是产业效益技术，更是文化技术的集成。

当今世界的发展主潮已经由20世纪90年代中期的电子计算机技术为核心的网络经济跃升至文化创意经济，物质经济主导的增长方式在能源危机、生态危机的现实面前不得不让位于低污染、低能耗、高智慧、高附加值的文化产业为先导的时代。简而言之，技术经济将逐渐过渡为文化创意经济。从亚当·斯密创立国家财富与物质资本理论开始，马克思、边沁、庞巴维克、凯恩斯等经济学大家，都是立足于物质经济的范畴制定出一系列经济原理，比如著名的十大经济规律：机会成本原理、交替关系原理、边际决策原理、激励反应原理、比较优势互补原理、"看不见的手"原理、"看得见的手"原理、生产率差异原理、通货膨胀与失业短期交替关系原理、收益递减原理（亦称"戈森规律"）。但是，随着信息网络媒介技术创造性的发展，这些媒介形式里面可以装载更多更好的"创意内容、创新产品"了。因此，当今社会的发展更多地依赖知识、文化、思想、精神的原创力，这些创意如果迅速而流畅地转化为市场产业链，就能够获得巨大的社会影响力，重复获取巨大的经济效益，形成规模优势和边际增值效应。这就颠覆了传统物质经济学的十大原理，就像爱因斯坦广义相对论刷新牛顿经典物理学一样。面对知识经济（亦即非物质文化创意经济）迅速成长为世界经济新的主潮，我们不能不正视物质GDP"庞大的商品堆积"在版权经济、符号文化交易、规则制胜、内容为王的新竞争态势面前不断贬值的残酷处境。面对美国音像制品超过其航空和武器出口的产值，面对日本的动漫产业超过其汽车出口的产值，面对韩国依靠电视剧和动漫产业迅速摆脱"亚洲金融风暴"而在各国刮起"韩流"的现实，中国必须将目前的"世界制造工厂"变成"世界创意文化产业创新高地"。及时研究并解决世界文化产业时代的新导向、新规则、新竞争策略，化被动为主动，真正实现跨越式发展，而不是一再重蹈西方发达国家的覆辙，这是中国城市在转型升级中聚集文化产业大潮面前的不二选择。

这种非物质的文化创意经济至少与传统的物质经济有如下的差别：

（1）以知识产权为主体的知识经济超越了以物质资料为主体的物质经济；

（2）以制信息权为主的文化创意内容超过了传统意义上物质财富及其载体；

（3）侧重于优化资源配置的升级而非通过市场竞争获得数量意义上的经济增长；

（4）由主导产权的贸易和服务取代传统领土界域内商品贸易的势力范围争夺；

（5）个人创造成果的内容与形式超过了当前最受重视的商品竞争力；

（6）宏观布局上都市产业链的资源配置效益比率胜过微观层面的企业生产效率；

（7）民族国家在世界产业分工中的博弈优势取代了以企业为主体的物质资本扩张。

上述差别将改写城市文化产业的经济行为和后果，导致非物质的创意经济新原理的诞生。可以预言的是,居住在城市里聚集着文化产业链的人们,其生活方式将因此而出现方向性的变化。

第二节 创意、市场需求与产业化能力

创意、市场需求与产业化能力是城市文化产业聚集、兴盛的关键。

如果说,20世纪90年代初的美国克林顿政府预见到了信息时代的到来,在朦胧中提出了形象化的"信息高速公路"工程,终于催生出"网络经济时代"。那么,21世纪则是"文化产业时代"。在那个以电子计算机为核心构成的电子信息时代里,电子计算机和网络软件、网络硬件是其关键。而现在的文化产业时代里,我们显然要借助信息互联网和电子技术,但是最根本的却不再是依赖"媒介"而发达的时代,而是着重发展文化创意产品与以服务为核心、以知识产权保护为依托的"内容产业"时代。所以,20世纪90年代有人讲,"要从资本家变身为知本家",其实是电子信息技术技师为王的时代。硅谷热就是这种工具主义时代的典型代表。而现在,则是借助于发达而日益完善的互联网、新媒体技术手段,在这些"通道"里装入前所未有的创造性思想、文化艺术成果(主要是有市场开发潜力的文化创意产品和服务)并能够有效地使其转化为实际社会效益和经济效益的内容产业经济时代。这是利用市场经济而又提升市场经济的、社会文明发展到更高级的发展阶段,是未来社会发展的主导产业。从现在开始,对政府业绩的主要考核依据不再是现在这样的GDP规模,而是文化产业在社会各产业中比重的高低;不再是政府招商引资引来多少外来投资,而是各阶层民众的生活质量与文化消费品质的提高程度;不再是财政税收提高了多少,而是政府为营造社会各群体主动创业提供了多少有利、有益的职业培训、行业教育、产业发展平台。政府真正由抓经济、办企业、招商引资的"经济型政府"转变为提供服务、咨询、培训、管理和引导的"服务型政府"。现在中央和省级政府的高层已经有此认识,但是在中下层政府机构里,显然还没有完全转变认识,还有GDP崇拜惯性,在内陆地区更是文件里传达"绿色GDP",实际上还是吸引由沿海产业转型而淘汰的高能耗、高污染的产业。笔者曾经与几位市长、县长交谈,他们都说:"要变先从上头开始,我的任期很短,先见到硬效益再说,税收多了,眼下有钱好办事。"显然,他们依然不明白国际社会发展的新形势,依然只用抓物质经济的方式管理地方,尚不明白文化产业巨大的低能耗、少污染、高附加值、高智慧竞争力的优势,甚至停留在"文化是只赔不赚的摆设"之认识阶段。

当然,不仅仅要转变观念,更要寻找到文化产业商业化过程中成功的盈利模式,才能把文化智慧实实在在地变成现实,才能真正具有说服力。商业模式是一种可盈利的方法,它也是企业核心竞争力的主要源泉。文化企业经营需要重视商业模式的发现和改进,商业模式需要以项目经营为基础,但是,商业模式不等于具体项目的盈利。商业模式中的盈利有时候是单一的,有时候是组合的。在文化产业的运作经营中,可以借鉴如下十五种类型的经济运作模式:

模式一:项目运作的商业模式。这是以企业为主体,把企业作为整体价值的商业模式。例如,现在某个公司投资一部电影,明天搞一项什么活动,整个都是在经营一个个项目,并没有经营企业,所以企业整体价值的商业模式并没有体现出来。我们把项目型经营

的企业命名为项目型企业。有好多商业电影，人们都知道明星的名字，但是都不知道公司叫什么名字，所以这个时候就没有整体经营企业。

模式二：产业链经营的商业模式。我们中国的主题公园主要是卖门票、卖硬件，迪斯尼的主题公园是整个产业链搞旅游、影视、娱乐、餐饮、搞衍生产品，它是一个产业链。比如说现在的动漫产业，国外的动漫产业衍生出来的链条非常多，包括到现在为止小熊维尼每年还卖出将近60亿美元的衍生产品，但是我们的一些动漫企业仅仅卖原创作品。历经波折后的《喜羊羊与灰太狼》系列的衍生产品就比先前的多个动漫的产业链条扩大得多。更早的时候，儿童文学作家郑渊洁创作的"皮皮鲁"故事书系列，就是在创作的时候已预设好，紧接着开发皮皮鲁儿童书包、皮皮鲁文具盒、皮皮鲁橡皮、皮皮鲁儿童服装、皮皮鲁漫画、皮皮鲁体育用品等系列产品。郑渊洁是中国大陆最早由作家转型为文化创意产业商人的先驱之一。

模式三：产业链形态的产业集聚模式。我们现在很多地方做产业聚集园，必须有两个条件才能把它做成功，第一个是企业总部集聚，第二个是要有产业链形态的集聚。

模式四：资本运作与企业并购成长的商业模式。世界上大的文化公司全部通过上市融资，然后去收购别的企业，没有一个是完全靠自己的积累成长起来的。

模式五：项目能够做大型化、持续化、品牌化的商业模式。我们现在很多的品牌活动，但是有些活动今年在这里、明年在别的地方，不是每年都能做得好、有积累，甚至一年比一年好。项目必须持续化、品牌化经营，才能体现大型项目商业模式的本质。国家文化管理部门应当允许选秀节目做下去并多样化发展，因为这样才能产生持续性的规模效益。

模式六：顾客核心价值的商业模式，是以挖掘顾客商业价值为核心的商业模式。以凤凰卫视和阳光卫视相比较就可以看出，前者的受众有很高的商业价值，后者则没有，主要是一些没有钱消费的观众，因而广告也就上不去。

模式七：产业模式组合的商业模式，是文化产业跟其他产业融合的商业模式。比如说旅游地产，我们现在叫文化旅游地产。实际上在文化产业领域里面赚钱最多的就是搞文化旅游地产的，像深圳的华侨城和东部华侨城，他们挣的钱比内容企业要多很多。

模式八：专业化要求的商业模式。比如说美国人擅长做动画电影，其规模收入比日本的动画电视还多。又比如，体育经营需要专业化的中国的足球俱乐部就没有专业化。现在国内的足球俱乐部很奇怪，在国外没有人利用公司的名称冠名一个球队，因为假如赞助的公司破产，这个球队多年打拼出来的品牌就丧失掉了，也没有忠实的消费者尤其是球迷了。

模式九：明星经纪与娱乐结合的综合商业模式。例如，让人们参与成为明星的选秀节目，选秀之后的主角成为影视明星、开展明星代言、出版图书等，这些活动还包括手机短信、商业赞助等的收入，可以打造成产业链。

模式十：改造提升制造业的商业模式，比如乔布斯时代的苹果公司就是一个成功的例子，他一生的事业就是把苹果"咬"了一口，苹果公司的新功能手机把曾经风靡世界的2.5代手机之王Nokia(诺基亚)逼到濒临破产的境地。进入2014年以后，苹果手机iPhone5S能够利用高清晰摄像头对人的指纹进行扫描，进一步提升了产品的功能。这种商业模式将来需要大幅度提升文化艺术设计的内涵。

模式十一：跨媒体经营的商业模式。当今的企业现在正在走向这样的趋势，能够跨媒体经营。有一些公司已经开始在尝试跨媒体经营，而且比较成功了，比如说华谊兄弟公司就不仅仅是中国电影产业界的大哥大，也在做着跨媒体经营。

模式十二：作为经常性的活动和交易平台的商业模式。比如网络信息、电子商务的阿里巴巴、携程等，也包括各种乐器交易、知识产权中心等。网络门户网站也是活动平台性质的商业模式。

模式十三：技术与技能结合的商业模式。如谷歌、百度等持续保持领先的技术，其员工拥有改进技术的技能和团队能力。

模式十四：拥有终身消费者的商业模式。如体育球队俱乐部，满足球迷终身的消费需求，而不是一次性依靠冠名赞助的买卖。

模式十五：定制的商业模式。如移动公司的动漫内容定制，或者某些大企业的技术外包和顾客服务等。

商业模式要符合国内目前的国情，同时需要一定的前瞻性。当然，所有的商业模式都要严格考虑商业可行性。因此，以上的商业模式都是企业家主导的商业模式，而不是艺术家、策划人主导的商业模式。

商业模式最显著的特征之一就是品牌文化战略。品牌或名牌就是企业的竞争力，品牌或名牌本身也是品位、身份、地位的象征，是高档、奢侈、高附加值的表现。温家宝总理在 2004 年视察青岛时指出："名牌就是质量，就是效益，就是竞争力，就是生命力。"而美国品牌价值协会主席莱利·莱特也指出："未来的营销是品牌的战争——品牌互争长短的竞争。商界和投资者将认清品牌才是公司最宝贵的资产，拥有市场比拥有工厂更重要。拥有市场的唯一办法，就是拥有占市场主导地位的品牌。"什么是品牌？美国市场营销专家菲力普·柯特勒(Plilp Kotler)《市场营销管理》下的定义是，品牌就是一个名字、名词、符号和设计，或是上述的总和。其目的是要使自己的产品和服务有别于其他的竞争者。

文化品牌的发生有两种途径：一种是和普通商品一样，先提供优良的服务而创出广被认同的品牌。另一种是先有文化概念，再将它品牌化、产业化、市场化。这个概念的核心要素可能来自艺术创作、学术研究、对外交流、名人、名校、名社、名院、历史文化名胜。

文化产业的发展必将引发产业竞争乃至国与国激烈的软实力竞争。首先是市场的争夺，即消费者认同度、参与度的争夺，然后是文化观念、技术含量、民族底蕴的较量，暗中显示出文化主导权的较量，部分地渗透着意识形态的身影。最终，体现在人才争夺、运作体制、发行网络的综合对比上。我们民族的文化产业，要想跨出国门、走向世界，首先要以强烈的本土民族性为确立自身身份的品牌标志；其次要按照国际标准来运营，否则我们就难以得到国际认可，无法跨出去；再次，我们要建立国际经营的合作渠道和便利通行的网路，如果不与对方的强势品牌合作，由我们单方面到多方面拓展渠道，其难度和成本无法估量；又次，要按照拟订消费国度的消费群体的消费心理和消费欲望来量身定制，是满足对方的需求，而不是强硬地给对方"灌输"我们的价值观念。回想 20 世纪 70 年代末至 80 年代初，中国进出口图书公司将 50 年代大陆红极一时的长篇小说《红岩》《红日》《红旗谱》《创业史》《青春之歌》《林海雪原》以及 70 年代末出版的《毛泽东选集第五卷》英译本向国外推销，结果是因内容隔膜、外国尤其是西方读者无法理解而积压成堆，卖不出去。这就绝不仅仅是钱钟书先生分析 20 世纪的中国大陆文学家为什么得不到诺贝尔文学奖时曾经给出的答案"在西方没有中国文学的好译本"那么单纯的一种原因了。语言的障碍之外,不同国度的接受心理巨大的差异才是主因。

上海交通大学胡惠林的专著《文化产业发展的中国道路》里,提出了我国文化安全问题的若干重要方面:对文明进程与现代化的文化误读——文化生态安全、网络文化崛起与数字化侵害——文化信息安全、文化遗产保护与文化资源危机——文化遗产资源安全、文化市场非对称开放与国家文化公害、文化市场与公共文化安全、行为艺术与文学创作的审美危机——文化内容安全、知识产权与文化技术标准缺失——文化技术安全等各个方面深入分析了我国文化安全所面临的种种挑战和问题。[①]

第三节 城市文化产业的分类

文化产业虽然成为当今国际社会经济发展的新热点和新产业,但是,在社会发展程度最高的美国,却没有"文化产业"这样的专门术语,与文化产业相关的产业按照北美产业分类编码(中文译作纳克斯编码)的 1179 种产业里属于零售业和服务业。纳克斯编码是 20 世纪 90 年代美国、加拿大、墨西哥一起开发并使用、采用 6 位数标准来统计,每个产业编列出一个 6 位数的代码。6 位数中的第一位代表最大、最宽泛的类,第二类层次以下越往后分类越细。其中,一类是以 51 开头的信息产业,包括通信业、出版业、广播电视业、电影业、音像制造业、图书馆和档案业,共 51 类。另外有以 71 开头的艺术、娱乐和休闲类产业,包括表演艺术、文博展览、游乐场所、博彩和休闲等,共 71 个类别。我国国家统计局制定的文化及其相关产业统计类别里所圈定的各类产业,在美国大体上相当于上述这两个大的类别共 122 类的产业。

"文化产业"的提出,最早源于德国法兰克福学派的阿多诺(Theodor Adono)和霍克海默(Max Horkheimer)。阿多诺在《重新思考文化产业》的论文里曾提及:"文化产业是我和 Horkheimer 两人于 1947 年在阿姆斯特丹所出版的《启蒙辩证法》一书中初次提出的。该书的草稿中原来应用了'大众文化'这一词汇。我们用'文化产业'替代了'大众文化'。""真正的大众文化与我们所用的文化产业有所区别。文化产业是把人们所熟悉的传统文化融入了新特质。其产品是为大众消费而特别制作的。它在很大程度上决定了消费的性质并且很大程度上是按计划而制造的。"[②]

对"文化产业"的界定,国内外学界有着相对一致的理解,分歧远比"文化创意产业"要小得多,但也有一个从摸索到形成的探索历史。郭鉴在《地方文化产业经营》一书里提到如下的变化:"1980 年,联合国教科文组织(UNESCO)与加拿大针对文化产业发展迅猛的现实,在蒙特利尔共同举办会议,提出文化产业是按照工业标准,生产、再生产、储存以及分配文化产品和服务的一系列生产活动。然而随着时代的演进,世界各国开始发现文化

---

① 丹增:《文化产业发展论》,北京:人民出版社 2005 年 11 月版,第 169 页。

② [德]阿多诺:《文化工业再研究》,《文化研究》第 1 辑,天津社会科学出版社 2001 年版,第 198 页。

与工业有着密不可分的关系，文化开始仰赖工业进行普及化的生产制造，而工业则借助文化的深化，塑造产品的独特价值。因此，1998年，联合国教科文组织再次对文化产业进行定义，即为按照创造、生产与商品化等方式，生产、再生产、储存以及分配本质上为无形的文化内容，这些文化内容基本上受到著作权的保障，其最终形式可以是商品或是服务。"如下图显示，从外到内依次为亚文化产品、文化产品销售、文化产品制造业，核心是文化内容的创意活动。①

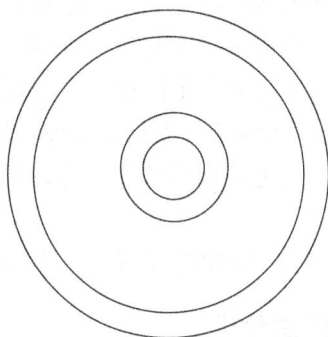

图7-1　文化产业同心圆结构

联合国较早的教科文组织对"文化产业"做出的定义比较简明：文化产业就是按照工业标准生产、再生产、储存以及分配文化产品和服务的一系列活动。这种界定显然是受制于实物经济而未能明了文化经济的特性的产物，随后的修改则有多项要素的显著进步。北京大学文化产业中心的叶朗教授给出的定义则比联合国教科文组织修改后的定义更为严密许多："以生产和经营文化商品和文化服务为主要业务，以创造利润为核心，以文化企业为骨干，以文化价值转化为商业价值的协作关系为纽带，所组成的社会生产的基本组织结构。"②

按照这种界定，其产业范围十分广泛，包括影视音像、新闻出版、信息咨询、设计策划、传媒广告、文学艺术、科学研究、旅游休闲、体育娱乐、体育比赛等。

我国文化部于2003年9月制定的《关于支持和促进文化产业发展的若干意见》中，界定出中国化的"文化产业"定义："从事文化产品生产和提供文化服务的经营性行业。文化产业是与文化事业相对应的概念，两者都是社会主义文化建设的重要组成部分。文化产业是社会生产力发展的必然产物，是随着我国社会主义市场经济的逐步完善和现代生产方式的不断进步而发展起来的新兴产业。"该意见没有说明这个定义指称的范围，在2004年3月29日由国家统计局下发的《文化及相关产业统计分类》中进一步将文化产业明确为三个层次九个大类："核心层"包括新闻、书报刊、音像制品、电子出版物、广播、电视、电影、文艺表演、文化演出场馆、文物及文化保护、博物馆、图书馆、档案馆、群众文化服务、文化研究、文化社团、其他文化等；"外围层"包括互联网、旅行社服务、旅游景点文化服务、室内娱乐、游乐园、休闲健身娱乐、网吧、文化中介代理、文化产品租赁和拍卖、广告、会展服

① 郭鉴：《地方文化产业经营》，浙江大学出版社2007年5月版，第4页。
② 叶朗：《中国文化产业年度发展报告(2003)》，长沙：湖南人民出版社2003年版，第25页。

务等;"相关层"包括文具、照相器材、乐器、玩具、游艺器材、纸张、胶片胶卷、磁带、光盘、印刷设备、广播电视设备、电影设备、家用视听设备、工艺品的生产和销售等。2006年8月5日,中共中央办公厅和国务院办公厅印发了《国家"十一五"时期文化发展规划纲要》,进一步将影视制作业、出版业、发行业、印刷复制业、广告业、演艺业、娱乐业、文化会展业、数字内容和动漫产业确定为重点发展的文化产业。①

在文化产业的分类上,各国的理解及其侧重点各有不同,统计口径也不一样。比如,在英国是13个类别,而在美国则有51类＋71类的北美产业分类编码统计系。在我国则有80个行业小类。这在"世界主要国家的文化产业布局"的篇章里会详细论及。举例言之,2004年在日本举办了中、日、韩三国文化创意产业论坛,体现出三个国家对文化创意产业的理解各不相同。日、韩两国关注的首先是饮食业,其次是动漫产业和游戏产业,再次是出版业。我国首要关注的是文艺演出院团的改造,其次是网吧,然后是娱乐业,如歌厅、卡拉OK等。

这里主要列述我国政府的分类和大陆学术界各自不同的分类方法。

一、国家统计局的文化产业分类

国家统计局在2004年3月29日下发的《文化及相关产业统计分类》将文化及相关产业划分为"核心层""外围层"和"相关层"所包含的具体产业内容比较丰富。其中的"核心层"包括:新闻、书报刊物、音像制品、电子出版物、广播、电视、电影、文艺表演、文化演出场馆、文物及文化保护、博物馆、图书馆、档案馆、群众文化服务、文化研究、文化社团、其他文化等。"外围层"包括:互联网、旅行社服务、旅游景点文化服务、室内娱乐、游乐园、休闲健身娱乐、网吧、文化中介代理、文化产品租赁和拍卖、广告、会展服务等。"相关层"包括:文具、照相器材、乐器、玩具、游艺器材、纸张、胶片胶卷、磁带、光盘、印刷设备、广播电视设备、电影设备、家用视听设备、工艺品的生产和销售等。

2006年8月5日,中共中央办公厅和国务院办公厅印发的《国家"十一五"时期文化发展规划纲要》里在2003年9月文化部发布的《关于支持和促进文化产业发展的若干意见》的基础上,吸收国家统计局在2004年3月29日下发的《文化及相关产业统计分类》将文化及相关产业划分为"核心层""外围层"和"相关层"的设想进一步确定了重点发展的文化产业如下:影视制作业、出版业、发行业、印刷复制业、广告业、演艺业、娱乐业、文化会展业、数字内容和动漫产业。计有九类80种。

当今世界各主要国家的文化产业分类比较如下:

联合国教科文组织:视觉艺术、表演艺术、工艺与设计、印刷出版、电影、广告、建筑、歌舞剧与音乐的制造、多媒体、视听产品、文化观光、运动。

英国:艺术及古董市场、表演艺术、工艺设计、时尚设计、出版、广播电视、电影及录影带、广告、建筑、音乐产业、软件及电脑、服务、互动休闲软件。

韩国:动漫产业、电影产业、音乐产业、电玩产业、动画产业、人物产业。

① 王永章:《"文化产业"与"创意产业"探析》,张晓明、胡惠林、章建刚主编《2007年:中国文化产业发展报告》,北京:社会科学文献出版社2007年2月版,第41页。

日本：文化艺术、信息传播、体育健身、个人爱好与创作、娱乐、观光旅游。

澳洲：娱乐业及剧场、设计、文学出版杂志、电影电视、录影带及广播、图书馆、社区文化展、博物馆美术馆、动物园植物园、多媒体。

香港：视觉艺术及工艺、表演艺术、设计、时尚设计、出版、电视、电影、广告、建筑、音乐、软件及电脑服务、游戏软件、漫画产业。

台湾：视觉艺术、音乐及表演艺术、工艺、设计产业、设计品牌时尚、电视与广播、电影、广告、建筑设计、文化展演设施、数字休闲娱乐、创意生活。

上海：研发设计创意、建筑设计创意、文化传媒创意、咨询策划创意、时尚消费创意。

二、我国大陆学术界的文化产业分类

我国学术界的分类在内容上的分歧并不明显，主要是在分类的依据和标准上各不相同，这是学科初创之始在所难免的现象。

第一种分类：纵向层面分类模式。根据文化产业的价值链顺序将其分为生产、销售、服务三大类。一是文化制造业，包括报社、出版社、杂志社、影视制作公司、音像制品公司、印刷厂、游乐设备厂、乐器厂、玩具厂、游戏软件公司、体育器材厂、旅游用品厂、文化用品厂、工艺品厂、剧团、电影厂和书画苑。二是文化销售业，包括书画商店、书报摊、音像制品店、花鸟市场、花店、旅游用品商店、文化用品商店和古玩工业品商店等。三是文化服务业，如图书馆、博物馆、电视台、电台、演出公司、影剧院、娱乐场所、网吧、旅行社、旅游服务公司、游乐园、动植物园、观光点、纪念地、经营性文化培训学校、文化经纪人公司和艺术设计公司等。花建的《产业界面上的文化之舞》就采用这种分类法。①

第二种分类：横向层面分类模式。这种分类也有三类：一是主体或核心行业，包括文化娱乐业、新闻出版业、广播影视业、音像业、网络及计算机服务业、旅游业、教育等。二是前沿文化产业，包括文学、戏剧、音乐、美术、摄影、舞蹈、电影电视创作、工业与建筑设计，以及艺术博物馆、图书馆等。三是拓展的文化产业，主要指广告和咨询业。江蓝生等主编的《中国文化产业蓝皮书（2002）》采用的就是这种分类法。②

第三种分类：从宏观到微观的分类模式。将文化产业分为宏观、中观和微观三个层面。宏观层面有科学研究、教育、文艺、体育、旅游、博览、装潢设计、广告、影视、图书出版、咨询、新闻媒体，以及部分与文化有关的网络经济等产品制造、零售和服务行业。中观层面的文化产业包括：音像、图书、报刊、媒体、影视、体育、文物、文艺、设计、文化经纪和代理等文化的生产、零售和服务行业。微观层面的文化产业包括由我国传统的宣传文化系统所管辖的广播电视、电影、文化艺术、图书出版和报刊等行业。叶朗的《中国文化产业年度报告（2003）》即是如此分类的。③

第四种分类：行业性分类模式。把我国文化产业现状划分为13种类别。① 新闻出版业，包括印刷业、图书报刊零售业、出版业、出版及记录媒介复制、报纸杂志。② 广播电

① 花建：《产业界面上的文化之舞》，上海：上海人民出版社2001年版。
② 江蓝生等：《2001～2002：中国文化产业蓝皮书》，北京：社会科学文献出版社2002年版。
③ 叶朗：《中国文化产业年度报告（2003）》，长沙：湖南人民出版社2003年版。

视电影业,包括广播电台、电视台、电影制片厂、电影院。③ 娱乐业,包括歌厅、舞厅、卡拉OK厅、录像厅、电子游戏城、保龄球馆、旱冰场、综合娱乐场所、工艺美术品拍卖、画廊。④ 艺术业,包括演出表演团体、表演场所。⑤ 群众文化业,包括群众艺术馆、文化馆、文化站、村镇文化中心、文化俱乐部(室)等。⑥ 图书馆业,包括图书馆、档案馆。⑦ 文物业,包括文物保护机构、文物拍卖机构、文物商店、文物科研单位等。⑧ 博物馆业,包括博物馆及其管理机构。⑨ 文化旅游业,包括旅游纪念品生产单位、旅游景点经营单位、旅游管理机构等。⑩ 博彩业,包括体育彩票、福利彩票、彩票管理机构、彩票销售点等。⑪ 竞技体育业,包括竞技体育团体、体育俱乐部、竞技体育场所、经济体育管理机构等。⑫ 广告业,包括广告公司、广告制作室、广告设计室等。⑬ 其他,包括网络业、文化经济与代理、文化科技与科研、文化交流、装饰装潢业等。王琳的《中国大城市文化产业综合评价指标体系研究》一文就采用这种分类法。①

第五种分类:湖南学界现行行业分类模式。欧阳友权等学者在《文化产业通论》里依据上一种模式结合我国当前行业状况并归为六个类别的分类方法。其实是为了编书时好进行文字归类描述。

一是纸质传媒产业,包括图书出版业、报业、期刊业,以及其他纸质媒体出版和发行业。

二是广播影视产业,包括电影制作、发行、放映业,电视制作、发行、播映和电视网络经营业,广播业,音像制作、出版、发行业。

三是网络传媒产业,包括网络新闻传媒业、专业性网络传媒业、商业性网络传媒业如网络游戏、电子商务、网络广告等。

四是广告产业,包括广告传媒产业、广告经纪产业。

五是休闲文化产业,包括文化旅游业、休闲娱乐业如影剧院、歌舞厅、夜总会、公园、高尔夫球场、健身房、游艺中心、茶楼、洗浴城、农家乐、购物中心、宾馆酒楼等。

六是艺术、体育及其他产业,包括艺术产业如艺术表演产业、艺术设计开发业、艺术品展览、拍卖、销售和经纪业等;体育产业如体育健身业、竞技体育业、体育博彩业、体育经纪业、体育用品业等;教育培训业;还有博物馆业、图书馆业、档案馆业、会展业、文物及文物保护业等。②

分类仅仅是为了便于明晰地了解事物,它本身不是什么高深的难题,也未必见出学术的深度和实践的要义。所以,我们不想在此花费太多的心力。需要重视的是通过分类,我们对文化产业现状的概览中发现一些有思想、有启发、有战略性思维的东西。至少可以思考出如下一些创意供大家思考:

(1) 文化产业不同于创意产业的个体性或小群体性,它侧重发展的应该是一个国家或地区支柱型产业的布局和品牌建设工程,至少要有特色、有新颖、系统、配套的产业链条概念。

① 王琳:《中国大城市文化产业综合评价指标体系研究》,见叶朗《中国文化产业年度报告(2003)》,长沙:湖南人民出版社2003年版,第27-28页。

② 欧阳友权:《文化产业通论》,湖南人民出版社2006年3月版,第33页。

（2）文化产业是积聚多种要素、多种产业的高智商、高新技术为基础的综合性产业集团。最怕传统体制下的条块分割、诸侯割据、小而全，也怕政绩形象工程。

（3）可以走创新型、传统产业新改造、新概念型产业等多种发展道路。

（4）要目标明确而集中地发展产业园区。避免"名为产业园，实则房地产租赁业"，也不应该为了产业园之名而去装点新潮。应该像英国的"产业丛"（Cluster）那样，把一个园区内相关的各种企业、研发机构、工作室、艺术家俱乐部等组合在同一个空间，不但降低了开发成本，而且在相互穿插渗透中形成许多新的组合。如英国雪菲尔德市的千禧年博物馆、油画陈列馆、艺术家村等。又比如深圳的大芬油画村，北京的798、宋庄艺术家村。

在我国，最早叫文化创意产业的是台北，他们在2002年最先使用这种名称。到了2005年，香港也改称文化创意产业。在我国，大陆北京热衷于叫文化创意产业，上海习惯于叫创意产业，其他各地基本上约定俗成地称文化产业。在世界上，澳大利亚最早于1994年提出了"创意国度"的治国理念。1998年，英国首相布莱尔上台，组建了"创意产业特别工作组"（CITF）。此后"创意产业"的概念在国际上流行起来。现在有澳大利亚、新西兰、新加坡、日本和我国的上海市采用英国的"创意产业"名称。

三、文化产业的业态

北京市政府和身在北京的许多学者，尤其是中国传媒大学的学术群体们认为，文化产业是以"文化创意"为核心，通过技术的介入和产业化的方式制造、营销不同形态的文化产品的行业。

我国国家统计局在2004年发布了《文化及其相关产业的分类》，其中对"文化产业"的定义是"为社会公众提供文化、娱乐产品或服务的一种活动，以及与这些活动相关的一些活动所组成的集合"。

该"分类"将以下八类列为"文化产业"的范围：（1）新闻服务；（2）出版发行和版权服务；（3）广播、电视、电影服务；（4）文化艺术服务；（5）网络文化服务；（6）文化休闲娱乐服务；（7）其他文化服务；（8）文化用品、设备及相关文化产品的服务。

2002年11月，党的十六大报告明确提出了发展中国文化产业的战略构想。2003年，文化部先后在上海交通大学、北京大学设立"国家文化产业创新与发展研究基地"。2004年初，教育部首次在高校中设立"文化产业管理"本科专业，学制四年，学生毕业后颁发管理学学士学位，每年招收30名学生。2005年4月，教育部论证确定了全国开设"文化产业管理"的本科自学考试。文化产业的业态包括：（1）书报刊出版、印刷和发行业；（2）文化艺术业；（3）文物保护业；（4）广播电影、电视业；（5）文化娱乐业；（6）体育；（7）摄影及扩印业；（8）园林业（包括公园、动植物园和自然保护区）；（9）广告业。

虽然英国是世界上最早提出"创意产业"概念的国家，但细究其因我们发现，英国事实上是从澳大利亚取来的真经。澳大利亚政府在1994年提出了"创意国度"的概念并设立了国家创意产业发展研究基地和昆士兰科技大学的创意产业园。1998年上台的英国工党布莱尔政府在资源匮乏、能源枯竭的现实面前提出了"创意产业"（creative Industries）计划。我国受英国影响而取名"创意产业"的城市有北京的"创意经济"，上海的"创意产业"、香港和台北叫"创意文化产业"。

就我国和英国政府各自热衷的"创意产业"表述来看,彼此还是有略同中的微殊。"我国的文化产业概念主要从产出的角度、从所提供的产品及服务的精神文化性质着眼。只要是为社会公众'提供文化、娱乐产品和服务'、满足人们精神文化需求的产业,都是文化产业。而英国等国家和地区的创意产业,除了服务于个人的精神文化消费需求外,还服务于生产领域提升产品附加值、经济发展中提升产业结构的要求,具有明显的'生产性服务的性质'。"①

英国的创意产业特别工作组在筹划文件(CITF,1998,2001)中对"创意产业"的定义是:创意产业,又称创造性产业、创意经济,是源自个人创意、技巧及才华,通过运用知识产权,创造财富和就业潜力的行业。英国的创意产业包括广告、建筑、艺术和文物交易、手工艺品、(工业)设计、时装设计、电影和录像、互动性娱乐软件、音乐、表演艺术、出版、电脑软件及电脑游戏、广播电视等13个行业。

中国有关创意产业的定义有许多种,现在摘录几种:

创意产业……是一种在全球化的消费社会的背景中发展起来的,推崇创新、个人创造力、强调文化艺术对经济的支持与推动的新兴的理念、思潮和经济实践。②

依靠个人创意、技能和天才,通过挖掘和开发智力资源以创造财富和得到知识产权认可的活动。③

一种以人的创造力、技能和天分来获取发展动力,并通过知识产权的开发和运用,创造潜在财富和就业机会的产业——创意产业,正在世界范围内受到普遍关注。④

文化创意产业系指源自创意或文化积累,通过智慧财富的运用,具有创造财富与就业机会的潜力,并促进整体生活环境提升的行业。⑤⑥

从国际经验来看,多数国家视广告、电影、剧本、艺术与古董市场、表演艺术、视觉艺术、流行音乐、产品设计、服务设计、游戏软件、广播、电视这些项目为文化创意产业题中应有之义。但是,"使用创意产业称谓或文化创意产业称谓的,统统包括了软件和计算机服务业。但是,使用文化产业称谓的,比如说韩国,包括联合国教科文组织的定义,都不包括软件和计算机服务业。"⑦厉无畏等也认为:"所谓'创意产业'是指那些从个人的创造力、技能和天分中获取发动力的企业,

① 蒯大申:《创意上海》,社会科学文献出版社2006年版,第11页。
② 金元浦:《当代文化创意产业的勃兴》,《中国文化报》2004年12月8日。
③ 贺寿昌:《创意产业研究与上海发展》,中国创意产业论坛2004年。
④ 王蔚、朱雯迪:《上海如何构建创意产业》,《新华网》上海频道2005年8月14日。
⑤ 陈昭义:《台湾文化创意产业2005年产业发展年报》,"经济部工业局",2006年4月,第20页。
⑥ 朱宁嘉:《创意产业:理论管窥与中国经验》,叶取源、王永章、陈昕主编《中国文化产业评论》第5卷,上海人民出版社2007年1月版,第48-49页。
⑦ 杨开忠:《北京市文化创意产业发展现状、政策与规划》,吕学武、范周主编"文化创意产业前沿"丛书《现场:文化的质感》,中国传媒大学出版社2007年7月版,第43页。

以及那些通过对知识产权的开发可创造潜在财富和就业机会的活动。"①

除了叫文化产业、创意产业、创意经济、文化创意产业之外，相关的名称还有很多，比如，内容产业、媒介产业、文化经济、文化贸易、注意力经济、眼球经济、休闲产业、体验经济、消费经济等。金元浦对这各色名词做过一些区分："文化经济"表明了文化产业区别于一般文化的特殊性，体现了当代文化与经济的相互交融和文化经济化、经济文化化的当代趋势，表明了文化对于当代世界经济发展的重要意义；"创意产业"是从创造者、策划者、设计者的个人努力出发，强调文化产业的智能化、创新性和技术性特征，还包含了国家宏观政策性的设计、规划和推动；"内容产业"则是从产品自身的内容出发思考的理念，是知识经济浪潮中以信息创意、高新技术、互联网与数字化为基础产生的概念，它关注当代数字类产品的文化内容；"版权产业"指的是从知识内容、市场权益出发做出的分类理念，主要是美国（北美）采用的文化产业概念，它高度关注知识产权的归属，与美国这个版权大国的国家利益有着密切的关系；"注意力经济""眼球经济"等概念依据的是当代媒介革命的巨大成果，更关注文化产业的当代传播方式；而"体验产业""休闲产业"则更关注文化产品或文化商品的消费者、体验者与当代文化消费、文化体验的独特方式；"文化贸易"则是文化经济链条上的相关环节，如果说文化产业直接关注上游环节的话，文化贸易则更加关注下游环节，关注与文化产品制造紧密连接的文化产品的流通、交易与销售领域。产业认为是通过挖掘和开发智力资源以创造财富和得到知识产权认可的活动。②

关于数字内容产业的定义有以下许多种：

欧盟《信息社会 2000 计划》将数字内容产业定位为："制造、开发、包装和销售信息产品及其服务的企业。"

《2004 台湾数字内容产业白皮书》的定义为："将图像、文字、影像、语音等内容，运用信息技术进行数字化并加以整合运用的产品或服务。"

赵子忠在《内容产业论》中也尝试定义为："数字内容产业是依托内容产品数据库，自由利用各种数字化渠道的软件和硬件，通过多种数字化终端，向消费者提供多层次的、多类型的内容产品的企业群。"

2003 年《上海市政府工作报告》指出："数字内容产业是依托先进的信息基础设施与各类信息产品服务的新兴产业类型，它包括软件、信息化教育、动画、媒体出版、数字音像、数字电视节目、电子游戏等产品与服务等，是智力密集型的、高附加值的新兴产业。"③

鉴于英国定义的创意产业与传统意义上的文化产业没有什么区别，2001 年霍金斯提出了有关创意产业的新定义：版权、专利、商标和设计产业共同构成了创意产业和创意经

①　厉无畏、王如忠、缪勇：《积极培育和扶持创意产业发展，提高上海城市综合竞争力》，《社会科学》2005 年第 1 期。

②　金元浦：《文化产业：不断嬗变和生成的概念》，《中国文化报·文化产业周刊》2005 年 7 月 22 日。

③　赵子忠：《2006 年中国数字内容产业结构与发展状况》，张晓明，胡惠林，章建刚主编：《2007 年：中国文化产业发展报告》，北京：社会科学文献出版社 2007 年 2 月版，第 168 页。

济。(Howkins, The Creative Economy: How people make from ideas, The Penguin Press,2001.)他的研究是创意形态的研究。同一年里,凯夫斯限定在广告、建筑、电影、视听等领域研究创意生产活动过程。他引入现代经济学有关不完全合同的最新理论方法,分析具有信息不对称和高风险特征的创意活动的价值创造、确定、转移和分配。[①] 凯夫斯的研究显然是创意价值实现过程的动态研究。这种变化体现出人类对创意产业概念本质的认识也是逐渐由浅入深、由表及里的。上海市哲学社会科学规划办公室的荣跃明则提出了新的定义:创意产业究竟是什么? 创意产业是基于知识产权制度,运用专利、发明、设计、商标、工艺、营销、管理等非物质性的生产活动,组织生产和消费、创造和分配利润的创意活动的集合。创意产业不一定像传统产业那样形成地理上的空间集聚,但它必定是在生产和消费循环中占据支配地位。[②]

第四节　城市文化产业新业态

随着城市文化产业日新月异地爆炸式增长,催生了许许多多新生业态。这些业态是20年前无法想象的。

一、电子垃圾回收业

随着电子产业种类越来越多、更新越来越快,电子垃圾大量产生。电子垃圾如果简单弃置,不仅污染环境,更是一种极大的浪费。电子垃圾的背后,实际上蕴藏着循环经济的巨大商机。

联合国环境规划署2010年发布的报告显示,我国已成为世界第二大电子垃圾生产国,每年产生超过230万吨电子垃圾,仅次于美国的300万吨;到2020年,我国的废旧电脑将比2007年翻一两番,废弃手机将增长7倍。

清华大学环境科学与工程系专家指出,我国电子废弃物产生的速度十分快,实际数字可能比上述数据更高。随着我国居民生活水平的不断提高,每年光需要拆解处理的电视机、洗衣机、电冰箱、空调和电脑这五类废电器就高达两三千万台。另据中国科学技术协会的统计,我国电子废弃物2005年还是130万吨左右,预计到2015年会达到550吨。以电脑为例,它的构成元件中许多都含有汞、砷、铬等有毒元素。电子废弃物也是一种特殊再生资源,虽然污染巨大,但也具有较高的回收利用价值。

据不完全统计,目前世界主要发达国家资源回收利用产业规模已达2 500亿美元,并且以年均15%～20%的速度增长。全世界钢产量的30%来自废品的回收利用,其中绝大部分又是来自电子废弃物的回收。

我国作为电器电子产品生产和消费大国,近年来电子垃圾回收行业进入快速发展阶段。2009年至2011年间,家电"以旧换新"政策实施,加快了废弃电器电子产品的集中回

①　理查德·E·凯夫斯:《创意产业经济学——艺术的商业之道》,新华出版社2004年版。

②　荣跃明:《全球视野与中国发展创意产业的战略定位》,上海:上海人民出版社2007年1月版,第101页。

收和拆解处理,全国范围内已初步建立起废旧家电回收处理体系,设立正规回收企业877家,回收网点29 619个。国家对正规电子废弃物回收处理企业实行"目录管理"和财政补贴制度后,对电子产品制造企业则征收处理基金,随着相关制度设计的日益完善和优化,中国电子废弃物处理行业正迎来更优惠的政策。

与"大环境"相匹配,我国电子废弃物收储企业无论规模还是管理都有了很大进步。例如,深圳某高新技术股份有限公司在含钴电池废料回收领域已获得15项专利,完成了"废料——循环产品——代替原矿产品——代替进口产品——名牌产品"的产品更新,打破了废料产品只能用作低端产品的说法。

浙江台州的一家比较大型的固废拆解企业一年里就拆解了45万吨固废物资,回收铜就达到8.5万吨,相当于一个大铜矿的年产量。浙江省是个资源贫乏的省份,但从这家企业来看,实际上浙江省拥有中国最大的铜矿、铝矿等多种金属矿。由此可见,电子废弃物的回收利用对国民经济的影响举足轻重。

为了进一步做大电子垃圾循环利用产业,一些龙头企业还把触角伸入社区,在上海、武汉等地构筑公共服务平台,在建立便民利民回收网络体系上进行了有益的探索。

上海浦东开发并在网上提供给市民"阿拉环保卡",卡上附有5张印有条形码的"电子标签"贴纸。废旧电子产品贴上标签,直接投入小区回收箱,卡里就能获得环保积分,而这些积分可以在超市、商场消费。如果是不会上网的老人,也可以将电话号码贴在废旧电子产品上,回收人员可将积分打进与电话号码绑定的账户内。

负责这项业务的金桥再生资源经营管理有限公司介绍说,这是基于"物联网"技术的再生资源逆向物流。通过条形码识别系统,可以统一处理各种信息和物流,形成一个低成本的回收电子废弃物体系。"阿拉环保卡"与光大银行合作,使环保积分可在银行卡中存储、借记、消费,真正实现了"环保银行"的意义。

在武汉,格林美公司2009年在街道设置了电子废弃物回收超市。电子废弃物以斤论价、明码标价、规范集中收购,再统一仓储、运输、拆解。武汉市青山区绿景苑社区居民彭丽芬说,以前东西不要都给了收破烂的,他们随便估个价就拿走了;现在有了这个超市,明码标价,环保处理,居民们也放心。①

二、工业设计——制造业转型升级的必由之路

美国一项调查研究显示,工业设计每投入1美元,销售收入将增加1 500美元。日本的统计数据也显示,每增加1 000万日元的销售收入中,来自工业设计的贡献占52%,来自技术改进的贡献仅占21%。

设计是经济发展的重要推动力。历史上不乏"设计救国"的例子。二战时期,瑞典为恢复战后经济,将设计作为救国的重要手段,成立了设计产业机构,出台系列政策。金融危机时期,韩国也提出"设计救国"的主张,出台由政府为设计"买单"的政策,鼓励企业用设计振兴实业。现在,韩国已经成为世界设计强国之一。战后,日本大力发展工业设计,工业技术水平居世界前列,"日本制造"誉满全球,工业设计成为经济增长的关键。

---

① 《电子垃圾背后的新商机》,《半月谈》,《学习天地》2012年第6期。

在过去的数年中,中国的工业设计如雨后春笋般出现在珠三角和长三角,上海、深圳被联合国教科文组织授予"设计之都"称号。广东提出要建成我国的设计产业高地和具有全球影响力的设计示范区。佛山顺德区规划建设了广东公约设计城,吸引国内外设计机构进驻,逐渐成为国内工业设计产业聚集的高地。

但是,中国工业设计的短板不容忽视。由于缺少行业标准,企业压低设计费用,设计公司被迫降低成本,设计服务水平不高,所获价值也不高。中国工业设计不仅缺少系统的专业培训机构,而且缺少成熟的设计师等级与资格认证体系。知识产权保护乏力,一个创新设计,很快就能在市场上找到大批雷同产品。此外,设计公司缺少成果转化意识与能力,行业缺乏成果转化机制和渠道,设计与生产制造环节之间存在脱节,科研成果不能有效地指导设计实践。

目前,土地价格飞涨、人口红利消失、外部市场不足等让中国制造非转型不可。如果忽视工业设计的力量,依靠廉价在市场上贴身肉搏,被淘汰的命运清晰可见。因此,工业设计成为中国城市转型升级的必由之路。虽然工业设计在我国还处于探索和初步发展阶段,但依托制造业的基础和广大的市场,中国的城市设计的发展前景会越来越好,中国必将成为工业设计大国。

三、金融服务业对接科技的五个着力点

在城市的现代化升级中,促进科技与金融的结合是"十二五"规划的一项重要内容。近年来,全国各地,尤其是中心城市,都在积极探索科技与金融怎样才能有效地结合,科技创新需要金融的支持,金融与科技的结合也是加速我国金融产业发展的动力源泉。导致城市大发展的每一次产业革命,均肇始于新兴科学技术的应用,同时也得益于获得金融的支持。

目前,国际金融海啸引发的世界经济危机缓缓进入乏力而不稳定的复苏阶段。我国出口导向经济发展战略受阻,许多产业产能过剩,与此同时,高端产品却依赖进口。这表明,产业升级的形势十分紧迫。升级的动力来自于两方面:一方面是高新科技或实用新技术的有效应用与转化,另一方面则是金融投入的相应跟进和保障。截至2012年底,我国已经上升为科技人力资源总量世界第一大国,用于科研发明的经费总额居世界第三位。国家整体创新能力与发达国家的差距明显在缩小。我国还是高储蓄率的国家,外汇储备世界第一,金融总资产突破150万亿元。

如此得天独厚的有利条件为什么不尽可能转化为强大的科技实力和城市竞争力呢?现实表明,我国的产业升级恰恰缺乏科技的有效转化和金融资本的有力支撑,而且科技与金融对接方面,制约的瓶颈很大。这需要在以下五个领域做出努力:

第一,助推产业资源转移。清代大诗人袁枚在《随园诗话》里曾经很形象地指出大自然的两种现象:"钟厚必哑,耳塞必聋。"如果铜钟厚得像秤砣,无论敲钟人怎么用力敲,钟也不会响;人的耳朵里塞满了东西,无论旁人怎么对你喊话,你也听不到。城市建设也是同样的道理。十多年前的中国城市建设习惯于"摊大饼",对土地、水、空气、交通资源的稀缺性没有充分重视。现在,我们意识到,当大量稀缺资源从落后产业剥离出来,才可能用到高端产业中来。因此,建立发达的信用保证制度,推动跨行业并购重组,推动产业资源

转移升级。金融资本要推出产能过剩的落后产业,加强对高科技产业和节能环保绿色产业的投放,有效支持跨行业重组。

第二,助推战略性新兴产业发展。2009 年,中国人民银行和银监会、保监会、证监会发布了指导意见,提出对战略性新兴产业要拓宽金融创新产品、优化信贷管理制度、并加大扶持力度等。这对银行业金融机构而言,兼具社会责任和巨大商机。需要提醒的是,如何防止全民资源集中投入到的新型战略资源重蹈传统国有垄断企业的覆辙,就像中石油、中石化、前铁道部那样,不但不为全社会还本还息、分红分利,反倒大水冲了龙王庙,挟持垄断资源向全民和政府叫板,只涨价不(或很少)降价。沉痛的历史教训表明,这是一个需要防患于未然的重大命题。

第三,助推科技成果转化。新型科技成果转化为现实生产力,要经过诸多环节和渠道,涉及多种相关产业与配套设施,耗时耗力耗钱,还存在不确定的风险。特别是前期投入高,成功率低,收益只能预期,无法立即兑现。因此,金融风险投资的支持显得十分迫切,常常被形容为助产士。

第四,助推科技型企业生长。企业是实现科技成果产品化、产业化,最终长大的承担者。实现科技成果转化为现实产业,还需要考虑规模化、集成化,这样做降低了单位企业的成本和风险,却导致整个产业耗资巨大。金融资本的作用就更显著了。例如,美国的乔布斯在创建苹果公司之初,成功吸引迈克·库马拉注资 9.2 万美元,又与乔布斯合作贷到 25 万美元的银行贷款。这一点在今天看来微不足道的资本竟然在 2012 年创造了 600 多亿美元的创业奇迹。可见,金融对科技企业的支持有多么重要。

第五,助推企业家进行"创造性破坏"。善于引进新产品、新技术,开发新市场,掌握新的材料来源、创新型的企业组织,这些不肯依赖现存本钱的做法,被熊彼特的经济发展理论称为"创造性破坏"的原动力。熊彼特进而指出,金融体系创造信用,集中或转移了购买力,提供给企业家从事资源配置、企业兼并的能力。这种金融信贷支持,也是一种"创造性破坏"。小到一家企业,大到整个城市的产业升级,常常被赋予"创新""升级"的美名,其实质也是一种更高程度上的"创造性破坏"过程。

四、人才资产的发展

2012 年和 2013 年,中国 GDP 年增速分别为 7.8%、7.7%,为 14 年来最低。中国经济增速下滑很可能不是经济危机导致的周期性现象,而是长期性的,因为中国正在步步逼近一个结构性变化的转折点:中等收入陷阱。

中等收入陷阱有两个收入门槛:第一个门槛为人均 GDP1.1 万美元;第二个门槛为人均 GDP1.5 万美元。一旦达到这两个收入门槛,经济增速会显著下降。2010 年中国的人均 GDP 为 7 129 美元,按年均 7% 的增速计算,中国到 2015 年将达到第一个收入门槛。

一个经济体如果经济增速越快,老龄化越严重,投资占 GDP 的比重就越高,汇率越倾向于低端制造业出口,贫富差距越大,进入中等收入陷阱后,经济恶化的势头会越猛。中国需要防止这种后果的出现。

首先,中国已经开始了日本式的老龄化进程。在 2015 年到 2030 年,中国劳动力人口会越来越快地减少。到了 2030 年,50 岁至 64 岁劳动力对 15 岁至 29 岁劳动力的比率,将超过一又三分之一,几乎是现在比率的倒挂。

其次,中国目前的投资占 GDP 比重接近 50%。这种靠催生资产泡沫来推进 GDP 增长的模式很难持续,长期以来产能过剩、边际投资回报率萎缩、银行资产负债表健康状况恶化等现象,如蚁穴般蔓延,终将成决堤之势。

再次,中国的出口依然由低端制造业主导,高科技产品占总出口的权重只有 27.5%。在汇率倾向于低端制造业出口的情况下,国家整体而言缺乏摆脱廉价劳动力密集型和低附加值产业的动力,就容易慢慢滑进中等收入陷阱。

最后,中国的贫富差距越来越大。中国人民银行和西南财经大学联合联查显示,中国的基尼系数在 2010 年达到了 0.61,远远高于国际警戒线 0.4,少数超富家庭拥有绝大多数家庭财富的现实,使得中国的内部消费很难成为增长的引擎,这就迫使遭遇出口瓶颈的中国,越加依赖政府主导的投资来拉动经济,经济更趋失衡。更重要的是,历史上还没有哪个国家能在贫富悬殊如此之大的情况下,成功跨越中等收入陷阱。

自上个世纪 50 年代以来,包括阿根廷、泰国、马来西亚在内的许多发展中国家,都在某些阶段像今天的中国一样高速增长,被寄予晋升发达国家的厚望,结果都在中等收入陷阱中折戟沉沙。在那么多国家中,只有亚洲四小龙能冲出重围。中国必须借鉴韩国依赖其雄厚的人才资产优势突围的经验,大力发展人才资产。

但是,中国却是个高质量人才严重缺乏的国家。根据麦肯锡《新兴市场人才报告》,中国工程和金融方面的毕业生,只有 10% 左右具备全球化企业的雇佣价值。中国大学生往往拥有过度的理论知识,但缺乏实际解决问题的能力。而且,中国企业过多的把盈利杠杆建立在资本、品牌和关系上,严重忽视人才在盈利驱动中的重要性,导致人才的生存环境恶劣。

如果中国能够突破人才资产上的瓶颈,就能成功地在全球经济食物链中晋级。人才资产的突破,还可创造出一个数量客观的中产阶层,成为缓和贫富差距、拉动内需的捷径。中国的贫富差距,源于政府对经济资源的垄断、权贵资本主义和系统性腐败,急于扫除这些根深蒂固的弊病,会遭到既得利益的巨大阻力而伤筋动骨,社会成本、政治成本、经济成本都会很高。如果分配的不是既得利益的银行户头,而是知识和技能,打造人才资产,则不会遭遇这些系统性阻力,实乃"拨一两而动千金"的"民富国强"捷径。

人才资产也是企业可持续发展最强有力的杠杆,资本将无需严重依赖金融杠杆,企业对公权力寻租的需求也将大大降低,因为公权力可以对资金等经济资源,进行大规模的不合理分配,可以对规模、品牌、商业模式进行严重扭曲,但是人才资产的优势却是难以抹杀和强制分配的,这也是腐败曾肆虐韩国的经验。

中国经济是继续崛起,还是在中等收入陷阱中幻灭。未来 10 年将是关键之年,千头万绪当从人才资产着手,方是提纲挈领、盘活全局之路。

五、我国城市文化产业新业态的应对之策

(1) 适应文化产业化和产业文化汇流的发展趋势,实行体制和政策的综合创新,形成跨产业、跨部门的发展合力,为文化产业发展提供良好的市场环境。针对近年来社会科学研究机构对文化产业研究多数流于一般意义的精神"文化"或物质类型的产业文化,我们

要强调"文化产业"的创意特点、前沿特性和整体产业链条协作的整体布局特征。而不是重新陷入地区分割、各自单干、行业壁垒、行政垄断的历史覆辙。

（2）深化文化体制改革，推动文化企业的兼并、重组、上市，打造一批具有核心竞争力的文化产业"战略投资者"。文化产业中，一些前景广阔的实业体，可以进行强强组合，资本重组，也可以捆绑上市融资，在国内 A 股市场、香港创业板市场、海外金融资本市场（股市、期货市场、债券市场）上市融资。

当然，也不是文化产业的出路只有"千军万马过独木桥"———股份制、IPO 上市募集资金。我们还需要思考一些深层次的问题，比如：我们可以提倡对文化创意产业自身的特点做出深入系统的动态研究，设立促进产业体制、机制、政策、环境的创新性、超前性预研究，为后续可持续发展奠定比较可靠的积累。当然，也要研究大额度投资和财政资金的使用方式和效率、效果，避免变相地成为一般物质产业的投资和恢复传统体制的失效投资。

（3）建设与完善公共文化服务体系，推动消费结构升级，进一步解放与发展文化生产力。国际上，随着人均年收入达到 1 000 美元，居民消费中的物质性比重将逐渐降低，而生命健康意识、精神文化追求、艺术趣味、价值观念、社会身份认同感将显著上升，精神文化的消费、体验式娱乐消费的比重越来越高。尤其是寒暑假里的少年儿童的游戏体验消费、影视娱乐，"假期一族"的旅游消费呈现出爆炸性增长。我国对拉美的委内瑞拉、欧洲的法国、北美的美国相继签订了旅游目的地国协议。2008 年 5 月，随着马英九主导的国民党上台后放宽大陆公民到台湾旅游的限制，大陆对台湾旅游等文化休闲产业的发展出现新热潮。

新的形势要求我们不仅要进一步解放物质生产力，更要进一步解放与发展文化生产力，以便适应新的社会发展形式，为我国文化软实力的提升和我国综合实力的更进一步强大提供相适应的公共文化服务体系，成为社会发展的助推器而非阻碍因素。

（4）正确认识当代文化产业发展的特殊性，制定差异化的区域文化产业发展战略，实现可持续发展。都市地带当然是文化信息产业的集聚区，但是广大的乡村也有广阔的发展空间，"新城镇化"发展战略会提供给文化产业许多新机会。

在长江、珠江、京津唐地区三大区域发展极，尽管发展文化产业的基础条件比之中西部地区要好得多，但也需要在文化发展区位战略的制定过程中贯彻"差异化发展"的原则，如果违背了这一精神，不仅将会形成彼此消耗、恶性竞争、三败俱伤的结果，也无法应对美、日、英、法强大的超级文化产业巨头的瓜分和挤压。我国当前最大的文化传媒集团的总资产尚不及美国时代-华纳公司总资产的十分之一。而差异化的发展战略，将带给我国文化产业区域发展的无限商机。就目前发展形态而言，北京的创意产业在全国得天独厚，在世界上也具有许多特定的竞争优势，发展"北京创意"正在形成其文化产业的区位特色。上海的制造业和高技术信息产业设计能力比较强，其 50 个以上的高新技术与文化产业园区正在形成"上海设计"的产业特征。以香港、深圳、广州、佛山为中心的珠江三角洲地带是中国最大的海外贸易集散地，发展外向贸易及其相关产业链条的服务业，拥有举世惊叹的产业带优势，其他地区无法望其项背。以 2002 年的官方数据为例，仅仅是不包含香港、澳门的珠江三角洲各港口的进出口额，就占全国进出口贸易总额的 38.2%，民间的走私贸易尚不在其列。因此，产业生态的现实决定了珠江三角洲地带的文化产业的发展将呈现出以外向贸易服务型为主导的文化产业格局。长江、珠江、京津唐地区三大区域发展极也有共同的文化产业发展特点,那就是,与中西部内陆地区相比,它们都具有从发展劳动力密集型文化产业向"资本密集+高新技术密集"的类型转换的优越条件。

在中、西部内陆各地,发展文化产业则可以扬长避短。发展民族特色、地区特色、区域人文地理优势、历史文化遗产富集、民俗景观独具、特色产品产业化经营等优势功能,加上适度的劳动资源密集和成本优势,形成自己的发展定位。

(5)培育未来的社会文化消费群体,加强中小学义务教育和高等普通教育、高等职业教育中各种类型的文化、文学、艺术接受阶层和创造者队伍。如果从30年前恢复高考的时候,就完善从幼儿园到高等教育各层次中的艺术、体育、文学、民俗传统的保护与教育,在当时就可以矫正重理轻文之偏和应试教育之弊,一代中国人的文化艺术素养也可以得到均衡发展,不至于像现在这样的失衡,同时,也可以为现在的文化产业培养出雄厚的消费群体和创意阶层。那么,中国社会实现由制造业大国向服务业大国的转换,也会容易得多。

(6)经济艺术化与艺术经济化。根据艺术经济学的观点,艺术产品的商品化是通过社会形式来实现的。因此,艺术经济化就是要从艺术中寻求经济,经济艺术化就是要从经济中寻求艺术。从这个意义上来说,艺术经济化和经济艺术化是艺术品市场发展的生机。首先,艺术作为商品来买卖具备商品的一般属性。因为艺术与其他物质产品一样,也都耗费了一定量的人类劳动,它生产的目的并不是供自己消费,而是满足别人的需要,它也有使用价值和价值,而其价值必须通过交换才能实现。由于分工不同,艺术家也要靠出卖自己的产品去交换或购买别人的产品,以满足多方面的生活需要。其次,艺术与商业的"联姻"是社会发展的必然产物。艺术与商业结缘,你中有我,我中有你,这是社会历史的一个进步。尤其是在市场经济的条件下,人们已经认识到将艺术推向市场的重要性。再次,艺术产品的价值体现为一种社会关系。因为价值只有作为一种社会关系,才具有客观实在性。在价值关系中,现象是物与物之间的交换关系,而本质是人与人的劳动或活动的交换关系,是人与人的社会关系。只有在交换中,价值的存在才能体现出来。由此看来,经济艺术化和艺术经济化已成为社会发展的一种趋势。人们通过这种趋势,可以判断和预测艺术产品的历史价值、艺术价值和经济价值。并试图从艺术中寻求经济,从经济中寻求艺术,逐步解读并发现艺术产品的价值。[①] 当然,在我国当前实际上存在着文物艺术品市场中一级市场和二级市场的"错位现象",具体表现为:二级市场替代一级市场,即二级市场经营一级市场的产品。西方某些国家明确规定,在世艺术家的作品必须由画廊经营,过世艺术家的作品才能拿到拍卖会上拍卖。我们现在的部分艺术家喜欢走捷径,把自己的作品送到拍卖公司拍卖,甚至自己定价,自己举牌。这样,一级市场与二级市场的矛盾直接影响到中国文物艺术品市场的健康发展。为了解决这种错位矛盾,应按照国际惯例,制定

---

① 林日葵:《2006年中国文物艺术品市场发展报告》,张晓明,胡惠林,章建刚:《2007年中国文化产业发展报告》,北京:社会科学文献出版社2007年2月版,第263页。

出文物艺术品市场交易规则,完善有关机制和制度,才能使两者演好各自的角色。[①]

案例一:《2013年文化发展趋势之五个猜想》

一、纪录片春暖花开?

大型美食类纪录片《舌尖上的中国》在央视播出后,受到广泛关注。来自中国大江南北的传统美味刺激了大家的味蕾,不少观众看得一边流口水,一边刷微博。

《舌尖上的中国》只是2012年央视纪录频道打造的精品之一。《春晚》《故宫100》《超级工程》等都是纪录频道这一年的主角。在这一年,纪录频道收视份额的增长率达到83%。

纪录片的主要受众一直是高学历、高阶层、高收入人群,而《舌尖上的中国》却为纪录片这一小众的艺术形式培养了大批的观众。它让纪录片人隐约看到了中国纪录片的未来。各大商业门户网站和视频分享网站也积极开播了纪录片频道。2013年,纪录片能否抓住媒体变革所带来的机遇,春暖花开?

二、华语文学阅读热?

2012年的文化事件中,莫言荣获诺贝尔文学奖无疑最具有轰动性。这个诺贝尔文学奖对中国文学是一个巨大推动。近几年国内文学类图书销售冷清,莫言获奖后很快迎来了逆市上扬。

获奖之后,莫言知名度的大大提升促进了其作品在世界范围内的传播。各国对于华语作品的关注和引进也是可以预见的,2013年,有更多的华语文学作品进入国际市场。

中国文学的新时代是否到来了,也许并不重要,重要的是,越来越多的人,通过诺贝尔文学奖这棵树,看到了它所处的华语文学这片广袤的森林。2013年,华语文学在世界范围内将掀起一股阅读热潮也不无可能。

三、小片崛起?

《人再囧途之泰囧》是2012年的中国影坛最后也是最大的惊喜。这部由徐峥演而优则导的电影长篇处女作,成本只有3 000万元,但竟然成为了贺岁档乃至全年的中国电影投资回报率最高的电影。而同期上映的许多"大投资、大明星、大导演"下诞生的作品,却落得票房惨淡。

尽管辉煌一时的商业大片导演们依然正襟危坐地质疑着中国观众的品位,但中式大片的式微显而易见。同时,《飞跃老人院》《神探亨特张》等一批充满人文关怀的小成本现实题材作品正以其轻松而"接地气"的方式打动人心。

相较于那些投资成本动辄上亿元的大片,小成本显然输得起,正因为这种输得起、不怕输的姿态,才有了不断探索的勇气。它们最后的成败得失都不重要,探索的过程才最为珍贵。2012年,我们听到最多的是"《失恋33天》如何如何",而2013年"《泰囧》怎

[①]　林日葵:《2006年中国文物艺术品市场发展报告》,张晓明,胡惠林,章建刚:《2007年中国文化产业发展报告》,北京:社会科学文献出版社2007年2月版,第258页。

样怎样"的讨论将会持续轰炸我们的耳朵。新的一年,一定会有小片崛起的新奇迹,而这样的奇迹也许会成为常态。

四、韩流大举入侵?

2012年,鸟叔的《江南 Style》全球爆红,甚至澳大利亚女总理吉拉德在调侃世界末日的演讲中也说道:"不管最后我们是死在僵尸、恶魔、怪兽之下,还是韩国流行音乐的全面胜利之下,如果你对我有所了解的话,那就是,我一定会为你们战斗到底。"

其实,韩流滚滚并不是从《江南 Style》开始的,也并不仅仅在音乐界。在我们生活中,各行各业都能看到"韩流"的影子。

中国"哈韩"人数直线上升,韩星的辐射力也从韩国本土发散到中国。韩星大举入侵中国影视圈,韩国影视剧中男女主角的服装、饰品也受到众多消费者的青睐,以韩剧为噱头的韩国旅游业近年来也被拉升,同时,韩国的美食也开始吸引着观众的注意。2013年,这股韩流的入侵还在继续……

五、卫视再洗牌?

"限娱令"迫使各大卫视推陈出新,江苏卫视凭借《非诚勿扰》《非常了得》《一站到底》等新旧节目,收视率持续冲高,加之经营多年的"幸福剧场",终于打败了湖南卫视成为收视率冠军。浙江卫视推出的《中国好声音》,在短短不到3个月的时间内,秒杀全场成为2012年下半年"霸主"。

2013年,省级卫视的三大"主力部队"浙江、江苏、湖南卫视又将如何出招,引人注目。可以肯定的是,"限娱令"和"限广令"的持续发酵将会促使各大卫视探索新的创新机制,建立新的内容坐标系。可以肯定的还有,往年一台独大的局面可能很难出现了,卫视竞争将愈加激烈,而这对于观众来说是再好不过的事了。

（《2013年文化发展趋势之五个猜想》,《人民日报》海外版,《学习天地》2013年第1期）

案例二:《奇观:中国争建 1318 座摩天大楼》

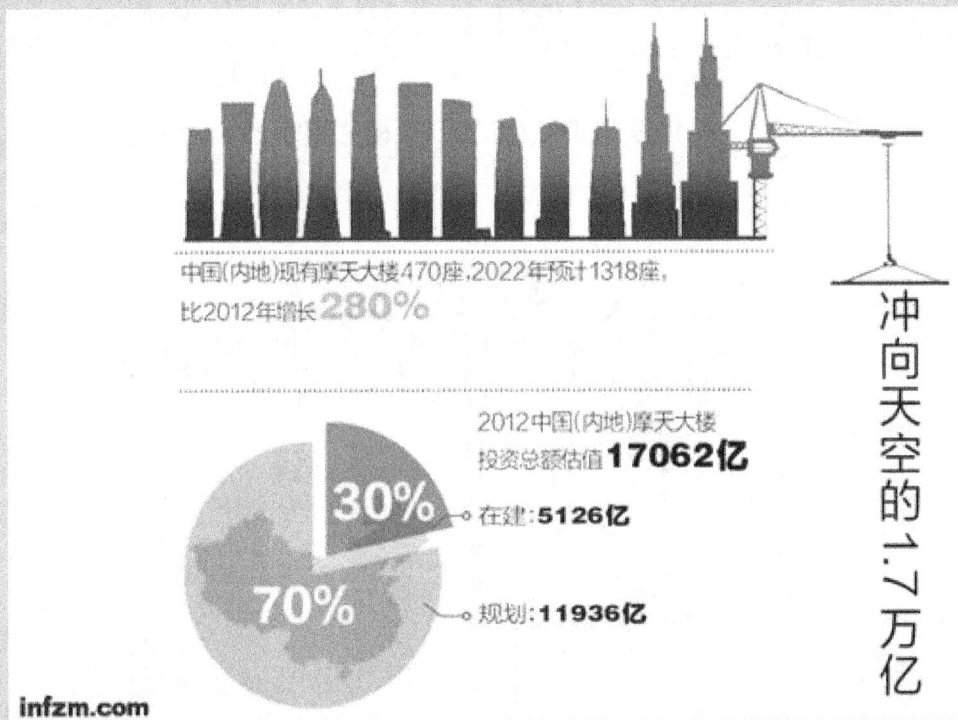

中国(内地)现有摩天大楼 470 座,2022 年预计 1318 座,
比2012年增长 **280%**

2012中国(内地)摩天大楼
投资总额估值 **17062亿**

30% ——○ 在建:**5126亿**

70% ——○ 规划:**11936亿**

infzm.com

十年内我国有 1 318 座摩天大楼,数量全球第一

中国(内地)现有摩天大楼 470 座,2022 年预计 1 318 座,比 2012 年增长 280%。资料来源:2012 摩天城市报告/2012 摩天城市排行榜(除注明的之外)货币单位:元人民币(何籽/图)

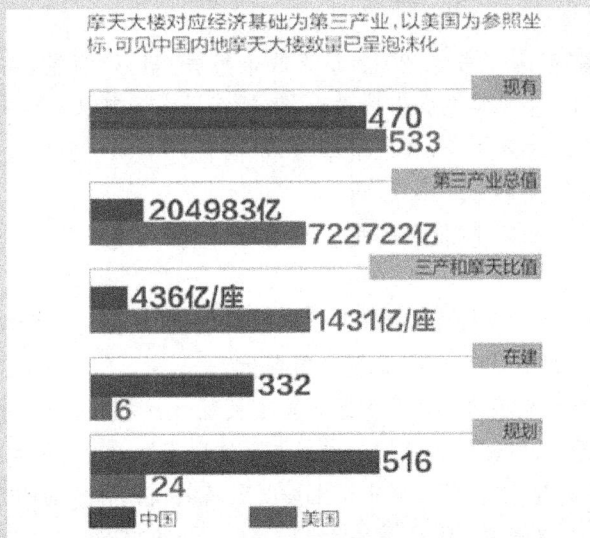

摩天大楼对应经济基础为第三产业,以美国为参照坐标,可见中国内地摩天大楼数量已呈泡沫化

	中国	美国
现有	470	533
第三产业总值	204983亿	722722亿
三产和摩天比值	436亿/座	1431亿/座
在建	332	6
规划	516	24

摩天大楼对应经济基础为第三产业,以美国为参照坐标,可见中国内地摩天大楼数量已呈泡沫化。资料来源:2012 摩天城市报告/2012 摩天城市排行榜(除注明的之外)货币单位:元人民币(何籽/图)

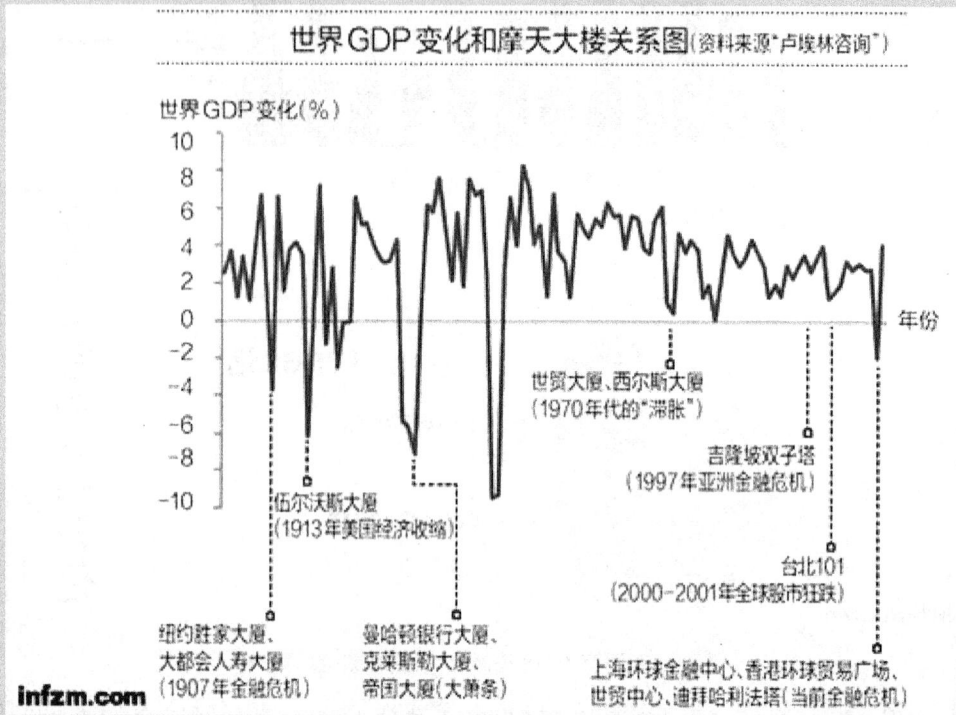

世界 GDP 变化和摩天大楼关系图

470 座摩天大楼已经矗立在中国大地上。这与全球摩天第一大国——美国现有的533 座相比,还略有逊色,但胜负正在逆转。

由"摩天城市网"刚刚发布的《2012 摩天城市报告》显示,目前,中国在建摩天大楼还有 332 座,另有 516 座已经完成土地拍卖、设计招标或已奠基。而美国在建及规划的摩天大楼只有 30 座。这意味着,未来十年内,中国将以 1 318 座超过 152 米(约合 500米)的摩天大楼总数傲视全球。

这份由中国民间"摩天迷"做出的报告还估算,中国在建及规划的摩天大楼投资总额将超过 1.7 万亿元。

同时,报告引用"摩天大楼指数"——业界颇具争议的"劳伦斯魔咒"认为,中国摩天大楼的建设高度和密度具有一定的反经济周期性。

南方周末邀请雷曼兄弟原全球首席经济学家约翰·卢埃林、美国罗格斯大学摩天经济研究专家杰森·巴尔、中国社科院城市发展与环境研究所原所长牛凤瑞、安邦咨询首席研究员陈功、财经评论员叶檀、摩天城市网主编吴程涛共同把脉中国的"摩天高烧"。

中国能否养起"2.3 座美国"

南方周末:中国摩天大楼的数量正在迅猛增长,从全球经验来看,这是经济规律使然还是仅仅是一种泡沫？

约翰·卢埃林：摩天大楼的建设驱动力来自快速增长的城市化，来自经济增长下的巨大需求市场。我不认为中国摩天大楼建设是一个泡沫，除非中国的经济增长和城市化是泡沫。

叶檀：中国摩天大楼热有泡沫成分，但并非全是泡沫。有些地方，比如北京的金融城商圈和建国门商圈，写字楼租金增长幅度是全球最高的，而且现在还是供不应求，所以不存在泡沫。但在郊区或小城市等人流量比较少的地方，摩天楼建设根本覆盖不了成本。

吴程涛：摩天大楼对应经济基础为第三产业，以美国为参照坐标，可见中国内地摩天大楼数量已呈泡沫化。2011年，中国第三产业总额为204 983亿元人民币，增长9.4%。而美国为762 722亿元人民币，中国以相当于美国26.8%的第三产业总额，支撑起470座、相当于美国88%规模总量的摩天大楼。至2022年，中国第三产业需按照年均14%的速度增长，才能接近2011年美国的水平。但届时中国摩天大楼数量将达1 318座，为美国563座的2.3倍。

牛凤瑞：摩天大楼热是一个国家工业化、城市化过程中普遍存在的现象。中国摩天大楼很多，但考虑到13亿人的人口基数，究竟是多了还是少了还要打个问号。中国的一线城市只有北、上、广、深，它们建摩天大楼应无异议。但是二三线的天津、重庆、杭州、成都、武汉，都是千万人口的城市，他们建摩天大楼过分吗？恐怕很难说。即便三线城市，十年以后或许会成为二线乃至一线城市，拥有几座摩天大楼也不过分。

劳伦斯魔咒，巧合还是逻辑

"全球第一高楼封顶之时，即是经济衰退之日。"1999年，德意志银行证券的分析师安德鲁·劳伦斯在检视了20世纪摩天大楼与商业周期的关系之后，发现了"摩天大楼指数"这一"百年病态关联"。

20世纪，"劳伦斯魔咒"屡屡应验。如1973年世贸中心、1974年芝加哥西尔斯大厦相继落成，"滞胀"来袭；1997年吉隆坡双子塔楼成为世界最高建筑，亚洲金融危机爆发。

进入21世纪，"魔咒"再临，2010年1月，全球第一高楼哈利法塔落成，迪拜危机来临。

南方周末："摩天大楼指数"在描述摩天大楼高度和经济危机方面屡屡应验，是巧合吗？

约翰·卢埃林：经济下滑期，央行往往通过降息来刺激经济，接着，经济复苏，企业和银行利润增长，对于未来增长的普遍乐观和建造一座全球最高摩天楼的想法就开始滋生，于是就融资、制订规划、开始建设。然而，此时通货膨胀已经开始，经济开始放缓，摩天大楼竣工之时衰退往往如期而至。因此，"摩天大楼指数"可以预示经济衰退不仅仅是巧合，其背后是经济逻辑。

杰森·巴尔：靠观察世界上最高建筑的高度来预言经济衰退或者金融危机是缘木求鱼。"摩天大楼指数"并不能指示最高建筑和经济危机之间的关联，它不是一个"指数"，只是简单展现全球最高建筑建成前后一些重要的经济事件而已，既非科学，亦难言准确,大多数主流经济学家都不会对这个"摩天大楼指数"太感冒。我们对包括哈利法塔在内的全球14座破纪录的摩天建筑进行分析后发现,只有7个案例是摩天大楼竣工后经济开始下滑,但经济开始下滑的时间则晚于大楼落成时间1到54个月不等,建筑高度和衰退之间事实上没有联系。

陈功:"劳伦斯魔咒"的说法,如同城市研究领域里的很多概念一样,都是建立在经验主义的基础之上,因此存在一定的或然性,也就是说,不一定必然出现,也不一定现在就出现。但既然是经验主义的结论,那么我们也必须承认和警惕的是,它出现的可能性是很大的。

独特的中国摩天热

"谢天谢地,现在世界上在建的摩天大楼里还没有宣称要超过哈利法塔的。"2012年1月,香港巴克莱资本的咨询报告曾如是感叹。

但仅仅过了不到半年,中国长沙就爆出了要建造838米的"远大天空之城"的消息,这比哈利法塔还要高10米。不仅如此,《2012摩天城市报告》还显示,当前中国共有10座城市欲建设总高超过美国第一高楼——541.3米纽约新世贸中心的摩天大楼。

由安德鲁·劳伦斯领衔完成的巴克莱资本的咨询报告还提请投资者格外注意中国,"这个最大的摩天泡沫之国集中了全球在建摩天大楼的53%",而且从现在起到2017年的5年间,超过一半的摩天大楼将出现在内地的二三线城市,这被视作"摩天泡沫的延伸"。

南方周末:考虑到中国的摩天热潮非同寻常,且摩天大楼与经济周期之间又存在病态关联,中国会对"劳伦斯魔咒"免疫吗?

约翰·卢埃林:摩天大楼与经济周期有联系,但并不意味着因果关系,因此,简单以在建摩天大楼的数量和高度来预言中国经济即将放缓并不可取。中国的摩天热潮还有其独特性,就是地方政府的支持,这在一定程度上可以抑制泡沫的破裂。

杰森·巴尔:经济快速发展和城市化带来了摩天热,通常是由于信贷宽松、对房地产市场的乐观、政府政策以及开发商之间的竞争。纽约的经验是,一轮摩天热潮从低谷到峰值再到低谷的周期可以持续25年,有时更短,有时更长,中国的房地产市场也许会下滑,但是不能用"摩天大楼指数"来预测。如果说纽约和芝加哥的经验有什么可供中国借鉴的话,那就是开发商建造了过多的摩天大楼,接下来的许多年里摩天大楼的租金会下降,摩天大楼的数量增长会趋缓。

牛凤瑞:任何一个理论都有其分析方法和理论支撑,更重要的是约束条件是什么,从什么前提出发的。从中国当下摩天大楼的投资表面来看数额巨大,但与现在中国每年固定资产投资30万亿的数字相比,仍只是一个小数目,且摩天大楼的投资是分散在三五年内。因此,说摩天大楼会成为宏观经济的拐点太简单了。此外,我相信摩天大楼的投资者和建设者都会做出谨慎的测算。

叶檀:我们不能根据摩天大楼的封顶来判断经济衰退,摩天大楼并不是唯一的指标、准确的指标。我们只能根据摩天楼的使用效率来判断,楼高不是问题,使用效率和负债率才是真正的问题。如果我们为了政绩工程、面子工程,建很多高楼负债很多,就会像西班牙建高铁一样,虽然是好事情但是会出现经济崩溃,因为承受不了这样的成本。

陈功:摩天大楼迅速增加,但中国经济迄今并未崩溃,这是现实。"劳伦斯魔咒"只是表明了问题的一个侧面,它远远不是问题的全部,更多的问题,我们要从社会发展来审视。摩天大楼只是一种城市缩影,官员们认为这是城市现代化的标志,他们有资源、有权力,但偏偏不懂空间,不理解城市空间。学者们和设计师更多的关心是设计费和项目费,所以,中国的城市也就沦为了被人肆意摆弄的模型和沙盘。但最终的结果将表现在社会层面上,比如摩天大楼的封闭带来的城市空间割裂,荷兰是最早认识到问题严重性的,所以阿姆斯特丹甚至爆破了一些高楼,改建为层数较少的公寓楼,从而掀起了后来著名的"去规划"运动。要知道崩溃是一个过程,它不像地震会在猛然间爆发,城市是会慢性中毒的。

(燕赵都市网 2012 年 9 月 23 日 02:56)

案例三:《如何祛除"鬼城"的魅影》

"鬼城",看字面就让人有点恐惧的感觉,但这个词已经成为媒体关注的焦点,原因是在城市大肆扩大规模的建设中,以房地产为政绩,造成了许多城市新城区高楼林立,因无人居住或只有少部分人居住而无城市生活氛围,特别是到夜晚黑灯瞎火,因而被人们戏称为"鬼城"。

据《中国经营报》报道,随着权力和资本交替上阵,鄂尔多斯的"空城计"如同一场传染病,在全国各地蔓延,除了目前广泛报道的贵阳、营口等城市,调查又发现江苏常州、河南鹤壁和湖北十堰,也开始出现"鬼城的魅影"。从南到北,从沿海到内地,从一线城市到小县城,许多新区新城或多或少赢得了"空城""鬼城"的名头。值得警惕的是,这些"鬼城"背后又隐藏着房地产泡沫破灭、资金链条紧绷乃至断裂、城市发展缺乏支柱产业等诸多风险。如此严峻的问题,真的不能等闲视之,不能任由房地产使未来中国经济成为泡沫经济。

那些拥有决策权的人们仍然寄希望于发展房地产业。或许他们认为,只有房地产才能带来 GDP,带来政绩;只有拥有更多高楼大厦才能让上级领导看到。这是十分危险的。面对房地产业的畸形发展和无限膨胀,靠房地产支撑地方财政的地方政府迟早会走入发展的困境。因此,良策是赶紧加快对其他产业和产品的升级换代,使实体经济得到很好的休养生息,使他们插上发展的翅膀,否则,会让许多城市后悔莫及。

河海大学区域经济研究中心主任刘奇洪认为,一方面,中国已不是短缺经济时代,生产能力过剩已经成为常态,传统产业发展已遭遇总量过剩的挑战;另一方面,随着原材料、燃料价格的上涨和环保"门槛"的抬高,一些支柱产业,如化工、冶金、纺织、机电等,已面临"高成长期"、正遭遇"高成本期"挑战。由此可见,把握发展机遇期是多么重要,及时推动产业结构调整是多么重要。

"鬼城"让人心情郁闷,如何摆脱"鬼城"的困扰,关键在于那些出现"鬼城"的地方政府领导要树立科学发展观,要有悬崖勒马的勇气。

(原载《山西日报》,《学习天地》2013 年第 2 期转载)

第八章　城市文化的细胞:基层组织

2014 年 2 月,中国排行榜网站发布了《中国浪漫城市排行榜》,本来具有许多浪漫元素天赋的北京、上海、广州这中国大陆城市经济总量前三甲却无一入列。最浪漫城市前十名依次为佛山、宁波、东莞、长沙、无锡、昆明、重庆、成都、沈阳和大连。网站宣称,在北上广工作,生活压力太大,产生越来越严重的焦虑与压力。压力与焦虑恰恰是浪漫的克星。这让我们又联想到 2013 年中国最具幸福感城市前十名分别是:杭州、成都、南京、西安、天津、长沙、宁波、长春、厦门、海口。

可见,城市的价值与魅力,不能由经济规模决定。城市文化与城市生活中各项便利设施、稳定而比较温馨的家庭组织、发达的职业机构、丰富的社会文化团体、高效能的社会组织系统对城市的吸引力、凝聚力和认同度来说,都是重要的影响因素。

第一节　家庭结构

家庭是社会的细胞,是人类社会存在与发展的基础。城市发展的兴衰荣辱最后都将体现、承担到每一个城市家庭中。城市的家庭结构是城市文化的基本内容,也是研究城市文化的一把钥匙。

自从 20 世纪 70 年代,西方各国相继宣布离婚无过失,离婚率开始明显上升,传统的婚姻家庭面临着显著的挑战。20 世纪 80 年代盛行于西方的女权主义运动、性解放运动更加速了婚姻解体几率的升高。随着两性人身份的大学者福柯《人类性经验史》对人类两性关系的研究成果的问世,经过非议、论争,承认人类一夫一妻制这种基督教文明的规定之外,世界上还有其他的婚姻形式;在通常的一男一女组成夫妻的家庭结构之外,也存在着同性恋现象。美国等国家基于公民各自拥有自我选择的权力的观念,承认同性恋合法化。面对极少数人要求两位男子或两位女子结为同性夫妻,社会也开始逐渐放宽了容忍限度,不再像过去那样认为是"违反伦常、大逆不道"、是病态人格,转而在理论层面上能够接受这种反常态的婚姻。当然,绝大多数人在心理接受程度上存在着个体差别,在行动实践上更是比较敬而远之的。世界同性恋者联盟总部就设在美国加利福尼亚州的旧金山市,每年夏秋之交,来自世界各地的同性恋者聚集于此,在卡斯特罗公园或广场、大街上游行庆祝、招摇过市。笔者在 2002 年赴美国学术交流的第一天下午,和江苏著名作家凌鼎年先生结伴前往卡斯特罗公园一带,以学者的客观、中立、理性的立场,亲眼目睹了这类在中国大陆绝对匪夷所思的景观。

传统的家庭结构其实是一种大家庭结构。三代同堂,甚至大家族还有族长来统一管理。这时候,结婚是与一个家族结缘,而绝非夫妻两个人的事情。家族价值观高于核心家庭的家庭观念。现代家庭的核心不再是父母,更不再是祖父母乃至族长,而是夫妻双方。

由男性纵向的父子传承的家庭轴心，转向两性平等的横向夫妻情感依托的家庭轴心关系。现代的家庭结构有多种类型，常见的有：夫妻多子模式、夫妻双子模式、夫妻单子的核心家庭模式、夫妻无子的丁克家庭模式。另外还有独身不婚的模式、未婚同居模式。现代社会也出现了新的婚姻模式，通勤家庭、周末家庭、异居制家庭、无性婚姻等。这些特殊的婚姻方式，虽然在总的人口比例中甚少，但是，随着城市生活的扩张和国际贸易、国际交流的发展，一个家庭分处两个城市的现象比较多。其实，在上个世纪的六七十年代，两地分居家庭在我国是比较普遍的，形成的原因主要就是户籍属地管理而又严格限制双方或一方调动而造成的。夫妻双方分别在两座城市工作，只能在周末相聚团圆，这是周末家庭形成的原因。同时，也有另外一种"周末家庭"存在，即双方签署婚约或口头相约，彼此在周末的时候互为夫妻，其他时间就不再是夫妻。这种情况在西方和日本不同程度上存在着。我国的法律不承认这种婚姻方式的合法性，但是在社会生活中，不排除个别情况的发生。纯粹是感情投缘而又没有两性关系的家庭结构甚为罕见，有的是不同程度上存在着先天或后天原因不能产生性爱行为，有的也可能是心理原因或思想观念方面的信仰。

当代社会的婚姻家庭面临着社会发展迅速带来的不稳定，家庭的凝聚力下降，家庭解体的几率上升是世界性的普遍趋势。从前，民间有戏谑的顺口溜表达婚姻登记及结婚证书就是丈夫合法地占据家庭统治甚至实施家庭暴力的准许证书："娶来的媳妇买来的马，任我骑来任我打。"当时的人们绝没有想到半个世纪后，当代城市里关于家庭观念的变化之大。几位几年没见面的老朋友见了面后，相互调侃的问候语之一就是："未婚是幸福，结婚是失误，离婚是觉悟，再婚是一误再误。老伙计，你现在觉悟没有？"

不仅婚姻结构、婚姻观念的变化有山谷为陵、江河横地之感，家庭教育的观念和责任也有了根本性的转变。

家庭教育从古至今都占有不可忽视的地位。但是，长期以来形成的历史惯性几乎都是由母亲或爷爷奶奶担负教育孩子的责任。"男主外、女主内"，父亲几乎或完全不管子女的教育和成长，全部精力都用在外出经商或仕途升迁。这是把"养活家庭"的使命和"教育子女"的职责混淆不分的产物。须知教育子女并不能等同于给他或她提供衣食无忧的生活条件，更不应该等同于像养猪养狗养宠物。

当代城市的教育观念投射到家庭教育中，则不应该是这样的。从教育学和心理学角度而言，父母在子女教育中的作用是有明确的差异，孩子的情感世界、语言沟通、人际协调能力更多地受着母亲的影响，而思维方式、意志愿望、对陌生世界的探索欲望等方面则更多地受父亲的影响。需要纠正社会惯常的错误观念，认为男女两性的家庭角色分工是生物遗传的天性所决定的。应该说男女性别和生理功能的确是先天遗传基因确定的，但是彼此的社会分工角色安排却是不同的社会环境和观念所后天人为地形成的。2007年获得诺贝尔文学奖的英国女作家多丽丝·莱辛在代表作《金色笔记》里表达了妇女的多重属性和社会环境对她们的影响。法国存在主义作家兼妇女性别研究名家西蒙·波伏娃在她被西方社会喻为"妇女解放的圣经"《第二性——女人》一书里更是以大量第一手科学资料证明了"女人不是天生的"。这种纠正"女人天生主内的弱者"的立场，也获得人类学家玛格丽特·米德的田野作业支持。太平洋上的三个原始部落的性别角色差异极大，蒙杜古马部落的男女均攻击意识强烈，阿拉佩什部落则男男女女都极有恻隐之心，德昌布利部落则与"男主外女主内"的国际主流惯例相反,女子是管理者,男人则个个花枝招展、游手好闲。这些事实说明,无论中国还是西方社会的传统惯例中,"男主外,女主内"的家庭结构和规则不是"人类的天性"所决定的,而是社会环境和人类自身观念所"后天"孕育出来的。①

对孩子做出良好而均衡的教育,确应该是父母双方共同的义务。同时,无论是父母单方面教育还是双方面教育,乃至于交给爷爷奶奶来教育,有一个教育原则是需要共同遵守的:教育者的角色是启发、激励,而非越俎代庖,应该由受教育者发自内心地自主选择、设计他的未来。

为了更具体生动地说明这个问题,这里将以编写者自己的经历来现身说法。笔者曾获得某个城市的"十佳好父亲"荣誉称号。在颁奖大会上,做了心得体会的报告。报告原文如下:

◎"禅城区十佳好母亲好父亲"评选活动感想◎

好爸爸:用智慧开启孩子的潜能

姚朝文

每一位家长都发自内心地想成为好爸爸好妈妈,这是毋庸置疑的。但究竟什么是好爸爸好妈妈呢? 这是我们熟视无睹的一个悬疑问题。我们可以毫不犹豫地说出一大堆不是好父亲的言行,但要说出个好父亲的标准答案,则常常可以让博学的父母也语塞。事实上,生活中不存在标准的好父亲,就像本来不存在"标准的人"一样。百米赛跑可以用秒来计时,数学里也有 $1+1=2$ 的规则。但是社会生活不是体育和数学,一位八路军士兵和一个侵华日军作战,可能有多种结果,远非 $1+1=2$ 那么确定。我们只能表达一些关于"好"的基本准则,却无法制定像数学那么精确的标准。

就社会分工而言,中国人习惯于认为,父亲如果高官厚爵就是成功,在子女或他人面前拥有优越感。如果从文学角度来看,好父亲应该有卓越的才华、等身的巨著。可是我们常常会发现,许多事业有成的父亲们往往把一切精力倾注到自己的事业上,却无暇顾及子女的教育。父亲对子女的责任并不仅仅是提供成长所必需的生活设施、物质财富、社会声望,更多的是情感的依托、心理的沟通、精神的探求、慧智的启迪,前提则是父亲对子女毫无保留的关爱。而这种关爱的基础则是父亲本身就是一个心智健全、有承担、有爱心又肯投入精力去悉心培育孩子成长的人。如果没有这一系列的前提条件,无论从社会角度看你是多么功业赫赫,但是从教育孩子的角度来看,你恐怕并不够格做一位"好爸爸"! 有了这个资格,其他一切都不过是锦上添花的要素,譬如说——好爸爸应该胸怀宽广、富有爱心和同情心,他应该兴趣广泛、视野开阔,更应该坚韧自制、乐观上进。如

---

① [美]马克·赫特尔著,宋践、李茹等译:《变动中的家庭——跨文化的透视》,杭州:浙江人民出版社1988年版,第135-136页。

果他学富五车并有深刻的思想和性格魅力,如果功业辉煌、彪炳史册岂不更佳? 岂不更容易受到孩子的崇拜和他人的羡慕? 事实上,过于强势的父亲常常过于自信地把孩子当作自己辉煌事业的传人,却让孩子承受了"生命中不能承受之重",导致自惭形秽、人格分裂的心理病变。太多的物质诱惑也常常让孩子目迷五色、丧失清醒的理智来选择正确的生活道路与健康的生活态度。

我常常见到知识渊博、学贯中西的大学者教育子女方面却很外行,过于自信而执着却违背了许多儿童教育学、青少年心理成长的规律,他们常常包揽子女的各种选择,认为只要复制自己的模式,子女就必定能够成功。事实上,上一代的经验未必能够成功复制到下一代身上。

身为父亲最好要有非凡的才能并代代相传。可惜这是一厢情愿,否则秦始皇家族就可以统治中国万世而不灭,诸葛亮的子孙代代绝顶聪明。

我要求自己的孩子尊敬长辈、礼貌待人、心态良好、淡泊聪慧。处事讲道理,但绝对不能为了做个"好孩子"而丧失抵制错误、伸张正义、自我保护的能力,不挑拨是非,但要包容坦诚、明辨是非,要信守诺言又要灵活机变。

当孩子出现不良行为的时候,我曾经出现过强烈的情绪反应,认为孩子没有达到自己期望的标准,自己付出的心血白费了,太不幸了,遇到这么不争气的孩子。我也曾经将自己恶劣的情绪迁怒到无辜的孩子身上。我也曾望子成龙心切,过分地关注孩子,要求孩子言行举止的方方面面都要"优雅、规范、高标准",结果反倒让孩子失去了主动探索的意愿,客观效果恰恰是"欲速则不达"。每个父母的心里都想做得最好——给孩子最好的教育,让他成为最优秀的人中之龙,让孩子实现自己未曾实现的理想。正是这种过高的期望反倒加重孩子的心理负担、精神压力,导致孩子出现自卑逃避、丧失信心。当我意识到这个重大的失误后,决心反其道而行:父母不要"包揽并设计孩子的一生",要顺从孩子的天性、因材施教,让孩子在知识和社会的无垠大草原上自主地去"放羊"。杨凤池教授说得好:"孩子什么也不能做的时候,我们什么都帮他做;当他能做一些事的时候,我们就放手让他做;当孩子什么都能做的时候,我们就完全让他去做。"我们的目标是,孩子最终可以面对挑战、驾驭未来,面对问题时能作出自主而明智的应对。父母要求孩子做到的首先自己要做到,身教永远高于言传,身心沟通比言语沟通有更深远而无形的影响。虽然身为引导者,却要避免居高临下训诫孩子,否则会让天性温顺的孩子产生更强的依赖性,而逐渐丧失自主解决问题的能力;性情比较强悍的孩子则会产生强烈的抵触心理,导致叛逆心理与对抗行为的发生。家长应该严于律己、以身作则,却应该对孩子多加宽容与鼓励。这一点,中国的母亲们常常比父亲们做得更好。中国传统观念里"严父慈母"的定位有道理,但更有缺陷,我的理解是:"好爸爸"应当能够理解、尊重、赏识孩子,激发孩子产生积极健康的人生态度,开发出孩子多种多样的进取潜能。当然,他首先应该具备健全的人格、热爱生活、情趣高尚。如果能让孩子在无忧无虑的氛围中成长,就更容易得到孩子的认同,而减少许多无谓的冲突。会感恩的孩子自然会对他人心怀友善。记得有一次,当老师来家访的时候我只顾和老师交流教学心得,未曾想到九岁的儿子在厨房里忙乎着,烹制好双皮奶请老师品尝,让我深感欣慰。试想,当今广有市场的"工具论教育观"主张只教技能而忽视情商熏陶,能产生这样的效果吗?

中国的家长大多督促孩子学习自己却不肯学习,让孩子读书自己却宁愿打麻将。司马迁《太史公记》云:"其身正,不令而行;其身不正,虽令弗行。"当今的家长朋友们,我们反思过自己吗?

作为父亲,我只想让孩子"读万卷书"并"行万里路",遵从孩子的天性与潜能,激发他自主探索未知事物的兴趣和能力,进而"自主设计自己的未来"。我更愿为他培土、施肥与浇水,相信孩子自然会面向阳光、茁壮成长。我深知,在实用功利至上的现实世界里,真正能顺从孩子的天性而不是为了满足大人们的功利愿望,就要有相当的勇气去承受诸多阻力。我坚信,让孩子拥有充满魅力的健全人格,具有亲和力和责任感,淡然面对名利得失,这些优秀品质会让孩子终身受益无穷……

我的家庭格言是,从不奢望给孩子世界上最富有的物质财富,也不奢求借助权力为孩子铺就成功的阶梯。我仅仅付出百分之百的爱心、真诚与智慧,激发孩子的无限潜能,去做自己开心又有益于社会的事。

我的座右铭:"培养"而非"灌输"孩子,让孩子拥有健全的人格。

获奖感言(1):权力只会索取知识,财富只能转移知识,唯有智慧可以创造知识,我要让孩子成为创造知识的人!

获奖感言(2):每一位孩子健康成长,家庭就会幸福、社会就有未来、国家才有希望。我不为奖杯而来,只为分享成功、快乐与希望!

2012 年 7 月 1 日

在城市生活的父母们,在子女教育中一定会有很多的甘苦、烦恼、得失荣辱。这是城市生活中不得不面对的。城市家庭结构、城市家庭的责任与义务,确乎是城市生活中的一个重要方面,很大程度上也是决定城市文化发展后续动力的关键因素。

国际社会的发展表明,当社会发展到中高级阶段以后,人口的少子化趋势就加重了。中国因为在 20 世纪 50 年代里盲目学习苏联因为二次大战中人口减少严重、性别比例不平衡,而推出奖励生育的"英雄母亲"政策,导致人口成倍增长。于是,从 20 世纪 70 年代初开始鼓励一对夫妇生二胎,到改革开放后,严格实行"只生一胎"政策(夫妻双方均为独生子女者可生二胎)。经过三十多年的发展,2014 年人口出生数量开始由顶端回落,中国将正式进入老龄社会。于是,国家开始了政策调整,规定夫妻双方有一方是独生子女者,也可以生二胎。预计这一政策可以带来每年多出生 200 万人口,正好填补近两年显示的新出生人口每年下降两百多万的数量。原来,人口学家和家庭社会学家曾担心,在城市里实施严格的独生子女政策以后,将来的第三代城市市民将不再懂得兄弟姐妹、伯父、叔叔、舅舅、姨妈这些概念究竟所指为何。皮之不存,毛将焉附?相应的,伯母、婶婶、舅母、姨父等称呼也将绝迹,这些名词将会从《新华字典》里消失。现在看来,四十年前学界的这种忧虑是太过悲观了。这些名词及其所指涉的对象虽然不会从《现代汉语词典》里消失掉,但是,大多数中国家庭将失去这种称呼所依赖的社会家庭结构,将是不争的事实。

随之而来的,还有代际沟通的问题。传统的观念里,子女是需要监护的弱势群体,子女要向父母、祖父母学习,监护人需要对被监护者实施严格或细心、周到的管教。但是,在城市文化进入电子互联网络时代,年轻人可塑性强、接受新鲜事物能力强,尤其在学习高科技新媒体技术方面的动手能力,是中老年人所望尘莫及的,他们学习 3D 手机、互联网、电子游戏、驾驶跑车、操纵航模、驾驶游艇的得心应手能力远在成年人之上。因此,时代颠覆了一句传统的古训:"不听老人言,吃亏在眼前。"当前和未来世界将是中老年人要向年轻人学习的时代,衡量一个人的社会能力不再是"我吃的盐比你吃的饭还要多"了,而是你会玩超级恐龙、《三国杀》吗?你的悠悠球比赛中大奖了吗?你参加世界数学大赛测试获得双优了吗?会操作互联网检索科学实验的数据那不过是最基本的能力啦,你会驾驶直升机、豪华游艇吗?你佩戴了可以通话、拍录像的手表了吗?你的电子眼镜里录下了昨天那场科学讲座的全过程了吗?请现在就调出来再看一遍。各位中老年朋友,试问,上述各种新型高科技装备里,你掌握了几种呢?也许很多中年市民都要承认只会其中很少一部分;老年市民更不得不面对一种一生未必有的尴尬,可能完全不会。

一边是青少年的成长变得越来越迅速、分化也越来越大;另一边则是城市老年人的边缘化、孤独化,失落感、无归属感的普遍增强。父母们都希望子女们快快长大成人,快快有出息,却很少有人自觉地意识到,当子女们都成长起来后,越有本事的人飞得越远、离开父母创业的步伐迈得越大。于是,空巢家庭越来越多。当年轻人离开父母成家立业之后,很少和父母合住在一起,即便有子女接老人同住,生活习惯、价值观念的代沟却很大,可以短时间同住却难以长久共处的矛盾非常显著。自古有道:婆媳矛盾难处理、清官难断家务事。现在,不仅是婆媳关系,母女、父子关系都面临着时代冲击的代沟,分化程度越来越显著。因此,先是西方国家出现了养老院,现在中国的许多城市里也出现了寄宿制养老院。但是,与传统的政府或慈善机构办的收养被社会遗弃的穷困老人不同,现在新兴的一些养老院,专门接收富贵人家送来的老人,收取高额的养老服务费。这种社会服务,成为城市服务业的新领域,成为改善城市文化生态的有力支撑和高收益的经营性服务活动。笔者亲临不同城市的若干家养老院,服务的水平各有等差。有的养老院深受入住的老年人欢迎,因为老人觉得住在这里比住在儿女家好,自在、不用看子女眼色行事,饮食起居也满意;有的则是子女们都是在各处做生意的"空中飞人",没有人也没有时间来陪伴行动不便的老人,送老人来养老院是不得已;有的养老院的确具有公益性质,也收取合理的服务收益;有的则是借办养老院来做企业化经营,试图获取最大利益。概而言之,这种服务方式有社会市场,也顺应时代变化对城市家庭结构的冲击,这个领域大有可为。但是,也需要老年人转变观念、子女们调整人生价值态度,也需要养老院经营方明确服务目标和经营方针,更需要社会监管部门的支持与监督同步跟进。

种种事实表明,时代的发展太迅速了,简直不可以常理度之。我们曾经认为颠扑不破的一些真理和常识,在未来将面临更新、替代、翻转、淘汰、升级等不同的命运。城市文化对城市家庭结构的冲击将比我们现在所能预料到的冲击更其巨大。

第二节　职业机构

城市各类职业机构里,商会对城市的影响显得尤为突出。商会是市场经济与计划经济在利用信息上的交汇点,被称为是市场和政府之外的"第三只手"。

当今世界是市场经济占主流的时代。但是,自从 2008 年世界金融海啸发生后,世界各国都采用了政府主导下的央行积极干预政策,被国际观察家们形容为"计划经济回潮"。但是,各国政府执行"定量宽松货币"政策为大量印钞大开方便之门,短期内迅速提振了各国经济,避免了 1929 年至 1933 年"世界经济大萧条"的局面重现,随后两年则面临货币通胀、物价高企、企业成本上升的巨大压力。当市场和政府干预出现了双重失灵的时候,人们感到惶恐了,出路在何方? 我们不能不在沉痛反思后,把商会功能的充分发挥与扩大,视为克服世界性的"双重失灵"的重要路径之一。希望商会能够在市场这只"看不见的手"和政府这只"看得见的手"之间,成为"第三只手",发挥中观调节作用,弥补市场失灵和政府缺陷带来的风险。

我国目前的商会组织因行业、地域、层级的不同发挥的功能大不相同,但总体而言,处于比较弱势的地位。与此相反,西方发达国家的商会发育十分成熟,对经济活动具有很大的影响力,其地位也很高。在一些国家,商会是与政府、工会"鼎足而立"的第三势力。

在这方面,美国的商会最有代表性。美国的商会是按照私法自愿成立的,商会只需要遵守登记所在地法律即可。各个商会团体之间彼此完全独立,商会资金申报、领导任免、工资等级审批,不存在类似行政等级那样的隶属关系和领导与被领导的职责。商会的这种民间性和独立性,产生了对公权力的制衡作用,对社会经济活动的影响很显著。

另需提及的是美国的商会团体也拥有参政议政的功能。它们由于贴近会员、靠近政府,密切关注立法和政策信息,根据会员的需要,游说国会和政府,反映会员的要求,提供相关说明资料,使得新出台的法规、政策对会员有利。与中国的国情不同,中国的各地政府在北京设立办事处,美国的地方政府没有权利和合法财政经费设立驻京办事处,恰恰是许多商会在首都华盛顿设立总部或办事处,在国会中设有联络员,与国会、政府的联系非常密切。以美中贸易全国委员会为例,美国国会 2000 年讨论是否给予中国最惠国待遇的法案期间,美中贸易全国委员会为了保护美国企业在华利益,做了大量的游说活动、联合其他协会共同对国会施加影响,国会最终决定给予中国永久性最惠国待遇。与此同时,纺织品行业、家具、打火机等企业团体,在与中国企业的竞争中处于不利地位,也通过相关的商会在美国国会提出针对国际竞争对手的反倾销提案、在国会作证,增加压力。

相比较而言,日本的商会比美国的商会力量更强大。日本商会借鉴西方发达国家商会组织的优点,又保留了东方传统。它们的自由入会原则与美国商会相同,政府监管和政企合作关系甚于美国。商会既要依据相关法律、章程和规定,又要接受政府相关部门的引导。日本商会对日本战后经济的高速发展,是其他任何机构都无法替代的。

"日本财界四大团体"是经团联、日经联、商工会议所、同友会。经团联的会员主要是大公司和大协会,与政府的通产省关系密切。它发挥影响的主要方式是广泛了解各个企业的状况和意向,就政府在相关领域做出的重大决策密切磋商。它不具有对成员企业发号施令的权力，但搭建起各企业面对面地敞开来讨论的平台，从而协调了各企业之间、行业与行业之间的利益。经团联的另一个功能表现在就经济发展的重大政策进行讨论，对战后日本经济的产业振兴、出口导向、经济成长做出显著的影响。

日经联的主要活动表现在调查研究劳动、经济和社会问题，常常向各党派和政府就劳资谈判、劳动法制、劳动经济行为问题提出建议。它是资方代表，在解决劳资纠纷与改善劳资关系、促进社会稳定领域发挥着有力的作用。

商工会议所的空间主要在协调大企业与中小企业之间的经济活动，扶持中小企业而非歧视、抑制中小企业。它们的具体服务方式有：推动中小企业走向国际市场，提供人才培训、信息交流、国际咨询、技能鉴定，就产业问题为中央与地方政府提供建议。

研究日本经济的国内外学者常常认为，日本经济曾经辉煌的主因是政府干预和产业政策得力，却遗忘了日本商会所扮演的重要角色。事实上，日本政府的通产省并不拥有多么大的决策权力，真正发挥润滑剂作用的常常是在企业和政府之间的商会，许多矛盾纠纷是在商会协调中得到解决的。

中国目前存在着官方的商会机构"工商联"。同时，也存在着挂靠在工商联之下的许多具体的商会和以经营者所属地名为名号的民间商会。它们发挥的功能因各自的实力大小、成员构成、行业特点、领导成员的个性魅力状况而千差万别。

中国各城市商会的发展，中国各城市商会全方位功能的发挥，需要借鉴欧、美、日发达国家比较成熟的建设经验，尽快确立商会独立的法律地位，完善相应的法律、法规，政府应该大力促进商会的发展，提高其活力和行业权威性和经济服务功能，以委托服务、协议代理等方式实现公共服务的社会化管理为契机，培育、促进、引导各类商会、协会向本行业及全社会提供公共服务，赋予商会更多的经济管理与协调职能，从而让中国内地的商会逐渐发展出利益协调有力、资源配置得力的"第三只手"。

例证之一：温州本市的税负水平比较高，温州商人纷纷外出创业，被称为"温州炒房团""中国的犹太人"。温州商人在外省的商会表现能力之强、齐心协力之悍、调度效率之高弥足称道。例如，2011年新疆招商项目中温州商会骨干之间，反应迅速、筹资得力，相互信赖，从而以合股7亿元力排群雄、独占鳌头而竞标成功。浙江省近年来积极探索建立劳资利益协商机制，这是一种通过对话、协商解决利益的现实可能而值得充实、完善的自发形成的制度安排，对于推动社会和谐发展，具有良好的示范作用。

例证之二：佛山是全国最有资格、最具备条件建成国家级"中国功夫影视城"，也是在国际上最容易获得认可、赢得口碑与品牌效应的升级路径。少林寺也没有建立国家级甚至国际级"功夫影视城"或"功夫城"的经济实力和内引外联的优越条件。佛山毗邻港澳的区位优势、名满天下的历史基础、当今雄厚的经济实力、世界影视界的认可度，这些都是其他城市无可匹敌的历史老本和当代美誉，可以直接转化为极为可观的票房价值和综合效益。佛山可以面向世界招标，引进国际级战略投资者，完善配套设施，调整一整套的经营战略定位与拓展市场与项目的策略与手段。

但是，这些优势首先要由各类职业机构做起。它们可以先从非物质文化遗产保护层面入手，将各门各派武功以"一本源流、一册拳谱、一种传记、一部纪录片、一部电影、一部电视连续剧、一所培训中心、一家分级晋升认证机构、一家擂台竞赛场、一支种子选手精英国内外巡回表演比赛队伍"的方式建立起"十个一"工程。各民间武馆和演艺组织、各地设施、各种社会机构，以影视传媒为主导，以影视剧本为依托，以影视剧作品为主打产业，建立起纪录片、教学片、电影、电视剧集、功夫粤剧、VCD、DVD、EVD、培训机构、学历学位教育、段位竞赛制、擂台举办竞标制、经营功夫队国内外巡回表演、举办政府权威机构认证的国家级与国际级功夫争霸赛。从小学体操直到大学体育课和公选课程均开设中国功夫。可以培养出身强体健、智勇双全的新市民、新城市灵魂，成为全民素质教育与传统国粹相结合的全国教育楷模。构建具有岭南特色风貌的佛山功夫影视城，还可以系统有机地融入舞龙与舞狮竞技比赛和产业运作、佛山的剪纸、香云纱、秋色扎作、粤剧、木版年画、石湾公仔传统技艺，甚至是行通济、拜祖庙、生菜会等民间风俗。将人文资源整合在一起，影视拍摄基地本身会成为当地很有特色的综合休闲消费旅游景区，对岭南传统文化也起到很好的活化保护作用。

第三节　社会文化团体

当前，我们需要大力扶持市民和谐互助的社区、社团、行业协会。建成综合功能健全的现代名城，要鼓励并扶植市民群体或行业形成他们自助、互助的社团和行业协会组织。市民的社会组织能够在很大程度上形成互相沟通、自律公益、社区认同、行业互助、相互扶持、相互监督、诚信公平、和谐互助的社区或行业系统，助推服务完善的文化名城建设。

社会文化团体对社会公众的影响力常常是政府机构、企业单位和个人所无法替代的。例如，南京市档案馆和南京大屠杀纪念馆在 2014 年元宵节，向社会公众首次公开了 183 卷珍贵的历史档案原件，这些档案详细地记述了侵华日军在南京制造大屠杀的罪恶历史事实。这些孤本、珍本将用来以"南京大屠杀史档案"为名，申报"世界记忆遗产"，提醒全世界公众铭记历史、维护来之不易的和平。这一举措是坚持实事求是、维护人类良知的正义之举，为反对颠覆第二次世界大战后奠定的国际秩序提供了事实依据和公道立场。

前文曾提及，温州人被称为当代中国的犹太人。温州商人在外省的商会表现能力之强、齐心协力之悍、调度效率之高弥足称道。那么，近代以来的粤商在国内外设立的广东会馆，可谓广东人出外创世界的基地、"避风港"和前进支点。例如，潮汕人出洋闯世界、广东会馆在北京宣武门大兵马司的"南海会馆"、晚清四大谴责小说家之一的"我佛山人"吴趼人初闯上海栖身于广东会馆等。

随着城市住宅楼群的成片投放市场，购买并进入住宅楼居住的业主们越来越多。乡村里的村民、小城镇里住平房的市民，甚至就连老北京的住户们也不得不适应时代的变化，由老胡同四合院迁入了高档住宅楼群里。这时，注意发挥住宅小区物业服务（管理）主体的作用，就成为新的迫切要求。城市化转制社区考虑加上物业服务（管理）主体，其公共治理涉及区内的四个主体：社区党组织、社区居委会、业主委员会和物业服务（管理）主体。社区党组织是社区组织的领导核心，社区居委会是群众性自治组织，业主委员会是业主的群众组织，是业主物业资产的所有者代表，而物业服务（管理）单位是企业。四者各有着不同的运作逻辑和规则。在城市化转制社区内，如何建立这四种组织的良好关系，是事关社区和谐稳定的重要问题。社区、物业管理公司和业主委员会是不同性质的组织，在和谐社区的建设上,既要充分注意其组织内在目标的一致性,又需要根据其性质给予不同的位置安排。社区党组织和社区居委会一方面不能越俎代庖地替代物业服务(管理)机构和业主委员会的职责;另一方面要在社区中起到组织协调作用,为物业公司和业主委员会的良性互动关系打造基础平台,从而团结社区内的其他组织参与共建社区家园。

　　随着城市化浪潮的推进,中国大量的城市由乡村、乡镇或小城镇转变。城市化"村改居"后,原村委会对集体经济的监管职能或者说两者之间的隶属重合关系应否得到分离?居民委员会是否可取代原村委会的地位?"村改居"从形式上实现了初步城市化,亟须加强社区建设和环境管理。有些地方擅自以"村改居"等方式将集体土地划转为国有土地,不按国家土地征收征用政策给农民应有的补偿;有的未进行农村集体经济产权制度改革,导致集体资产流失,群众利益受到损害;有的被征地农民转为城镇居民后,在教育、文化、卫生、社会保险和城市居民最低生活保障等方面不能与城镇居民享有同等待遇;有的地方不尊重群众意见,撤村未依法定程序进行,引发群体事件。为切实保护农民利益,维护社会稳定,统筹城乡发展,构建和谐社区,必须做好"村改居"工作。在城乡二元结构和相关政策壁垒没有彻底消除,政府没有完全承担改革成本的情况下,不宜再盲目推进"村改居"工作。推进城镇化的关键在于政府做好统筹规划、加大对改制社区基础设施建设的投入、加大公共财政承接转制社区公共开支的力度、加快出台"农转居"公民与城镇居民待遇平等对接的政策措施,构建有利于"农民改市民"之社会保障体系,而并不是要急于通过"村改居"换牌或改变农民身份与集体资产性质来谋取农民的土地资源,或彰显其"城市化"的政绩。进行"村改居",首先在经济层面要做好社区集体经济的管理、集体资产的处理,这是一大关键。集体资产处置是一个涉及原村民切身利益的敏感问题,处理得好,就能为其他工作打下良好基础;处理得不好,就会出现不稳定因素。普遍做法是对社区集体资产进行股份制或股份合作制改造,使产权关系明晰,原村组集体债权债务得到妥善处置。严格依照国家有关法律、法规和政策,规范村改居的程序,把"村改居"工作纳入规范化、程序化、制度化轨道,正确处理国家、集体和个人利益关系。

　　健全社区集体经济组织,明确区分其与居民自治组织的职能及其成员关系,是促进社区集体经济转型发展确保集体资产安全的关键。城市化"村改居"地区的原村社集体资产不宜直接移交给居委会,应由社区集体经济组织承接其运作,这是因为:一是原村社集体资产是原镇、村农民集体所有的资产。在实行"村改居"后,新迁入原村范围内的居民必将增多。如将集体资产转交居委会,在原镇、村农民与新迁居民"混居"的情况下,将无法或很难界定集体资产的终极所有权人,导致产权关系混乱。而继续由集体经济组织承接原农村集体资产的运作,其组织成员边界清楚,有利于维护原农民的合法权益和社会稳定。二是长期以来,老城镇居委会并没有经营管理集体资产。如果把原村社集体资产直接移交给新建居委会,必将导致新老居委会的职能差异,不利于国家统一规范居委会的职能。三是把集体资产移交给非经济组织的居委会经营管理,于法理不通,也不符合改革方针。值得一提的是,在进行"村改居"之前实行政社分开,更有利于防止集体资产被平调或随意改变权属等问题的发生,建议先在有条件的村试行。在先试行的村,党支部、村委会、合作经济组织的干部仍然可以实行交叉任职;党支部、村委会的干部报酬及办公经费也仍然可以由社区型集体经济组织提供,但要实行"村社财务分账"和财务预决算、财务公开、民主监督制度。

　　建立和完善治理结构是发挥社区合作经济组织制度优势的基础。社区合作经济组织要逐步引入现代企业制度,着力完善社区型集体经济组织治理结构,力求转变决策机制、激励机制和监督制衡机制。要落实社员对社区事务、社区资产管理、村组资产管理的知情权、参与权、选择权和决策权,加强对社区集体资产的审计,加大违纪案件的查处力度,实现"政企分离",切实保障市民的合法权益。与此同时,关爱弱势群体,完善市民的社会保障机制,落实市民的医疗、教育、养老等社会福利权益。

　　基于社区治理理论创新与实践考证分析,城市化转制社区治理转型的关键是在于贯彻与时俱进、因地制宜、民生为本、社区自治、整合资源、多元共治、和谐共存、合力推进的原则,彻底改造原城乡二元管理体制的痼疾,创新完善多元共治模式下的规范运行保障机制,使"城中村"社区治理的转型与城市社区的整体发展相匹配,形成同步发展、良性互动、协调有序的状态。

第四节　社区组织

　　党的十八大提出,社会组织建设与社会管理创新是当前我国社会发展中的两大重点领域。改革开放 30 年来,我国一直是政府引领社会发展。同时,在沿海地区,民营企业也得到了长足发展。在珠江三角洲地区,更出现了民营企业占据各城市经济体过半的比重,被称为民企占有"半壁江山"的现象。长江三角洲地区的民营企业也基本形成规模。受到 2008 年的世界金融海啸的波及,部分民企出现了企业家"跑路"现象。现在,民营企业生存与发展的环境要比金融海啸发生以前困难一些。与强势政府、渐强的企业相比较,我国的民间社会组织建设就显得十分薄弱,没有形成第一部门政府、第二部门企业、第三部门社会彼此之间均衡发展的区域格局。"全能政府"的格局,使得我国呈现出"小马拉大车"的局面,陷入了两头不讨好的困境——社会管理跟不上、企业服务难到位,社会发展严重失衡,成为我国社会发展,尤其是城市全面转型升级的软肋。

　　社会组织具有民间性、非营利性、公益性等基本特征,是为了满足社会需要或部分社会成员需要而设立的非营利性组织。它主要包括:社会团体、民办非企业单位和基金会三种组织形式。社会组织的存在与发展,可以在很大程度上填补政府社会管理的空缺与死角,完善国家社会管理的功能,同时,也可以部分程度上形成制约国家公权力对公民私权利领域的僭越,构成对国家公权力的制衡与监督。

　　社会组织是政府有效的"减压阀"和"稳定器"。主要表现在以下三个方面:一方面是社会组织的存在催生了市民社会力量的壮大。如果没有其他因素的制衡,国家公权力、企业金钱力量将会对人类社会造成严重的伤害。社会组织就是要把社会上的市民组织起来,发挥市民社会对公共事务的影响力。第二方面是社会组织敦促国家公权力约束市场的金钱力量,弥补政府与市场失灵的缺口。政府力量存在局限性,不可能体现和反映全部民意,单独依靠政府力量已不能解决日益多元化的社会矛盾。同样,以追求经济利益为目标的市场也会失灵,直接表现是市场机制造成的贫富差距、社会问题层出不穷。社会组织占据政府、企业无力顾及的社会空间,代表市民社会的力量弥补政府、企业在解决社会问题上的不足。第三方面是从哲学文化角度看,社会组织超越与政治组织和经济组织,能够在自身的实践中弘扬博爱,散发人性的璀璨光芒。扶贫助困、减轻苦难、维系和谐、繁荣经济、推动进步是社会组织肩负的使命,慷慨解囊、回馈社会、崇尚义举的慈善是社会组织赖以存在和发展的支撑平台。

如果从国际的视野来考察,从欧美发达国家到日本、中国香港、新加坡、韩国等亚太新兴发达社会,在推动社会发展、解决社会矛盾和冲突上都经历了至少半个多世纪的社会会组织发展历程,才逐渐走向成熟,形成政府、企业、社会组织三大部类均衡发展的社会格局,形成了比较成熟稳定而优越的战略性区域核心竞争力。

建国后,我国的社会组织建设经历了历史性的曲折,呈现为大幅度的波动震荡状态。20世纪50年代,因为主张"百花齐放、百家争鸣",曾经出现各类社会团体、社会组织如雨后春笋般涌现的局面。但是不久,政治风云变幻莫测,百花齐放的方针被重新解释为"引蛇出洞"的阴谋,是为了打击牛鬼蛇神。此后,社会组织建设陷入困境。"文化大革命"中各种造反派组织风起云涌,砸烂公检法,目无法纪,造反有理。虽然冲击了严重的官僚主义、脱离人民群众的政府官僚作风,并非一无是处,但是,无理性、无法治的破坏行动导致整个社会陷入动乱的深渊。改革开放后,社会团体的发展曾经步入比较良性发展的轨道。在20世纪90年代里,又多次经历了政府对民间社会团体严格的检查而趋于衰弱境地。进入21世纪以后,尤其是近五年来,政府、学术界和社会各界都意识到社会状态严重失衡的危险,于是大力倡导社会组织建设。社会团体与机构的发展重新涌现出可喜的发展态势。但是,冰冻三尺非一日之寒,社会组织、社会民间力量的康复,也绝非一蹴而就。当前,我国各地各类依法注册登记的民间社会组织在数量上是比较庞大的。但是,绝大多数是有名无实的空壳组织、三无组织(无编制、无固定经费、无固定场所),规模小、自治能力弱,承接能力不足,资金与人才匮乏,组织有效寿命短暂,成熟度低,管理效能弱,散兵游勇状态显著,"官办"色彩浓厚。能够承担政府职能转移、获得政府购买服务项目的3A以上的社会组织少之又少。

以2013年5月晋级中国城市综合创新能力第八位的佛山市为例,佛山市在2012年拥有依法登记注册的合法民间社会组织3 324家,以数量言之,不可谓不多。但是,能够达到3A以上资质的社会组织仅有70家。此时,政府发现当自己很想获得民间智囊咨询决策机构的帮助时,可供委托的权威机构很少,自己可选择的空间并不大。

于是,加快完善和推进政府购买服务工作,以及社会组织监管与考评细则,给社会组织一个规范、健全的发展环境,显得十分重要。社会组织的孕育和发展,不可因时兴废、因政兴废、因行政长官个人好恶而兴废,需要一个相对稳定且长期的发展历程,也是一项牵涉面广泛的系统工程。在当前,城市发展与行政管理创新的实践中,政府向民间组织购买服务,就牵涉到行政体制改革的顺利推进,关系到简政放权工作如何落实,关系到建设"小政府、大社会"的进程是否有依托的问题。以前,我国政治体制改革遭受社会各界诟病之处是政治体制改革明显滞后于经济体制改革。现在的问题则是,当政府下决心"放得出",那么,社会组织是否能够"接得住""管得好"呢? 这是中国城市现代化中社会组织发展方面的双刃剑,机遇和挑战并存,发展与瓶颈兼具。

在城市化发展成熟的发达国家,社区自组织的有序、高效、成熟与完善,远比地区政府更有成效。这与它们社区结构的历史成因有关。因为自由民和自由地择业,是形成新市民阶层的前提条件。因此,城市可以吸引大量的优秀商贸人士、教师、医生、宗教人士、工匠、艺人、官员、军人,还有对城市欲火炎炎而又茫然的大学生、冒险家、无业人员。无论新旧、不论高低,凡是来到城市的人,都是城市的自然成员,拥有合法身份。大家都在这个"陌生人"社会里熟悉城市的运作方式,了解其组织规则,在公共平台上与他人交往,与行业组织发生固定的利益往还,生活在超越宗法家族或同乡同村小团体的、松散开放的"大社区"内。他们不得不学会"己所不欲勿施于人",他们逐渐学会通过选举方式选择责任人和代言人,最终形成管理城市的梯级型机构和政府。建立同行业间的管理性质的行会和管理城市社区及整个城市的梯级政府,并非决策链条的归宿,而是发挥公民自觉的真正开始。为了保障公民责任人和代言人能够真正代表公民的意愿,建立有效的监督机制显得至关重要。意大利城市史学家 L·贝纳沃罗把古希腊雅典称为"希腊的自由城"。当今的人们,一提到古希腊,就以为是自由、民主观念的发源地,其实,古希腊同样重要的是公平、正义、机会平等、监督、制衡的城市公民理念。

近些年来,在以珠三角、长三角等地区为典型的农村城市化进程中,"村改居"和"城中村"改制不断加快推进。随着村委会陆续被摘牌,农民成了市民,"城中村"演变成新型转制社区。城市化转制社区相对于传统村落和现代城市社区而言,是指基于"城中村"一定地域范围、以"村改居"居民为主体,各类人员混居而呈现社会关系多元化,虽已淡化传统村落形态,但未彻底实行"村改居"蜕变为城市社区之生活共同体。它脱胎于农村社区,与传统意义上的农村社区有着本质区别,但又不同于现代城市社区,即兼具两种社区的部分特征,是城市化背景下农村社区向城市社区过渡时期的独特社区。与传统村落相比,城市化转制社区的显著特点为:居住环境城市化;居民职业、身份多元化;社区事务管理居民化;农民意识城市化。与现代城市社区相比,其又具有明显的差异性:居民非以城市居民为主,绝大部分由农民转变而来,"亦农亦居、多元混居";治理主体未完全脱离乡村管理体制的束缚,类似原村"两委"(村委会或社委会与基层党支委)的组织依然是社区建设管理主体;在社区居民之间、居民与社区组织之间的关系上,原住民多数来自同村,认同感强,且与社区组织之经济利益关系密切,对社区事务关切度高;在治理方式和内容上,依靠民主自治、民主监督来管理社区事务、发展集体经济、建设社区事业,肩负多重治理任务,尚未达到城市成熟社区的"协调共建、法治有序"的状态。社区建设治理在我国尚属体制转轨和社会转型的新事物,农村城市化导致乡村组织体制走向解体并让位于新型社区体制。

西方发达国家城市社区早形成了较成熟的治理模式,其具体类型差异往往取决于政府和社区之间权能配置的方式。依政府和社区之间权能关系的不同,其社区治理模式大体有三种基本类型,即自治型治理模式、行政主导型治理模式和混合型治理模式。① 农村城市化改变了原社区传统结构,但传统与现代要素之间存在许多相互融合的关系,本土传统是创造与促进现代城市社区发展的基础资源。由于"城中村"是我国城市化特有的现象,若沿袭西方城市社区治理经典理论阐述国内城市化转型中有关"城中村"的社会属性及机制功能,可能难以厘清"亦城亦村"共同体组织的特性,更难以结合其周边完全城市化

---

① 谢守红等:《国外城市社区管理模式的比较与借鉴》,《社会科学家》2004 年第 1 期。

的情境，洞悉此类都市村社型共同体的变异性与生存逻辑。

快速城市化是我国经济较发达地区的普遍现象，是后工业化时期政府大力推导城市化进程的产物。由于城乡社会管理体制改革滞后等原因，快速城市化地区存在社区治理转型不及时的问题，对城乡统筹发展和城市化社区稳定产生反向制约作用。广州、深圳、北京、上海、南京、武汉等城市都是"城中村"问题较为严重的城市，也是较早开始探索"城中村"改造整治的城市。如广州市政府2008年出台的《改善人居环境建设首善之区——广州市危破房改造、旧城更新和城中村改造总体方案》，明确"规划先行、合理布局，政府主导、以区为主，社会参与、经济平衡，多轮驱动、点面并进，妥善安置、借改造惠，造福市民、改善环境、优化功能"的思路，分阶段对全市旧城区主要是"城中村"将进行全面改造与综合治理；深圳市2008年发起新一轮"城中村"改造行动，其"政府主导、市场化运作"的模式已颇有成效。

需要警惕的是，城市社区居委会行政化倾向较严重是一个普遍现象，尽管各地采取了赋予社区居民自治权、明确界定社区职责以及建立政府部门工作进社区的"准入制"等措施，也难以一时解决问题，部分地区甚至出现社区居民自治功能退化、行政化急剧膨胀的异常情况。

一般看来，"城中村"是指那些已纳入城市总体规划发展的原农村区域，农用地已经很少或者没有，居民职业结构与生存方式的主要指标趋向于城市社区转型，但仍沿袭农村管理体制而缺乏成熟城市社区内涵特征之特殊社区。[①]"城中村"改造则涉及城市区域综合体的建设，不仅包含土地性质及利用规划、房屋拆迁、道路建设等基础设施配套，还有学校、医院等公益设施建设，视同于重新建一个小城市区域，由此可能引致各方面不同的利益取向：政府需要综合整治各区域难以避免的违章建设及危房问题、环境卫生问题、治安问题、市政配套问题等；开发商需求土地（"城中村"土地资源丰富、区位优质，或许成为开发热点）；"城中村"居民也希求改善环境（如消除安全隐患、防禁违法犯罪滋生、完善公益文化设施等），提升物业价值。三者在改造治理上可能存在利益冲突，协调融合利益关系改造的最大障碍，客观上需要一个法治化的规范调整机制。其实，"城中村"改造就是一项复杂而艰巨的城市化社会经济活动，譬如政府直接参与拆迁补偿谈判是控制改造成本最重要且有效的手段，掌握政策优势的政府应充当组织实施主体，以系统完整的"城中村"改造规划及法制规范作为对话平台和判断标准，将城市发展的公共利益放在首位，在前期直接介入与村（居）民的谈判，有利于顺利推进"城中村"的改造与营造社区治理的和谐环境。

在城市化转制社区中，基于土地承包制形成的经济纽带已不复存在，居民就业谋生途径日趋多样化，加上人口大量频繁流动，使得其组织化程度显著下降，不稳定因素增加，治安状况较差，社区治理的难度加大。

"城中村"社区庞大的管理职能与经济能力源于城乡二元体制下的集体土地制度。土地作为重要的基础资源，是"城中村"集体收益的源泉。当乡村转变为城市的社区，社区的街道办不仅被赋予了组织推动"城中村"改制的权能，而且承接土地制度变革引起的权威

---

① 赵过渡等："城中村"社区治理体制研究——以广州市白云区柯子岭村为个案[J]，载《国家行政学院学报》，2003年第3期。

变更,意味着村委会单一全能主体的终结。不论城市政府是否拥有足够财力对"城中村"土地实行完全国有化,初始土地资源仍主要由集体组织掌控,但街道办等城市治理主体可开启土地国有化进程,这将根本改观原一元主体治理的状况。该变革限制了单一全能主体的各种土地权利,最终将彻底消解单一全能主体存在的根基。土地一旦从集体所有转变成国有,相应的土地权利也随之变更。在土地所有权转向国家后,将由产权证形式确认其土地使用权,土地初审权由城市政府规划和土管部门共同掌握,土地使用权和收益权则按照市场机制流转。各种相关土地权利的变更,将使单一全能主体失去最重要的资源,其权威性根基必然被撼动。因而,街道能量将随着用地管理权向城市政府的转移而呈现此消彼长的态势。

"城中村"改制终究是要建立城市管理体制。街道办代表城市政府实施对社区事务的领导,拥有巨大的法定权威,是城市化转制社区的宏观管理主体。街道在社区内拥有涉及政治、行政、经济等诸方面较大的利益需求。政治利益主要体现为坚持和改善党对社区事务的领导,进行文明秩序建设、维护社会稳定等;行政利益主要体现在城市建设和政府职能目标的达到(如计划生育、市容市貌、综合治安、环境卫生等);经济利益体现为获取一定的财政资源,主要依托外来人口与出租屋等物业经济管理协办税费,并通过上缴财政之后得到一定比例的税费返还来实现。

变化在于原行政村管辖的居民委员会等群众性自治组织,容易蜕变为附属于街道办的行政组织。社区专职人员由街道办通过考核培训合格推荐入居委会,居委会其他成员(兼职)也可由街道办组织调配;街道办还可通过发放工资、制定管理制度,控制着社区居委会的财权、考核权和奖惩权。因此,居委会是名义上的社区群众自治、实质上是由街道办管辖的城市社区基层管理机构。不过,居委会毕竟还是法定意义的社区治理组织,在社区事务自治管理上多少有其一席之地,尽管其大有可能主要针对非混同原社区居民之外来人口的"管束"。

政府为升级城市品位需要全面改造"城中村",开发商为追求高额效益回报需要城市商用土地,"城中村"居民希望提升物业价值,克服安全隐患,追求良好的安居乐业环境。三者目标并无根本的利害冲突,各取所需而无可非议,最大的难点在于创设一套规范的治理机制,使城市化转制社区改造治理纳入依法规制、有序运行的轨道。

不仅要明确社区居民自治组织的职责,还要完善社区居民自治组织自治事务的办理机制,使得社区居民自治不再是可有可无的事情。现阶段,要培育社区参与精神,譬如做到:拓展社区参与的渠道,根据居民群众的需要和利益设置参与形式和内容。参与不仅仅是参与活动,还包括参与决策。社区参与中注重建构社区民间组织,依靠民间组织来组织参与。对社区参与组织较好的社区民间组织和志愿组织提供一定的物质和精神激励,对这类社区组织的建立和发展提供绿色通道。该体制创新也带来了某些值得关注的问题:其一,如何与国家法定在基层社会管理中议行合一的规定相协调一致。其二,新体制增加了一个层次,居委会议事形成的决议如何变为社区工作中的具体行动难以保障。其三,如何确保社区居委会不会在这种新体制运行中被权力边缘化。居委会不从事具体事务,很容易被边缘化,法律赋予居委会协助基层政府及其派出机构应当完成的工作就难以保障。其四,社工站会不会变为社区的另一个新的组织层级,成为街道和职能部门的另一只好用的"腿",从而将街道和城市基层管理体制的矛盾压在这个层次,延阻其改革进程。

中国近 30 年来的发展不是一个简单的经济体制改革,而是整个社会管理体制的变革和整个社会的现代化转型,是社会组织制度和组织方式的重构。在这个转型过程中,社区日益成为新时期中国城市社会结构的基本单位,社区建设得到重视,社区居民自治成为社区建设的重要目标。然而,当前中国的社区建设却普遍面临社区参与不足问题的困扰。那么,居民社区参与积极性不高的根本原因在哪里? 许多人在分析居民社区参与不充分时,都把居民参与意识差作为一个重要原因或根本原因。可事实未必如此。

根据社区参与相关理论,社区参与可以分为三个类型八个层次。这三个类型是:假性参与、象征性参与、实质性参与。假性参与包括教育性参与和操纵性参与两个层次;象征性参与包括咨询性参与、限制性参与、告知性参与三个层次;实质性参与包括合作性参与、代表性参与、决策性参与三个层次。假性参与的特点是,不让公众参与决策,而是让掌权者教育、纠正参与者的言行或使公众更好地领会决策者意图并更好地执行,或者操纵参与者,使参与活动朝向权力者预定的目标。象征性参与的特点是,尽管公众与掌权者之间的了解与被了解增强,但并不能保证其意见真正得以重视。实质性参与的特点是公众取得了很大部分的决策职能和管理权能。调查统计结果发现,业委会比居委会更能代表和维护业主居民的利益。居委会只具有"制度形式"意义上的自治性,而业主委员会则具有"制度规范"意义上的自治性,这是业委会比居委会更能代表和维护业主居民利益的根本原因。

社区参与不足问题的主要原因或根本原因不在于居民的参与意识缺乏,而在于参与期望与自治权缺乏之间的矛盾。在大多数社区,居民期望参加的社区活动参加不了,比如对社区重大事务参与决策和管理、对社区权力的运行参与监督等,而社区管理机构提供给居民的多是青年居民没有多大参与期望的项目,比如居委会选举、组织治安联防队、动员捐款捐物等。参与期望与自治权缺乏之间的矛盾实质上是一个利益关系或者说权力的再调整问题。如果说社区建设的核心和目标应该是实现社区居民自治,那么,能否做到社区居民自治的关键在于是不是真正把自治权力还给社区居民及其组织。当社区居民面对社区事务不只是观察、表态、执行,还能够决策、管理和监督时,社区才算实行了自治,社区居民的参与不足问题才能从根本上得到解决。显然,这种权力再调整和居民的广泛深入参与需要更多像业主委员会这样拥有真实的自治性的自治组织载体。如果居委会不能回归居民自治组织的角色,继续其行政化的倾向,它在促进居民社区参与和自治方面的作用就永远是有限的,甚至起到相反的作用。近年来,深圳的一些社区围绕居民自治的目标对居委会进行了改革,取得了明显成效,在还没有改革的城市和社区继续推进居委会改革,应该成为创新城市社会管理和推进社区居民自治不可或缺的内容。

第五节　公共文化服务与非政府公益组织(NGO)

完善公共文化服务网络,要构建公共文化服务体系,建立起设施齐全、产品丰富、机制健全的公共文化服务体系,探索出一条保障人民群众基本文化权益、使人民群众能够共享文化发展成果的体系。城市建设需要加快公共文化服务体系建设,让人民群众共享文化福利。

　　"文化"（culture）主要是指艺术、娱乐、新闻出版、广播电影电视、文物博物等精神文明范畴的统称。"公共"（Public）一词主要是指"公有的、公用的、公众的、共同的"。现代意义上的"公共"（或公共性）概念，意指建立在社会"公"与"私"二元对立基础之上的独特概念，其基础是清晰的产权制度和市场经济体制。公共部门通过提供"公共服务"，满足公共需求并保证公民权利的实现。作为一种创造性的审美活动，公共文化属于精神生产的公共范畴，它具有文化性、公益性、社会性、民族性、地域性等特点。

　　公共服务是指公共部门与准公共部门为满足社会公共需求，共同提供公共产品的服务行为的总称，具体可分为提供纯公共产品的公共服务，提供准公共产品与公共服务的两大类型。

　　公共文化服务是指由公共部门或准公共部门共同生产或提供的，用以满足社会成员的基本文化需要为目的，着眼于提高全体公众的文化素质和文化生活水平，给公众提供基本的精神文化享受，维持社会生存与发展所必需的文化环境与条件的公共产品和服务行为的总称。从公共管理学角度看，公共文化服务属于公共服务中的社会性公共服务。简言之，公共文化服务是为满足社会的公共文化需求，向公众提供公共文化产品和服务行为及其相关制度与系统的总称，它是公共服务体系的重要有机组成部分。

　　公共文化服务事业是指与经营性文化产业相对应，主要着眼于社会效益，以非营利性为目的，为全社会提供非竞争性、非排他性的公共文化产品和服务的文化领域，它涵盖了广播电视、电影、出版、报刊、互联网、演出、文物、社图和哲学社会科学研究等诸多文化领域，与整个文化领域可以实行市场化、产业化的经营性文化产业一道构成国家文化建设的完整内容。

　　作为社会公共服务体系的重要组成部分，公共文化服务体系是指以政府部门为主导的公共部门提供的、为满足社会的公共文化需求、保障公民基本文化权利、向公众提供公共文化产品和服务行为及其相关制度与系统的总称。具体内容包括以下几个方面：一是种类齐全、服务质量稳定、能满足不同社会群体基本文化需求的公共文化产品和服务；二是合理的文化政策法规，科学的公共文化服务管制体系；三是高效的公共文化服务提供主体。四是合理的公共资源配置，包括公共财政、土地、城市空间、人力资源等诸多方面的合理配置；五是科学的绩效考核制度。

　　国际间通常认为，当人均GDP达到3 000美元以上时，是居民消费结构转化的节点，是文化消费和精神需求快速增长的阶段。依据世界银行公布的标准，我国已经进入中高级阶段的社会发展水平，市民的文化消费需求日渐旺盛，这为文化产业发展提供了良好的市场环境和市场发展空间，也对构建公共文化服务体系提出了迫切要求。

　　为了满足基层和社区居民的文化需求，让先进文化走入基层、走进社区，贴近百姓，融入生活。逐步在全国推广公共文化服务的"零门槛"，各地市每年制度化地开展送戏、送电影、送书、展览、讲座等文化活动，开展各类广场文化活动，举办音乐会、剧场、讲座、电影、沙龙等，为城市居民提供艺术产品，提高市民的文化享受质量与幸福欢乐指数。

　　城市公共文化服务载体的建设质量在不断提升的同时，需要提供给市民高质量的文化产品的内容资源。近年来，各地城市除走出培育并打造本土品牌文化艺术精品之外，也积极引进外市、国外的优秀节目，文化艺术气氛空前活跃。这些文艺精品活跃在公共服务的舞台上，为广大群众奉献丰盛的艺术"大餐"。打造出一大批文化活动品牌。读书月、市民文化大讲堂、社科普及周、外来青工文化节、创意十二月、城市秋色大巡游、社区文化艺术节、少儿艺术花会……几乎每一天都有丰富的文化活动，各行各业、各种年龄层次的市民都能找到适合自己的文化内容。满足不同层次文化需求的公共文化服务项目，使硬件"硬"起来，内容"活"起来，品位"升"上去，构筑起城市公共文化服务的灿烂星空。

但是，我们当前能够提供的公共文化服务水平与人民群众日益旺盛的文化需求相比，就体现出公共文化服务体系建设中相当程度上的差距：

（1）公共文化设施分布不够平衡。近年来，各地城市文化设施建设有了显著的进步，基本满足了人民群众日益增长的各类文化需求。但是，文化设施的空间分布受到特定地理条件、经济发展水平和历史基础的限制，公共文化设施与服务呈现出总量不足和分布不均衡的情况。相当多的城市不同程度存在着文化设施的水平和档次相对滞后，跟不上公众使用、参与和开展文化活动的迫切需要。

（2）公共文化机构服务效益和能力有待提高。随着城市公共文化机构的不断完善，其服务效益和能力问题日益凸显。主要表现在：一些采取市场化运作的文化设施和场所，由于对管理方缺乏相应的监督制约措施，往往忽视大众性文化娱乐项目的设置，或通过出租、改变用途等来谋求经济效益最大化，造成其性质异化。某些街道文化站、社区文化活动中心被挤占、挪用。公共文化机构的服务方式和手段较为单一，服务手段创新不够，使得公共文化机构服务的效益和水平遭遇瓶颈。

（3）公共文化服务的体制和机制需要进一步改善。利用市场机制提供公共服务是当代政府改革的重要趋势，当前我国的城市公共文化服务主要是依靠政府的投入直接生产，企业、非营利组织在其中发挥的作用相当有限，这种状态限制了公共文化产品和服务的多元化、多样化发展，阻碍了公共文化服务社会化、市场化的步伐。从现实状况看，公共文化服务设施总量不足，文化产品和服务远远满足不了公众多层次、多样化的文化需要；另一方面则是建好的公共文化机构并没有得到很好地利用。现在博物馆、纪念馆、图书馆、艺术馆、美术馆各种展览越来越多，但往往形成"一流设施，二流展览，三流服务"，主要原因在于政府主导的公共文化服务体制不够合理、不灵活，缺乏有效的竞争、激励和评估机制。

面对上述发展中的成就和问题，需要加快城市公共文化服务体系的建设，有如下一些建设性的路径可供选择。

一、创新公共文化服务运行机制

完善公共文化服务的投入机制。从财政政策、税收政策、投融资政策、工商管理和价格政策、文化设施建设政策、社会保障政策等进一步加大扶持力度。健全公共财政体制，调整财政收支结构，把更多财政资金投向公共文化服务领域，每年财政文化事业支出增幅高于财政一般预算支出增幅。改进投入方式，引入竞争机制，对重要公共文化产品、重大公共文化服务项目和公益性文化活动，实行政府采购、项目补贴、定向资助、贷款贴息等，扩大服务范围，提高服务质量，增强服务效益，调动社会力量参与公共文化服务的积极性。拓宽资金投入渠道，形成以政府投入为主、社会力量积极参与的稳定的公共文化服务投入机制,努力实现公共文化服务投入主体的多元共治。

创新公共文化服务方式。积极探索保障社会公平正义的公共文化服务方式。分类制定建设标准和公共文化服务质量标准体系,完善公共文化服务单位的治理结构,建立健全激励约束机制,提高服务水平和工作效率。简化审批登记程序,积极引导社会力量以兴办实体、赞助活动、免费提供设施等多种形式参与公共文化服务。支持各类文化基金会和文化投资公司参与公共文化服务;支持民办公益性文化机构的发展;鼓励民间开办博物馆、图书馆等,促进公共文化服务方式的多元化、社会化。

依据《中华人民共和国公益事业捐赠法》的规定,鼓励社会各界以捐赠、赞助、合作等形式,支持和促进文化事业发展,对捐助者给予一定的社会荣誉和奖励。放宽公益性文化事业的准入政策,鼓励和支持社会资本和外资进入公益性文化领域,吸引和鼓励社会力量投资兴办公共文化实体、建设公共文化设施、提供公共文化服务。

二、增强公共文化产品的生产供给能力

(1) 健全公共文化设施网络。以市、区公共文化设施为骨干,以街镇和社区基层文化设施为基础,统筹规划,合理布局。加强各级各类文化馆(站)、博物馆、图书馆、美术馆、纪念馆和广播电视台(站)、互联网的公共信息服务点和卫星接收设施公共服务管理系统等公共文化设施建设,优化公共文化资源配置,形成覆盖全市、结构合理、功能健全、实用高效的公共文化设施网络。

(2) 加强公共文化产品生产。进一步加大以精神文明建设"五个一工程"为龙头的优秀文艺作品创作力度,尊重艺术规律,树立精品意识,倡导创新精神,加强策划和资助,集中精力,精心打磨,创作更多反映时代精神、个性鲜明、艺术水准上乘、经济效益与社会效益俱佳的优秀作品。采取切实措施,鼓励文艺工作者深入生活、深入实际、深入群众。公益性文化单位要充分发挥在公共文化服务中的骨干作用,面向基层、面向群众,着力提高生产能力和服务水平,提供适应人民群众需要的公共文化服务。支持文化企业生产质优价廉、安全适用的公共文化产品,参与公共文化服务。

(3) 加强网络文化建设和管理。提高网络文化产品和服务的供给能力,提高网络文化产业的规模化、专业化水平,推动优秀文化产品的数字化、网络化,加强高品位文化信息的传播,努力形成一批体现时代精神、品位高雅的网络文化品牌。鼓励多出快出优秀网络文化产品,建立网上博物馆、网上图书馆,探索发展网络出版、网络音乐、网络游戏等网络文化产业的新路径。打造一批能够"走出去"的优秀网络文化产品。

(4) 提高产业支撑和市场供给能力。要发挥深圳宣传发展专项资金的作用,支持新闻传媒业、出版发行、影视制作、演艺、文化创意、动漫游戏、数字传输、会展博览、工艺美术、休闲娱乐、教育培训、印刷复制、体育健身业等重点文化产业,为公共文化服务提供坚实的产品支撑。各类文化企业也要参与公共文化服务,生产更多价格合理、形式多样的公共文化产品,丰富面向基层、面向群众的文化产品种类和数量。充分利用市场机制的作用,引导文化资源向公共文化服务领域合理流动,拓宽选择公共文化产品的空间,增强公共文化服务效能。

三、整合公共文化服务资源

发挥公共文化服务资源的作用，形成比较健全和完善的公共文化服务体系，就必须对现有资源进行整合，搭建公共文化服务的"六个平台"：一是文化信息交流平台，就是在广泛开展各类公共文化活动的同时，及时公布各类文化信息，包括演出影视、图书情报、书画展览、社区活动、文化交流信息等；二是文化设施分布平台，就是在不断完善各类设施建设的基础上，全面展示市内所有公共文化设施的位置、规模、功能、服务和联系方式等；三是文化产品展示平台，就是在繁荣各类文艺创作的同时，及时将创作的各类文艺精品在网上公布，公众只要通过网络点击就可通过图片、文字和视频播放的方式欣赏；四是文化遗产保护平台，就是对全市所有物质文化遗产进行保护、对非物质文化遗产进行发掘整理的基础上，及时在网上公布，让公众能知情、保护和利用；五是文化服务评估平台，就是在充分发挥各类公共文化设施作用的基础上，建成各类设施的评估考评体系，成立文化艺术专家委员会，并在网上公布，让人民群众及时知晓和监督；六是文化理论研究平台，就是在大力倡导文化理论研究氛围的同时，及时在网上公布文化理论研究成果，让人民群众享受文化理论研究成果，参与文化理论研究。

四、抓好人才队伍建设提高公共文化服务水平

以提高素质和能力为重点，创新公共文化服务人才培育方法。要牢固树立人才是第一资源的观念，以解决我国当前暴露出来的公共文化服务领域人才短缺、激励不足等问题。建设一整套吸引人才、帮助人才创出业绩的良好的人才制度，为人才的发展创造良好的环境，真正保证公共文化服务质量并得到不断发展。要采取多种方式及时吸收各类优秀文化人才充实专职文化队伍，开辟"绿色通道"引进文化专才建立文化人才高地，大力发展和健全公共文化服务组织，鼓励民间成立各种形式的业余文艺团队，发现和培养一批热爱公共文化服务工作的人员作为兼职人员，积极发展文化志愿者和文化义工队伍。加强文化服务人员培训，在一些领域实施从业资格制度，不断提高公共文化服务人才队伍的素质和能力；建立一个完整的人才体系，主要包括四方面的人才：（1）专业人才。要努力培养名理论家、名艺术家、名作家、名记者、名编辑、名主持人、名播音员等文化艺术专业人才队伍，提升公共文化水平；（2）管理人才。管理人员要走专业化的道路，既要有管理经验，也要有专业知识和眼光，这样才能管理到位，这是文化管理的特色和特点；（3）经营人才。公共文化服务体系建设既需要文化事业发展，也需要文化产业为公共文化服务提供产业支撑与资金支持，二者都要有优秀的经营人才发挥作用，带来社会效益和经济效益的双赢；（4）基层文化骨干。基层文化骨干是基层活动的主要组织者和指导者，特别是有一大批吹拉弹唱舞，能编会导的艺术人才，把他们组织起来，因势利导，在基层公共文化体系建设中会发挥着重要作用。

让人民群众共享文化信息资源，建立与完善公共文化服务体系，实现公民文化权利是城市文化建设的重要目标；建设公共文化服务体系，是维护好、实现好、发展好公民基本文化权利的主要途径。要按照"结构合理、发展平衡、网络健全、运行有效、惠及全民"的原则，探索以"政府为主导、以公益性文化单位为骨干、鼓励全社会积极参与，努力建设公共

文化产品生产供给、设施网络、资金人才技术保障、组织支撑和运行评估为基本框架"的覆盖全社会的公共文化服务体系。必须积极寻找加强城市公共文化服务体系建设的对策,切实保障人民群众进行公共文化鉴赏、参加大众文化活动等基本文化权益。同时,要大力加强重大公益性文化工程建设,建立健全公共文化设施网络,充分发挥现有文化设施作用,积极开展公益性文化活动;加大产业支撑和市场供给,增强公共文化产品的生产供给能力;创新文化服务方式,创新公共文化服务技术,创新公共文化服务运行机制,让人民群众共享文化福利。

第六节　制度创新

一、城市制度研究的国内与国际基本状况

城市的制度建设问题,关系到城市民生和城市的竞争力强弱。党的第十八大报告强调了民生问题的迫切性。城市制度设计与创新中,应当向"教育作为民生之基,就业作为民生之本,收入分配作为民生之源,社会保障作为民生之安全网"的方向努力推进,而不是相反。

要实现政府执政理念和职能的转变,民间组织应该在城市建设中发挥更大的潜能。

近年来,以城市化为背景的公共服务、社区治理研究成果十分丰富。它们大多从城市社会和社区的治理主体、权力结构和治理模式等层面入手,并引入西方社区理论提出了有价值的见解。比较重要的有:社区要淡化"行政性"和发展"自治性",实行多元治理模式,以"委托代理"理论指导城市社区治理。西方城市制度创新的理论研究由来已久,19世纪中叶,在社会矛盾加剧、冲突频繁发生的背景下出现的社会秩序理论的,标志着西方城市制度建设理论产生;20世纪30年代后,社会福利理论与福利国家理论获得了重大发展;自20世纪80年代以来,流行"第三条道路理论"与"社会投资型国家"理论。影响比较大的理论范式主要有以孔德、斯宾塞、涂尔干、帕森斯为代表的功能论和以马克思、韦伯、达伦道夫、科塞为代表的冲突论。城市治理和社会资本是当前西方城市社会研究的热点。西方行政改革及政府再造运动下应运而生的新公共服务理论、公民社会理论和非政府组织理论,对我们的探索也具有参照意义。

西方国家的研究领域注重于治理结构层次和公共管理层次,对治理工具研究不足。国内对城市制度的探索,涉及面很广,但主要是体制机制和单项制度研究。我国学界更注重对正式制度和社会结构的分析,对于非正式制度和社会规范等文化因素的关注较少。基于中国城市的实践,从制度角度出发,系统研究城市社会制度规律的成果甚少。

二、城市社会制度创新的核心内容

党的十八届三中全会提出全面深化改革的目标,其中,制度改革与制度创新就是一个极为重要的方面。过去,经过30多年的改革,一方面传统改革的动力逐渐减弱,另一方面在改革开放中形成的特殊利益群体丧失了进一步推动改革的发展热情与动力,希望安于现状,希望在市场经济与传统计划经济之间维持"双轨制",这样就可以兼得两种游戏规则

的好处,依靠政策或特权获得利益,而无需依靠技术创新、资金原始积累来获得优势地位;依赖对国内实行的行业垄断,制定出远高于国际同类产品的价格获得超额利润的同时,与国际同行的产业竞争中,它们却"屡战屡败、屡败屡战";它们在与国内民间企业竞争中百战百胜,却不是依靠具体的运营和管理制度的优越或技术的领先,而是依靠垄断性的银行优先贷款和国家或地方性的政策绿灯。因此,建成高度发达而又具有国际竞争力的社会主义市场经济,需要我国的经济制度、城市运营与管理的制度方面,做出更大力度的创新。上海自由贸易区的设立,不仅仅具有对外经济贸易的方向标作用,也具有城市制度创新的系统性导向意义。

与国际社会的城市化进程相比,我国的城市化水平本来就大大滞后于经济发展的规模与速度;与城市化发展速度相比,我国的城市制度建设水平更是相形见绌的。这种制度建设滞后的局面,成为制约中国改革、发展和稳定的重要因素。城市制度创新是必由之路。

制度创新是解决社会失灵的解药,也是寻求社会修复的补药,更是城市社会现代化的先导。合作性的制度创新理念应当成为中国社会建设的指导理念,而"制度创新"和"主体制度建构"是城市社会建设制度创新的关键,"优化文化制度功能"是城市制度创新供给的环境基础。城市社会建设制度创新应当以主体制度设计为切入点,以解决制度失灵为首要任务,以彰显城市个性为鲜明特征。

改革开放30多年来,我国城市经济和社会发展取得了长足发展。与经济建设的辉煌成就相比,城市社会建设相对薄弱,社会改革相对滞后,社会发展相对缓慢。劳动就业、社会保障、收入分配、教育卫生、居民住房、安全生产、司法和社会治安等关系群众切身利益的社会问题层出不穷,社会矛盾日益增多,社会冲突时有发生,成为制约中国改革、发展和稳定的重要因素。我国经济发展的"人口红利"的收益大多被用于基础设施建设、生产再投资和城市发展,对公民的教育、健康和保障,以及社会的建设和发展投资的不足,许多城市暴露出发展后劲不足,传统发展模式难以为继的结构性问题。这是目前制约我国经济发展的深层次的原因。要改变城市发展的宏观结构性偏失,进行大规模的制度创新不可避免。

美国未来学家阿尔温·托夫勒在《第三次浪潮》中指出:"经济社会的快速发展,新时代浪潮的形成,关键不在于技术,不在于人,而在于制度。"基于全球化和知识经济的背景,总结世界城市发展的基本经验,运用先进的制度理念,系统地设计城市社会建设的制度体系和制度供给路径,是一个前沿的挑战。

三、城市制度创新的具体内容

(一) 制度创新是城市社会建设的现实要求

当今世界,城市越来越成为经济社会的中心和主宰,全球化所带来的日益激烈的国际竞争主要体现为城市之间的竞争。大量社会问题和环境问题的出现,往往超越地方政府管理和服务的界限,迫切需要新的制度供给,"城市治理""危机治理"已成为世界城市的发展理念和政策考量。知识、信息和媒介功能爆炸性增长成为经济增长和公共政策的发动机。城市是人类知识进步的产物,又是知识集中的区域,反过来,城市成为知识的摇篮。

知识产业不仅仅是信息产业,它还应该是生产、传播知识及其软载体的产业的总称。伴随着城市化的加速必然是城市地位和作用的日益提高和城市自主权的日益增强,这也必然要求城市管理体制发生相应的变革。全球化和知识经济的迅速发展推动城市管理模式转变,市场经济体制的建立要求政府城市职能重新定位。这是城市社会建设所面临的深刻历史背景,这样的变化需要大规模制度供给和创新。

我国正处于工业化、城市化、现代化发展的关键时期,一方面,经济发展严重不平衡、资源与环境约束矛盾突出;另一方面,公共需求全面快速增长与公共服务不到位、公共产品严重短缺的矛盾突出。利益分化是社会转轨时期最广泛、最深刻的变化,导致在共同治理过程中出现博弈、竞争和"搭便车"现象。解决这些价值观断裂、社会结构断裂的现象,面对城市社会利益诉求的多元化,需要与城市发展进程相匹配的经验积累和制度创新。

(二)制度创新是解决社会失灵的解药

城市的集聚发展,不仅存在"市场失灵"和"政府失灵"现象,也存在"社会失灵"问题。由于长期以来大政府、小社会的格局,国家能力远大于社会能力,造成社会自我组织能力比较弱、社会自主治理的能力比较差。同时,在社会转型期,如果国家管理社会职能收缩过快,社会又无力填补这一空白,就会造成社会管理失控,社会发展的无序和混乱,甚至引发犯罪增加乃至社会动荡。必须寻找一种社会发展机制,既能替代或补充行政力量下降所造成的空缺,又能实现社会自我调节、自我控制、自我发展。这期间大规模的制度创新不可避免,社区建设就是作为这样的一种机制被引入到社会建设的实践中,有助于政府加快转变管理职能,改革管理机构,改进管理方式,实现"小政府大社会"的愿景。

社区自治作为社区建设的一项基本原则,虽然被不断地强调,但缺乏具体制度支撑的社区建设困难重重。法律虽然赋予了各社区主体相应的地位和职能,但大多数治理主体并不能或不愿履行职权,居民委员会难以真正成为自治组织,居民参与社区治理积极性也不高。一方面,许多职能部门热衷于挂牌子、建队伍、搞活动,将任务进社区,考核进社区,评比进社区,可是人员、经费、服务却不进社区,社区承担的各职能部门安排的各类任务、考核评比项目在有些地方达100多项。另一方面,社区居民的参与意识淡薄,对社区活动的参与也不积极。原有的单一行政管理模式尚未根本改变,社区依然是政府的执行组织,社会组织应有的自主治理的优势无法发挥,社会资本不能承载社区发展的要求。

(三)制度创新是寻求社会修复的补药

可以看出,我国社会建设除了缺乏大量政府主导的正式制度设计,还缺乏为数众多的微观制度和非正式制度设计。要真正实行社区自治,必然要求将居民自治组织从传统的行政依附地位解放出来,重新构造政府与社区之间的关系,将社区管理的权力归还给居民自治组织,培养居民的参与意识和自治能力,培育制度环境,培育和发展社区组织,提升社区的自治能力,重新建构政府与社区组织的关系模式。

(四)制度创新是城市社会现代化的先导

城市制度是城市发展的支撑性资源,是自然环境和经济文化等城市资源合理、有序、高效利用的保障。城市制度是城市生活方式的基础,是城市的内在本质和发展动力,是城市的深层内涵与本质。以制度创新为先导是城市发展的自觉化,中国现代化建设中出现的诸多问题都与城市研究中"制度视角"的缺失有关,能否以制度创新为动力推动社会发展是衡量社会发展自觉程度的重要标准，自觉推动城市制度转换是城市发展进入自觉阶段的根本标志。

发达国家城市现代化成熟的重要标志是形成了较完善、合理的城市制度，即完善的市场体制、合理的民主机制与开放、平等的市民交往习俗的统一。城市现代化一方面带来了巨大的社会进步，另一方面也引发了诸多社会与心理问题。而解决城市发展过程中诸多问题的重要基础是反思现有城市制度的不足，建构更加完善、合理、人性化的城市制度来引导城市发展，通过对城市制度的理论依据、形成过程、功能作用等的研究，对城市政府、企业、市民的行为规范加以制度设计，以实现城市经济、社会、环境的可持续发展。在社会普遍交往不断扩大的状态下，自觉地学习、创立先进的制度，以新的制度为先导，推进社会结构与要素的整体跃升是一条基本规律。发达国家城市化的经验，为我国采取制度先导模式推动城市发展提供了重要条件与基础。以制度创新为核心推进我国城市发展，可以协调城市化与城市现代化的冲突与矛盾，降低城市转型成本，减少社会震荡。制度先导是我国城市跨越式发展的实践路径。

四、城市社会建设制度供给的基本理念

（一）城市社会建设制度创新的基本理念是"合作性"

从理论上讲，西方学界一直存在分别针对人、制度、文化三种元素的研究路径。二战后，理性选择理论成为社会科学的主流范式，人成为三大元素中的主旋律，公共选择理论和博弈理论就是其代表。20世纪60年代后，新制度主义重新唤起了人们对制度元素的重视。进入20世纪90年代后，随着全球化进程中东西方国家间的社会文化冲突日益升级，文化元素再次成为社会科学界关注的重点和解释的工具，诸如社会资本的解释范式逐渐兴起。人、制度和文化三个解释元素再一次回到了同一水平线上。对城市社会发展的研究应当综合考虑人、制度和文化三大元素之间的相互关系和对社会发展的推动合力，来解释和探寻城市的社会发展规律。

从实践来看，城市社会建设必须符合现代社会的一般要求、转型社会的特殊规律和社会主义的本质，形成既能保证社会自主性，又能充分发挥政府协调与控制功能的制度模式，从而形成多元主体"合作性模式"的城市社会建设理念。

（二）城市创新的关键是"制度创新"和"主体制度建构"

制度体系的协调与统一是实现制度效率的至关重要因素。我国社会建设制度核心在于建立公平高效的产权体系、公平市场体系及合理的分配制度；解决部门利益集团化、普遍化和机制化的问题是社会公共服务制度改革的当务之急；改进政府治理公共事务的方式，实现公共品生产主体的多元化；建立完善社会公共安全服务制度体系，提供新型的公共事务的治理结构；实现从行政区内部政策到区域公共政策的区域公共管理制度创新转变。

社会主体的品质决定着其行为和社会生活的状态，社会主体的利益关系决定着社会态度，社会主体结构决定着社会发展的形态，社会功能的调整与完善决定着社会发展的水平，而规范社会主体、结构和功能的制度和机制则是基本的保障；突破社区机制封闭，形成社区与政府、市场及其他社会单位的良性互动，才能不断提高社会的结构水平和整体品质。

（三）城市社会建设制度创新供给的环境基础是"优化文化制度功能"

制度规范从本质上表现为一种文化，制度是价值结构、累积因果和文化演进的结果，优秀的城市制度是城市中的各种利益主体长期利益博弈所达成的均衡。人不是简单地追求自我利益最大化者，人的行为是在历史文化和制度背景下做出的选择，除了经济理性的驱动，还受到历史、文化和社会价值体系等的影响。人类社会生活的大部分空间由非正式制度来约束，优化以社会信仰和社会核心价值观念为主的社会文化制度，培育市民的公共意识和担当精神，实施"社会现代治理"，是弥补市场、政府和社会失灵的关键性措施。

五、城市社会建设制度创新的基本路径

城市社会建设制度创新应当以主体制度设计为切入点。城市社会建设制度创新在于核心制度（改革与发展制度体系）、基础支撑制度（公共服务、社会保障和利益分配制度体系）、重要具体制度及其制度环境的建设。各类制度的关键在于确认社会主体的关系。要从个体、政府、城市社会组织与社区社会的互动关系入手，确认社会主体的法律地位、主体的法律关系以及社会主体的利益分配制度。解决城市化和现代化过程中社会转型的矛盾和冲突的着眼点，最根本的还在于社会主体的基本关系定位。

城市社会建设制度创新应当以解决制度失灵为首要任务。城市社会建设是一个比经济建设还要复杂的制度创新与供给过程，不仅要解决市场失灵和政府失灵现象，还要解决社会失灵问题，更要实现三种制度体系的相互协调。市场失灵不再是经济发展过程中的个别和暂时现象，而是市场规律在社会发展中的失灵，是普遍和长期现象。政府失灵是在国家市场体系建立以后，政府行政行为、政府与社会关系模式的不适应，是系统性的失灵。社会失灵则是原有的社会结构和社会主体行为、社会资源配置和社会运行机制的不适应，也是系统性失灵的重要表现之一。市场失灵＋政府失灵＋社会失灵＝制度失灵。

城市制度创新的首要任务是以制度设计超越价值规律和市场规则、超越行政权威，完善社会结构和社会运行规则，创造优秀的社会制度体系，以制度为先导推动社会建设的发展。

城市制度创新应当以彰显城市个性为鲜明特征。以制度为先导推进城市发展并不意味着建立统一、没有差别的城市制度。任何制度都是历史的、具体的，国家、民族、文化历史传统不同，城市制度便有差异。我国城市发展落后不仅表现在城市化与城市现代化水平低，也表现在各地区城市发展雷同，没有形成多样的特色城市。对城市制度统一性与多样性的科学认识则是建构多样特色城市的重要前提。保持全国城市制度设计原则上统一的前提下，倡导各城市结合自身文化传统，探索各具特色的具体制度方式，是我国城市发展的重要方向。

城市制度创新要树立国家与社会"合作"的理念，突出解决制度失灵问题，在制度创新中彰显城市个性，创新社会主义现代化的城市制度体系，优化制度环境，形成具有时代品质的城市社会制度。

有鉴于我国传统的城市文化传统倾向于重权威而轻民主、重人治而轻法治、重形式而轻效率、重经验而轻科学、重守旧而轻创新等特点，严重影响着城市制度创新的实际效能。城市制度创新必须坚持和确立责任、效率、务实、创新、法治等基本价值取向。

案例一：《你有终身就业力吗》

如果你大学毕业就面临着失业，如果你所在的产业突然发生巨变，你必须面临裁员，你能在 3 个月内找到和现在一样令你满意的工作吗？

如果对此没有把握，你就该好好思考一下最近职场的趋势：从业人士遭遇事业的危险比过去更高。有了终身就业力，你将不用为工作发愁。

就业力是未来年轻人必备的能耐之一。就业力的本质是永续实现自我的能力，而非拥有一份工作的能力。核心就业力包括态度、个人特质、职业生涯管理与自我营销。

就业力是指某种专业能力，现在许多人"只要拼命学专长、考证照，朝新兴行业转型就对了"的想法并不正确。你在专长的跑道上都跑不好，怎么能在其他跑道上当第一？

究竟怎样才能获得让自己受益终身的终身就业力呢？

第一，盘点自己，找到对自己最有利的位置。你可以与自己的内心对话："我能做得很好的事是什么？""我喜欢做的事是什么？""我未来想成为怎样的人？"简单的三个问题很可能帮你找出你身体里的"金矿"。

你独特的金矿是什么？"创意思考""在短时间内找到重点""会讲故事"……不要小看这些看似跟成功没关系的特质，看似无关紧要的特质，未来可能是你战胜大环境的利器。

第二，学习不盲从，靠独特的技能让自己无可取代。读懂自己后，根据自己的特质深入学习，不盲目跟随眼前的就业热潮，每一个动作都是为了将自己的独特性刻印得更深，让别人无法取代。

第三，用"冒险"和热情点燃未来。盘点自己的特质后，当你做出选择时，并不会一帆风顺，甚至可能要牺牲本来拥有的一些东西。很多人把这样的选择视为"冒险"。

英国管理大师查尔斯·汉迪在《你拿什么定义自己》一书中指出，我们每个人都有机会"让世界为我所用，而非我为世界所用"，只不过，像在超市里拿起熟悉的食物一样，面对自己的职业生涯，我们总是直接抓起熟悉的和习惯的工作。

别被你现在的工作和职位限制，尽可能发掘各种可能性，让自己的一生比大多数人都精彩。永远别担心为时已晚，重要的是你有热情。当你找到热情的那一瞬间，你终身就业力的能量就在瞬间爆发。

（旷文琪：《思维与智慧》，《学习天地》2013 年第 2 期）

案例二：《无用知识的有用性》

什么是无用知识？什么是有用知识？这与时间期限的长短很有关系。这里有三个例子说明那些短期看上去无用的知识，在长期的巨大有用性。

第一个例子是关于理科的，是物理学的例子。这是佛莱克斯纳文章开头中讲的例子。当年普林斯顿大学高等研究院院长佛莱克斯纳问柯达先生谁是最有用的发明家时，柯达立即回答是无线电收音机的发明人马可尼。佛莱克斯纳反驳说，麦克斯维尔和赫兹的理论贡献更加有用。虽然麦克斯维尔在 1873 年发表的电磁理论完全是抽象的数学,虽然赫兹在1887年对他做的电磁波实验的实用价值毫不关心,但是这些看上去"无用的"研究却为后来有用的发明打下了基础,没有他们的工作就没有后来马可尼的发明。

第二个例子是关于文科的,是经济学的例子。这是普林斯顿大学马斯金教授的"机制设计"理论。这个理论的起源是研究市场经济与计划经济在利用信息上的效率问题,不仅是抽象的理论问题,而且本身也是非常抽象的数学模型,看上去没有什么有用性,特别是在市场经济中的有用性。但是后来,机制设计理论有着非常广泛的现实应用,比如它成为研究市场中的拍卖问题的理论基础。拍卖不仅适用于传统的艺术品,也适用于诸如无线频谱等产权的拍卖,而这是当前移动通信行业面临的实际问题。

第三个例子是关于工科的,是计算机工程的例子。这是乔布斯的故事。2005年在斯坦福大学的毕业典礼上,他讲述自己在大学第一学期后辍学的经历。他没有离开学校,而是听了一些自己感兴趣的课,其中一门是美术字课。这在当时看来完全"无用"的课,在10年后他设计第一台麦金塔(Macintosh)个人电脑时,为发明电脑上的可变字体发挥了作用。乔布斯这样回忆说:"如果我当年没有去上这门美术字课,苹果电脑就不会发明这么漂亮的字体;又由于微软视窗是照抄苹果的,所以很可能所有个人电脑上就都没有这样的字体了。"

这三个事例对我们很有启发。如果说第一、第二个例子是关于科学研究中的"无用"与"有用"的话,那么第三个例子就说明了对于一名学生来说,在学习中的"无用"和"有用"。当然,我们知道并不是所有无用知识最终都是有用的。但是这些例子说明了,我们过去对知识的有用性的认识过于狭隘和短视。

我们必须面对这样一个现实,就是我们处身于一个功利主义、更确切地说是短期功利主义的大环境中。无论做研究还是学习,人们总喜欢先问"有用""无用"。"有用"也指的是立竿见影式的有用。比如在校学生选课前总喜欢问这课有什么用?对面试和找工作有用吗?

但有趣的是,当已经毕业10年、20年、30年的学生对大学时期所上的课的评价却与在校生很不一样:他们感到遗憾的是,当时学的所谓有用的课在后来变得如此无用,而后悔当时没有更多地去学那些看上去"无用",但后来实际上很有用的课,比如一些人文、艺术、社会科学类的课。

乔布斯这样反思:"在我读大学时,是不可能把未来的许多点连接起来的。只是在十年之后,当我回头看时,是如此的清楚和显然。""人是不可能向前预测如何把这些点连接起来,只能回首往事时才能把这些点连接起来。所以你必须相信在你的未来,这些点将得以连接。"这是一个值得记住的人生哲学。正如佛莱克斯纳说:"我们不能对我们自己做出许诺,但是我们珍惜那通畅无阻地探索无用知识的有用性终会在未来产生结果的希望,就像过去被证实过的一样。"

虽然有用未必就是唯一的价值判断,因为知识的价值可以是内在的,无须体现在它的工具价值上。但是,理解短期无用的知识可能是长期有用的知识,对我们正确认识知识的有用性有极大意义。

(清华大学经济管理学院院长钱颖一:《无用知识的有用性》,《学习天地》2013年第2期)

第九章　城市文化的归宿：宜居、宜商、宜游与服务功能完备

城市文化的发展不是为了发展而发展，而是为了改善市民的物质生活、精神生活、政治生活、生态环境，为了提高城市市民的生活质量。为了将这种生活质量变得可检测、可度量、可比较，于是出现了统计并公布城市最低工资标准的做法。这种做法也是国外开创的先例，我国加以跟进的。我国由首善之都北京、第一大城市上海、最大的对外贸易城市广州、最成功的特区城市深圳率先开始，逐步在全国加以推行。这项举措便于迅速表达城市的生活质量基准指标，是衡量一座城市现代化水平的基本和关键的数据。随着社会生活的发展变化，各城市之间的有关数据也在变化之中。在我国的经济增长率率常年高居世界前列甚至占据首位的情况下，有关数据的调整几乎一直是在上调而非下降。最新数据表明，2013 年 9 月 28 日，全国有 24 个省市上调了最低工资标准。以绝对数据而论，上海的月最低工资标准达到 1 620 元，为全国之冠；而北京和新疆自治区为每小时工资标准最高的省市，为 15.2 元。表明我国在全人类有史以来最大规模的城市化浪潮中，城市发展的绝对指标正在以高速度前进。

我国的城市化水平在 2011 年突破了 50%，标志着我国进入了国际公认的城市化中期阶段。城市最低工资标准和单位小时最低工资标准等指标，也为建设宜居、宜商、宜游及完整配套的城市文化功能提供了重要的发展衡量指标。

第一节　宜　居

城市宜居的现实条件之一，是必须改革城市户籍的行政计划与审批制度。这项制度是我国在 20 世纪 60 年代初，为了控制农村人口涌入城市而设立的，也被称为户口管理制度。改革开放后，虽然有所松动，但始终存在着。广州市曾经在 2000 年宣布，将于 2010年废除城市户籍审批制度。自从北京被认为是世界上最缺水的城市、最拥堵的城市后，北京城市文化的危机感空前加重了。北京市的宜居程度开始广受质疑了。2013 年，北京市宣布，将严格控制外地人口进入北京的数量。看来，部分特大城市的户籍开放程度并不随时间的流逝而宽松。当然，改革户籍制度并非是实现城市梦的所有内容，而且改革户籍也并非可以一劳永逸，但是改革户籍制度却是必要条件之一。

对五万余网民的民意调查显示，随着大约一半的中国人口将居住在城镇里，"城市梦"就成为实现"中国梦"的关键组成部分。

中国当前依赖出口和投资拉动的经济增长模式既不均衡又不可持续，还受到世界经济不景气的影响，尤其是深陷主权债务危机的欧盟各国，频繁地挥舞反倾销调查的大棒。我们低技术含量的产品出口，恰恰授人以柄，给了绞尽脑汁寻找借口的欧盟一个鸡蛋里挑骨头的"冠冕堂皇"的理由。他们高举惩罚性关税的大棒时，心里正在幸灾乐祸地得

意——"瞌睡给了个枕头",想给中国设置贸易壁垒,随便找,软柿子好捏得很。

为了扭转这种发展模式在国际上的被动局面,中国决心转变经济增长方式,促进消费增长,变出口导向型经济为国内消费型经济。国内消费的培养,除了实施"国民收入倍增计划",提高广大民众的消费能力,让民众充分享受改革开放的成果之外,还要有切实地提高国内消费的路径与动力。这个动力就是启动全国范围的新型城镇化进程,拉动家庭、乡村、社区、城市的消费,为新一轮经济增长提供可以长期发展的动力,减轻对世界资源消耗的巨大浪费,降低对西方发达国家市场的依赖。对于欧、美大国高高举起的制裁大棒来说,这一招无异于釜底抽薪,让他们失去依据。改革开放后的 30 多年来,中国维持着 7.7%~11% 的高增长,消耗着全世界矿石资源的 50% 以上,石油资源的 1/3 以上。假设我们的经济总量再增长一倍,我们也不可能让全世界所有的矿石和石油都来满足中国发展的需要。所以,以消耗资源为代价的粗放型经济增长模式确乎难以为继了。

目前大约有 2.3 亿的流动人口在城市里工作却没有当地户籍,被称为"外来工"。他们因为不是工作地城市合法的永久居民,子女无法进入公立学校读书,不能参加申领政府为低收入阶层建设的安居房、解困房,不能享受到城市市民才有的医疗保险、养老保险等社会保险福利。人才市场上的许多高级、中级职位都要求有当地户口者优先。流动人口在城市里处于明显的弱势地位,甚至朝不保夕,成为城市社会不稳定的重要因素。

然而,中国的流动人口为中国城市提供了人类历史上空前绝后的劳动力大军,造就了世界经济史和世界城市史上前无古人、后无来者的城市化速度之"中国奇迹"。这支超过人类历史上所有军队数量之和的建设大军,推动了中国改革开放后的经济繁荣,令世界为之惊叹。

有关中国城市化进程,国内外学术界有不同的看法。有人认为,当前中国的城市化是不完整的、片面的城市化,7 亿内陆城镇居民有三分之一并未真正实现"城市化"。也有人认为,中国当前已经建成的楼房与道路需要未来 20 年的时间来消化,可以安置涌入城市的新人口,中国已经走在城市化的路途中。

国内调查反复证明,能够在城里买得起房的农村务工人员少之又少,绝大多数成为租赁房屋居住的暂时栖身群体。这与西方金融学家斯蒂芬·罗奇基于数字模型得出的预言落差甚巨。大批从农村来到城市的流动人口只能吸纳到老旧住宅区,却无法把超前建设成的城市新区一座座"鬼城"变成"欣欣向荣的大都会"。而真正有经济实力把"鬼城"变成"欣欣向荣的大都会"的超级富豪们要么已经超前低价购入太多的豪宅,囤积居奇,等待高价脱手,要么他们自己本身就是房地产商,要么正在将资产转移到国外。大量的工薪阶层即中产阶级,以举家之积累,再加上向银行借贷按揭,购买到一套分期付款的商品房之时,也就是全家族背上 10 至 20 年的购房债务,成为后半生为银行打工的"房奴"。有学者指出,这些新时代的"包房工"们(夏衍在 1935 年发表的中国第一篇报告文学《包身工》里那些被一辈子卖到外资工厂里做工的童工们被称为"包身工"),每买一套商品房就被消灭一户中产阶级家庭。中国的中产阶级成长与壮大的道路何其艰难曲折。

美国布鲁金斯学会研究员霍米·哈拉斯发布预测,在 2010 年至 2015 年期间,中国的中产阶层将达到 5 亿人口。他们考虑到中国城市人口生育率超低的现实。在现有户籍制度和城市管制模式下,农村务工人员进城找份高收入工作,通过诚实劳动步步高升进入中产阶层,依然是难以企及的愿景。

从 20 世纪 50 年代建立起来的户籍制度,已经不适应当今的社会发展要求,取消为了制造城乡二元社会而建立起来的户籍制度是必然的趋势。但是,当前中国人口过于庞大而城市的吸纳能力有限的现实,又决定了户籍制度不可以立即全面取消。只能由各个城市依据自身吸纳能力,分阶段逐步实现完全放开,消除人为的不公平,提振内源性消费市场。依据这种设想,中国城市每年将吸纳 1 500 万流动人口,将他们的身份转变为城镇居民。中国聚集人口最多的 3 个特大城市群,7 个特大城市,40 个中心城市需要更大的步伐和更深入的户籍改革配套措施。考据到城市市民文化素质的构成要求,吸纳新增城市人口的先后序列中,最优先吸纳的是每年 960 万大学毕业生群体,其次吸纳有一技之长、能够通过自己提供的劳动与服务,在城市里养活自己的有技能务工者,最后,是基于人道主义而安置的没有技能的务工人员。

合法的城市市民身份,将减少歧视与不公,给予新城市市民平等发展的机会,让他们通过勤劳工作而获得合法合情合理的收入,改善自己的社会处境和社会地位,过上有尊严的生活,为实现和谐社会奠定现实的社会根基,为共同建设"大同世界"而齐心协力、共同奋斗。

要实现产业升级,建设一个宜居、宜业的城市就必须进行城市升级。广州在七八年前的环境也比较糟糕,15 年前明显不如泰国首都曼谷,经过城市升级改造和绿化经营,最近成了"全国宜居城市"之一。佛山也在大力推动建设"产城人"融合的城市升级新路径。

据了解,从 2013 年初至 8 月份,仅佛山市禅城区,用于发展科技的资金投入已有 2.5 亿元,完成全年任务的 85%,并远超以往整年度只有 5 000 万~6 000 万元的水平。同时,依托一些高科技公司,禅城区今年新引进 13 个高层次人才创新创业团队,共拥有 14 个省级研发中心和 17 家省级工程中心。

科技一条街位于佛山国家高新区信息大道两侧,长约 3 公里,以力合科技园为主要载体,分为工业设计区、国际合作基地、光机电区及配套服务区,目前滨水长廊、产业智库城等项目正在建设中。

佛山市长刘悦伦博士指出,首先要把环境搞好,然后还有载体建设、融资体系、服务体系,同时做好生活服务,这一块很重要,要让人家来到这里之后感觉不用去佛山其他地方或广州了。他为创建宜居城市提供了一个十分生动而有趣的典型案例:一家公司评选年度最佳员工,出人意料的是一位厨师当选,原因就是这位厨师把饭做得太好吃了,公司里没有一个人愿意跳槽,这就说明,宜居城市的魅力之一就是要用居住、娱乐和美食把人才吸引过来又留得住。最近佛山国家高新区从外延到内涵都有了变化,从全省倒数升至全省第三名,是飞跃性的跨越发展,成为全国前 20 位的高新技术产业示范基地之一。

应该提高城乡居民国民体质达标率这个二级指标在城市幸福指标体系中的权重。随着生活节奏的加快和生活压力的加大,职业病、未成年人课业重等不断侵袭人群,对我们体制造成极大的威胁。身体是谋生的基础,没有健康的体魄又谈何幸福,因此,要将居民国民体质达标率摆上更为重要的位置,着实想方设法提高居民的体质达标率。

城市的宜居状况还应当包括收入、保障、物价、住房、教育、环境、医疗、文化、生活质量、公共服务等方面的 37 个项目来规定幸福城市的指数。国际上已经有很多尝试,比如说绿色 GDP、联合国人类发展指标、英国国内发展指数、教育程度、婚姻质量、民族性格、自尊强度、生活态度等。城市创建宜居环境的因素非常庞杂,城市的建设者当然不应该胡子眉毛一把抓,面面俱到。相反的,定位清晰、重点突出、特色鲜明、文化韵味浓郁,才是城市宜居的核心竞争力之所在。

制订城市宜居的考核指标的时候,要考虑到市民的生活感受,又要适当地高于市民的生活现状,最终能够让市民体会到给他们带来确确实实的幸福。

在制定城市宜居指标、评分机制、评分体制时,都应该有科学、清晰的脉络。例如,公共服务的满意度就是一个加权考量指数。市民对城市治安状况也是有很高关切度的,绝对不可漠然置之。制定城市宜居指数时,需要有一个清晰的编制原则,不能从主观出发,要以客观为主,不能从个人的角度出发,要以大局为重,不能着眼当前要有前瞻性,也就是有主有次、层次分明。比如说民主政治满意度,也应该是一个重要指标因素。宜居的城市要有一个海纳百川的心态,要能高瞻远瞩、放眼未来。

建设宜居城市,要做的事情很多。比如,城市公共安全的因素。城市必须提供防灾减灾的设施、机构、人员、编制、经费、训练、通讯、交通路线等。又比如普通市民防火防灾知识与技能的普及教育状况,市区主要设施、社区有关避险路径指示完备与否,人居避险场地有多少、消防通道设施完备程度、住房框架结构占有率或者是危房率。对比一下,中国的五级地震多少房子倒了,日本九级地震的情况又如何,就知道我们存在的差距和追赶的目标了。按照广州地区的设计要求,要修建抗七级地震的建筑设施,应该统计一下,究竟有多少建筑设施不达标,占城市建筑总量的百分比是多少。广而言之,中国大多数城市的居住房屋和公用建筑设施,比较普遍地存在着这些问题。否则,一次次的地震灾难中,为何震倒的都是中小学校舍,而不是银行大楼、税务工商大厦、交通监理部门等国家强力机构。难道仅仅是国家缺建设资金、我们的城市建设技术水平达不到要求吗?

城市人居环境的噪音治理也是城市化进程中越来越突出的问题。城市中的人很多不愿意住在市中心,主要就是因为噪音太大、空气、水的质量严重下降。

具体地说,时下人们关注最多的是食品安全,毒猪肉、毒牛奶、毒馒头以及假烟假酒,伪劣产品盛行,可以想象,如此城市环境是适宜居住的吗?这些问题为什么会出现,而且这些问题往往是通过媒体先曝光,政府才来反思。出现这些问题,一方面是我们国民的素质,大家都有一种心理,反正只要能够赚钱干什么都可以。更重要的是城市的社会管理出现了问题。而且媒体曝光后不久,假烟、假酒、毒奶粉、注水猪肉、用老鼠肉顶替烤羊肉串等事件依然层出不穷。中国市民关注最多的是食品安全问题。美国科幻小说家布克华德创作了一篇科幻小说《金星人的困惑》,写的是金星上的科学家经过发射宇宙飞船实验,认定如下结论:如果他们的飞船和太空人能够在地球上的水泥地和毒空气里存活的话,那么他们将会在征服太空的其他星球中无往而不利![1] 现在,国内外民间则流行更幽默的说法,各国的父母如果决心把孩子培养成"一不怕苦二不怕死"的好汉,就把孩子送到中国来生活,在中国喝有毒的牛奶、喝漂白粉的饮用水、吃六和速成饲料鸡、避孕药喂熟的鱼和黄鳝、口蹄疫的猪肉、疯牛病的牛肉、禽流感的鸡肉、麦当劳洗过马桶的可乐、肯德基有害的

---

[1] 姚朝文:《华文微篇小说学原理与创作》,北京:中国文联出版社 2002 年版,第 79 页。

薯条、沃尔玛虚高价格宰割顾客的服务、家乐福坑害顾客的行径……不一而足，总之，只要他们在中国经历了这些而能安然无恙，他们就可以畅行全世界了。

与此同时，人们认同度最高的城市是新加坡和瑞典、丹麦、日本的许多城市。这些国家的社会法制非常健全和完善，法治社会令人称道，日本、新加坡我们可以通过电视媒体看到，无论何时何地都显得非常有秩序、有教养，有一种公共规则的意识，有强烈的自律性，很有秩序，生活有保障，法治很好，大家感到很幸福。尤其是日本在 2011 年的"3·11"大地震中表现出来的国民素质，没有在大街上乱喊乱叫的拥挤现象，没有去市场上抢购物品的，没有打砸抢的人，有人群聚集的地方没有乱扔垃圾，这些都表现出一种很高的国民素质，这些国民素质从哪里来？这就充分体现了一座城市的社会管理理念、内容、方式和社会管理程度。

宜居城市的建设指标体系里面有很多的因素，但许多专家和市民认为，教育和环保应该提高到尤其重要的位置，甚至是教育至上、环保至上，经济其次。虽然说经济基础决定一切，没有经济一切都没得谈。经济是人类生存幸福的基础，但是环境才是人类发展的条件。

经济在发展的同时也会出现严重的污染，绝对没有污染的城市产业是极其罕见的。我们不是不要城市发展，而是不应该为了城市发展而牺牲环境。我们已经付不起如此惨重的代价了。发展污染甚少的清洁能源产业，例如太阳能、风能与"人造小太阳计划"就具有实际意义。

现在很多家长把孩子送去幼儿园或者是兴趣班，回来之后只是问孩子学了什么，要求孩子表演给周围的叔叔阿姨看，却很少问孩子今天开心不开心。首先我们要关心的是市民开心不开心，而不是物质上的东西，或者是面子上的工程。自己关怀自己，不要跟别人攀比，面子不属于我们，真正舒适的生活才是属于我们的。

城市市民相互的尊重也是宜居城市的一个重要方面。尊重分为两部分，一部分是尊重传统的文化，因为我们这个城市的发展，基本上是以拆为前提的，很多时候我们要建新的东西就要将旧的拆掉，很多旧的东西也许是破旧的，比如说骑楼，但是传统建筑的味道很难用语言形容，如果拆掉后想还原是还原不了的，我们要尊重传统文化，不要随便改变我们现在认为破旧的东西。

其次要尊重各个亚文化群。我们应该尊重当地的文化、语言和风俗。现在媒体铺天盖地都是说普通话，但是也有保存地方语言的文化举措。苏州将苏州话列入大学的必修课程，算学分的，这对自己文化的传承有好处。

再者是城市市民的健康。怎样保证我们的健康，很多人可能会觉得我们要搞好医疗保障体系，但是实际上增加运动的场所、运动的设施，也许比加强医疗保障的投入还要少一些，身体好一些，但是现在我们其实没有地方运动。保障最关键就是每一个人有健康的意识、健康的身体，良好的身体会保证良好的思想；当身体状况不好时，精神状态也不会好。

最后是人与人之间的平等和财政信息的合理公开。

我们可以把北京、长三角、珠三角地区率先建设成为中国的新加坡、中国的日本。垃圾分类、节能减排。垃圾分类应该成为中国城市管理中市民的自觉行为和社会规范。各地城市政府和领导需要从时下的市民污染反思政府在这个方面的缺失,以问题为导向,有的放矢,加强社会管理。同时加强市民心理健康的关注以及增强邻里间的信任。

我们需要培养市民的幸福感,大家要学会感恩。城市的教育也应该引导市民学会知足,当欲望无止境时,幸福感就会大大地减弱,没有一座城市是理想的。建设宜居城市,要改变重物轻人的观念,改善以 GDP 论英雄的考评方式,更关注以人为本和精神文化的含量,将宜居城市的建设指标体系科学化。

第二节　宜　商

城市兴起的动力得益于商业贸易的发达。"民以食为天",除非是在原始社会或高度封闭的农业自耕自足时代,任何市民日常生活所必不可少的衣、食、住、行等基本生活资料,都有赖于互通有无的商业贸易。没有市民的各种消费活动,没有城市的商业贸易循环链条周而复始地运转,一座城市就会丧失活力和魅力。它的未来将不是繁荣兴旺,而是萧条萎缩。因此,1990 年从中国高层传出了一句格言"无农不稳,无工不富,无商不活"。这句话对不久后的邓小平南方讲话起到了预言的效果。被称为"中国第二次改革开放"的春天的故事终于带动了中国城市化的巨潮。

一提到城市文化的商业化,人们首先想到文化旅游产业,这当然是对的。例如,在佛山与广州、肇庆、中山等地区交界带的高速公路,一环线、铁路站进出口处和分界线上新建或改建出具有佛山传统建筑风格与色彩特征的分界路标、牌坊、石碑、花圃。以昆明滇池路竹筒、水宕、月琴雕塑为样板,爱忠坊、金马碧鸡坊、大理喜洲古镇为楷模。祖庙、梁园、南风古灶、广东陶瓷博物馆的改造升级以云南民族村为样板,梁园、清晖园等园林改造升级则以大理张家花园、喜洲古镇为参照,可以显著地提升中国沿海城市的民族特色与魅力。

借鉴大理"古城换新辉"综合复兴典型,再加上海周庄、杭州宋城、开封古城的经验,活化并升级沿海城市的传统街巷,例如佛山市的永安路、升平路、筷子路、燎原路、福升路。广州、佛山各地建成的岭南印象园、岭南新天地,实在是云南大理古城洋人街、广西阳朔洋人街的翻版,因为施工单位是曾经修建上海新天地的公司,所以,岭南民居特色并不显著,相反更有些像上海的新天地和南京总统府西侧的 1912 新天地文化观光地带的岭南翻版。当然,上述各家集怀古、纪念、博览、休闲、娱乐消费为一体的文化综合服务地带,都有一个共同的特征——借古推销当代零售业的气息十分浓厚。许多仿古董从大理古城贩运来,价格提高 3 倍以上。上海豫园商城、广州与佛山市中心商业区的地方生活气息、地方民俗特色如何提升、发扬是一个颇值得深入思考并提出好对策的命题。

我们建议城市文化升级的对策是以产业积聚的方式营造国际化复合经营特色产业链群体:秋色＋照明产业＋灯饰产业＋剪纸＋花艺种植业＋世界各地华人社区＋美欧狂欢节。长三角和珠三角地区的历史和民俗基础的文化产业其实很丰富,但表现为单打一、点对点、很少跨行业综合集成、综合服务,建立具有综合竞争力的产业链集群。

但是,城市文化的商业开发绝对不仅仅是游览观光业这么单一的产业,尽管它本身会带动饮食、住宿、道路交通、演艺业、会议展览业等多个领域的发展;城市文化的核心竞争力其实是艺术精品的产业化、艺术品牌的国际化。

在艺术精品的产业化、艺术品牌的国际化方面，云南的世界级孔雀舞大师杨丽萍为我们探索出一条可行的道路。

被誉为"孔雀女神"的杨丽萍，在迈往 57 岁的年华里有了新的舞台。她与许许多多舞蹈演员不同，闯出一条原生态舞蹈艺术的独特天地，历经坎坷而终于赢得世界上 68 个国家的市场之后，又探索出艺术产品、艺术家品牌企业化经营的成功之路。这位在舞台上坚持了 40 年的民族舞蹈艺术家，在本应知天命的年纪，没有选择坐吃"皇粮"，而是率领族人传承创作民族舞蹈，并决心一闯资本市场。2012 年，杨丽萍公司接受深创投以 3 000 万入股 30%，并表示将在 2015 年创业板 IPO。杨丽萍公司主打的舞剧《孔雀》加大了市场推广，收益不俗。该公司预计当年年净利润将增加 40% 至 1 400 万元。在当今中国从创建一家民营文化艺术演艺公司，到成功地在上海或深圳交易所上市，中间有多么遥远的路程。面对公司如此好的前景，为了以尽量快的速度上市筹资，克服集团化发展的瓶颈，她在精通国际融资的合作伙伴建议下，选择了借壳上市的道路。据悉，这也是提前实现其 A 股计划的重要砝码。

走出这一步，无论是她的艺术经历，还是她的经营管理理念和创业中的起起伏伏，都表明这是一项很不容易做出的决断。

作为一个舞者，真正让杨丽萍感到自由自在的日子是从她离开中央院团回到云南开始的。也是从那以后，她的艺术与商业实现了对接。2001 年，云南旅游舞蹈团负责人王红云和朋友找到杨丽萍，请她编一台旅游题材的歌舞剧。在 15 个月里，杨丽萍几乎走遍云南大大小小的少数民族山寨采风，决意用舞蹈来展示云南之美，这是一个富有创意的计划。2002 年底，王红云看着杨丽萍带着上百名采风带回来的演员编排的舞蹈，却被吓住了，这不是她想要的能流行于旅游点、可以邀请观众上台参与的风土表演，她决定撤资。

为了做自己心目中的舞蹈，杨丽萍卖掉了自己在大理的房子，开始常常出现在商业广告里。靠着从影视圈中拿到的投资加上云南省委宣传部的拨款，《云南映象》终于在 2003 年 3 月 8 日首演。但演出当天非典禁令下达，观众少得可怜，演完第一场后团队只能先散伙，杨丽萍当众大哭。因为山寨里通讯不发达，很多人失去了联系。5 个月后公演开始，一部分演员才归队，开始了到现在已经 11 个年头的巡回和定点演出。

本来不懂企业经营管理的她，是在不断的实践中摸着石头过河，渐渐发展出了一套适合自己的商业模式：让每个作品都有自己的商业化运作，并实行驻场演出和巡演"两条腿走路"。吸取中央音乐学院作曲家田丰当年在云南做民族文化传习所的教训，走向商演被杨丽萍叙述成最自然不过的事情。她认定"这是规律，是法则，在国外演出是一定要卖票的，我们学习得太晚了"。

杨丽萍对商业有一种直觉式的体悟。1979 年，杨丽萍因主演大型民族舞剧《孔雀公主》荣获云南省表演一等奖，此后进京表演也震动京城，得以在 1981 年调入中央民族歌舞团。1986 年，她创作并表演了独舞《雀之灵》，一举成名。从开始跳孔雀舞的那天起，她就非常清楚，如果想买一件孔雀服，必须先挣到买服装的钱才可以去搞艺术。"其实，艺术和商业本不是对立的，就像种庄稼一样：种的过程就是挖地、播种、收割，然后需要卖出去，而只要用心耕种就能吃饱，这是一个自然的过程。"

杨丽萍并不喜欢人们把她当企业家看，"我是做艺术的，不是商人。董事长我是挂名嘛，有人在做，很专业的。我不管理，我只管作品"。专业管理者指的是杨丽萍公司现在的总裁王焱武，也正是他开启了杨丽萍的资本之路。《云南映象》演出一年后，云南映象文化产业发展有限公司成立，杨丽萍任董事长，当时有两位合伙人。后来，王焱武来云南旅游，看了演出后跟杨丽萍见面，决定义务帮她处理一些公司日常事务。王焱武在国外长大，毕业于澳大利亚国防大学，曾任职于香港怡富证券、摩根士丹利及瑞士银行等。

2008 年，杨丽萍不再跳《云南映象》，票房一度大跌，合伙人撤出，公司解散。杨丽萍之后又成立了云南响声文化传播有限公司，重组之前的演出和资产。彼时，王焱武出任公司的周末总经理，每周一到周五在香港工作，周六周日飞到昆明管理公司。后来，公司改名为云南杨丽萍文化传播有限公司。王焱武在 2011 年 12 月于滇池泛亚股权投资高峰会上代表瑞士银行做国际投资策略的演讲时，介绍了一番杨丽萍的公司，于是引起了深圳市创新投资集团（以下简称深创投）西南大区负责人许翔的注意。深创投被称为国内"最耀眼的官办 VC（风险投资）"。许翔与杨丽萍也有些渊源。2000 年，许翔还是清华大学艺术团团长，他请中央民族歌舞团到清华演出，演出名单上却没有杨丽萍。他抱着试试看的心态拨通杨丽萍家里的电话，杨丽萍居然一口答应了。此后，许翔一直关注着杨丽萍的动向。2012 年 10 月，深创投出资 3 000 万元成为杨丽萍公司股东，持股比例为 30%，大股东杨萍持股 70%。深创投在对杨丽萍公司调查的过程中发现，公司的财务非常清晰规范，得益于王焱武在资本市场的丰富经验。

深创投介入后，杨丽萍公司从 2012 年七夕节开始在昆明首演《孔雀》，加大了在全国巡演的力度。"公司收入主要有两块，一块是《云南映象》的定点演出，贡献稳定的现金流。另一个就是《孔雀》的巡演，2013 年加大了市场推广，效果也很不错。"杨丽萍公司一位负责票务市场的人士说。据透露，杨丽萍公司 2013 年的净利润预计为 1 400 万元，较 2012年的 1 000 万元大幅增加 40%。而在深创投进入该公司之前，杨丽萍公司一年的净利润仅为几十万元。

杨丽萍公司能够走上资本运作的道路得益于大环境的驱动。杭州宋城旅游发展股份有限公司 2010 年 10 月在创业板上市，现在公司 60% 的利润来源于演出。同年底，以王潮歌为核心的北京印象创新艺术发展有限公司凭借"印象"系列实景演出吸纳云峰基金5 000 万美元投资。杭州金海岸文化发展股份有限公司已提交上市申请。多彩贵州文化艺术有限公司以《多彩贵州风》为稳定收益，也有了私募和上市的计划。公司是否要上市，杨丽萍一直很犹豫。王焱武向她解释，公司属于轻资产文化公司，民营文化公司得不到政策保护，而且中国市场对创意的评估很低，到财政部申请定向资金资助时，政策规定对固定净资产有要求，但以创意为核心的杨丽萍的公司净资产只有 100 万元。《云南映象》这样的产品，没有了杨丽萍之后如何生存是个问题。靠政府一两百万元的拨款不是办法，只能自救，被迫去建剧场搞实业。同时，上市也能使公司高管层获得应有的回报。杨丽萍认可了王焱武的理由。如今，杨丽萍正在筹划更多的演出计划。2013 年，她在丽江推出有关纳西族文化历史的演出，2014 年将在大理开演《五朵金花》，公司会建自己的剧场，两个演出将使杨丽萍公司三年内年收益至少达到 3 000 万元。舞剧《孔雀》巡演结束后也将在上海、西双版纳呈现两个版本的定点演出，未来还有到东南亚演出的计划。这是公司稳定的现金流保证。

此外，公司将围绕杨丽萍的品牌效应，与第三方合作推出衍生品。《孔雀》巡演结束后，纪念版红酒就会发行。修建主题公园的事公司曾与政府商量了几年，但始终进展不大。以商业运作的方式将一位艺术家的创造力和艺术价值长久地留存、传承，是杨丽萍和她的公司正在进行的探索。

在艺术精品的产业化、艺术品牌的国际化方面，佛山的9位中国工艺美术大师和6位中国陶瓷美术大师群体，也走出一条美术陶瓷生活化、珍藏化、国际化的可行道路。

中国的城市文化建设中抢某一位历史文化名人的事件再三发生，甚至闹出不同省份的三个县争抢《水浒传》中虚构的丑恶人物西门庆为荣耀的无知可笑的活闹剧。

其实，在中国的现实生活中，可以作为城市历史文化品牌和当代商业化开发的文化名人资源多得是，可谓遍地黄金。以岭南历史文化名城佛山为例，以西樵山的名山景观、观音文化、黄飞鸿功夫影视文化为品牌龙头，凭借黄飞鸿狮艺武术馆、黄大仙电影梦工厂、黄飞鸿武术学校可以构成三足鼎立的功夫影视观赏、培训、拍摄、外景棚区的产业化基地。如果再稍加拓展，再以南国桃园的古城堡建筑群落为依托，结合祖庙的黄飞鸿纪念馆、梁园、东华里、清晖园、荷花世界、大卧佛景观区、南海罗村的叶问咏春拳训练基地、顺德均安的李小龙故居，更可以构成旅游一条龙服务网络，游览观光一条龙景点，可以组建成集影视产业链、武功培训与展演产业链、旅游连锁经营一条龙、宗教认同、休闲度假、养生健康、购物娱乐、爱国主义教育为一体的文化产业共同体。再分别配套建设纪念馆、专业性武功博物馆、武馆、中医跌打诊所、功夫电影院、功夫电影电视剧演播中心、南派功夫文化网站、功夫文化图书城、功夫杂志阅览室、功夫文化综合超市（售卖功夫器械、功夫服装、功夫道具、功夫旗帜、功夫徽标、功夫纪念品、功夫书刊杂志与报纸）、功夫饮食、茶点销售中心、岭南功夫笑尘寰大酒店等。"中国功夫文化基地"就会非此地莫属了。

在城市文化转化为优质旅游商业资源方面，北京、南京、杭州、成都、苏州、西安、开封等城市都是得天独厚的。北京市中心的北海公园周围在提升文化品位和搞活观光商业活力方面，近些年来可谓有声有色，既赢得了面子（声誉）也收获了里子（产生经济效益和文化服务的实惠）。

第三节　宜　游

2008年北京举办的第28届奥运会、2010年上海主办的世界经济博览会与广州举办的第16届亚运会，显著地提升了中国城市的国际知名度与影响力。以体育赛事和经济成果展览为平台，打响了城市的特色体育精品赛事，发展了景观体育，塑造了城市形象，发挥了区域体育赛事网络优势，发展现代城市文化产业集群，提升了所在城市的新闻媒体传播效果和相关人才资源开发，从而极大地提升了北京、上海、广州的城市文化软实力，城市面貌焕然一新，成为了国际级的体育名城、经济中心和国际化文化大交流的中心舞台。

城市文化营造中的硬件和软件是建设都市必不可少的。一座适宜游览的城市，首先需要完善的就是城市、名胜古迹、风光景点之间的道路交通设施的齐全、便利而发达。其次，是酒店、旅店、杂货品店、商业超市、文化娱乐设施、休闲度假设施的配套程度。具体到各地运营管理部门和统计考核评比部门，还要统计各行政村的通客运车运率，这个二级指标应该更细一些，例如重点或者是城郊行政村通客运村率，人口密度、村庄分布因为地域的不同区别很大，例如山区的地理环境恶劣，村庄分布稀疏，行政村通客运车的难度大。我国国土辽阔，各省的各城市之间，在这些方面的建设工作，存在很大的差别。

在创建富有吸引力的可游览城市方面，我们既有许多成功的经验，也有不少失误或沉痛的教训。当前中国的绝大多数城市，既无雄厚的经济实力与上海攀比，更无必要与上海、武汉、台湾争建筑高度的"世界第一"，我们只需要在人与自然的和谐程度、现代化中传统建筑景观的协调程度、传统文化风味的浓厚与否诸方面形成我们的可以循环、具有造血功能的优势和特色，达成近悦远来之功效，就是最可行的。

在城市的转型升级中常常采用对古老的历史文化名城采取保护性复原，"修旧如旧"的原则。对近几十年形成的旧城区则有选择地拆迁、拓宽，做到增容扩新、起死回生，旧貌变新颜。但是，无论如何，对旧城区的"三旧改造"成本都比建设新城区要巨大得多，复杂得多、困难得多。于是，以前沿或全新的理念规划新城区，是当前国内外各城市的首选方案。巴黎从历史上两次大整修老城区的经验教训中，得出结论，巴黎市中心千万要保护好各种老建筑、老设施的外观。即便内部的功能完全有了新变化，但外观一定要维持历史风貌。对历史文化的尊重，是巴黎人的信仰和原则。而现代化急需的新功能、新设施则由沿着塞纳河自然延伸的拉德芳斯新城区来完成。新旧城区遥相掩映、互补生辉，大获成功，为全世界的城市升级改造难题，提供了绝好的解决样板。

我们建议，在我国当前的新城规划与建设中，标志性建筑物需要恪守如下法则：

(1)"宽基"性：地基宽阔、开朗透明；

(2)"三形"性：以复合三角、圆形和椭圆形为主；

(3)"三抗"性：抗台风、抗地震、抗海啸；

(4)"三防"性：防水、防潮、防湿；

(5)生态防护性：亲近大自然的设计、回归大自然的理念。

(6)循环环保节能性：除节能、减耗之外，鼓励采用自身能源循环利用、自身净化、变废为宝的技术，如太阳能节能循环建筑框架、海水河水淡化净化设施，吸收二氧化碳排放氧气的生物技术，风能、水能等。警惕盲目求洋的"建设性破坏"，导致建了拆、拆了建的循环怪圈。

我们强烈建议，修正近30年来以欧美哥特式建筑＋玻璃幕墙为材料的立方或圆柱直立建筑为主导模式的所谓"现代建筑"流行观念，确立新的城市升级的建筑理念。贝聿铭大师晚年建筑设计风格的走向是耐人寻味的，更多地采用东方古典园林设计风格，而不像他中年时期主持改造巴黎罗浮宫广场时大胆超前地采用全玻璃钢结构搭建透明金字塔。他前后不同的思路与创造性理念，颇值得我们借鉴、参照。

例如，云南大理天龙八部影视城和大理古城的造型与风格就既有大理古国的建筑风格，又有白族民间风情，古城各种建筑与设施内部又增添了许多地方色彩浓郁的砖雕、灰塑，建筑外墙上配有统一的白黑两种大对比色，镶嵌上多彩的壁照、壁画和书法作品，大大增添了古城的地方风情与文化魅力，令外地游客流连忘返、经久不忘。

又如日本东京，既有新宿、银座的欧美立体高层建筑，更有浅草、六本木的传统木制材料宫殿、街市为主的格局，还有天皇宫殿的皇家风范，使得整个城市的布局错落有致，东西方文化格调既有对比，更有匹配交融。

建议中国各地城市在景观升级改造中，除有节制地采用全玻璃幕墙结构、全钢铁结构、全混凝土结构之外，多采用环保建筑材料——陶瓷废渣烧结砖、多功能复合材料马赛克拼贴装饰、天然原木或合成木质材料、太阳能吸热节能材料与装置等的综合运用。

长江三角洲与珠江三角洲地区湿热多雨、多台风，城市建筑可适量混用竹木制建筑，但不可以将全竹木制材料设定为未来的主导或基本建筑材料。

在 20 世纪中期，当时的领导人违背科学规律，在黄河上游盲目兴建三门峡、青铜峡。两地因而成为新兴城市。著名诗人贺敬之还写出当时传诵一时的《三门峡——梳妆台》。可是，黄河泥沙不断淤积，10 年后，为了避免黄河上游出现《白蛇传》里水漫金山寺的局面，不得不炸掉了曾经耗费巨大国库财力与民力修建而成的水库。

南京紫金山天文台曾经是中华民国时代的国家天文台，既是中国近现代天文学重镇，又保存着元朝时代郭守敬发明的浑天仪、授时仪等为世界所称道的精密设施。它久负盛名，当然也成为中外游客到南京后，与中山陵、明孝陵、秦淮河畔、乌衣巷、中华门、南京长江大桥、云锦、侵华日军南京大屠杀遇难同胞纪念馆一样不可或缺的游览胜地。但是，在新旧世纪之交，地方政府在紫金山最高峰头陀岭兴建了观景台。这个观景台总造价 3 000 万元，本来是江苏省气象局的高标准观测站。在规划设计时只考虑到观测效果，未及考虑景观与游客游览的便利，工程尚未完工就遭到市民的强烈反对。法律学者和城市规划专家认为，市政府是违法行政，这种修建方案有违有关的法律。2013 年 8 月，笔者与江苏开放大学的聂老师一同实地调查，发现观景台早已经被炸掉，只剩下一片碎石与瓦砾。可是，因为南京大气中灰霾尘雾的不断增加，大气能见度降低，紫金山天文台的天文观测任务已经迁移到苏北连云港。现实反而是既没有了科学研究的价值，又只剩下天文博物馆的纪念和参观功能，在原来的废弃山顶，在如何因地制宜地保护好天然资源的前提下发展旅游资源的品牌功能和魅力，将是南京地方政府、市民和专家们的使命。

湖南西部张家界自然景观区为了晋级 AAAAA 景区，以地方政府主导，曾做出大面积的破坏性开发。2004 年，笔者前往实地考察时恰恰是当地在山侧大兴土木、道路、楼堂馆所之时。当时，同行学者们无不扼腕叹息。果然，后来的结果应验了我们的判断。当时的地方官员为了晋级的需要，请联合国官员前来考察并提供指导意见的时候不曾想到，遭到专家出身的联合国官员严厉的批评。对方认为，这不仅仅是门外汉的短期政绩利益在作祟，而是在破坏全世界独一无二的宝贵自然资源。这么好的资源，虽然是中国的，可也是全世界的，一旦丧失就不可再生。于是，联合国官员提出尖锐的批评，并要求当地恢复自然生态原样，当地政府不得不再以 40 亿元的代价恢复自然景观。这种教训不可谓不深刻。

由于同样的地方政绩冲动，安徽省黄山市为黄山修建了登山缆车，既可以便利游客，又可以成倍提高游客量，经济效益十分可观。须知黄山登山的石头台阶之陡峻，是出了名的，台阶的宽度只容得下半只脚，不比泰山前十八盘、后十八盘的下山台阶宽少许。游客登山本来就很考验体力，下山不仅仅考验体力、耐力，还要考验胆量和风险。所以，按照常理来推导，地方政府修建登山缆车是便民之举。但是，自古有道是"五岳归来不看山，黄山归来不看岳"。明代大旅行家徐霞客都赞叹"黄山天下秀""黄山天下都绝"。黄山魅力恰恰在于天然绝秀的天赋丽质。如果都变成后天人工的景观,那么,其魅力比全国各地都在大兴土木修建的景观将不再有优越性。如果都是假景观,差别仅仅在于数量上的多寡,那么,世界各地的游客也未必需要千里迢迢地奔赴黄山,黄山也失去了别的自然景观不可替代的优势。黄山是世界级的"人类自然遗产",联合国官员前来检查、指导工作时发出警告,要求停止破坏全世界独一无二的宝贵自然遗产的行为。

中央电视台也曝光了武汉黄鹤楼前的长江沙滩上,曾有渔民在江水退潮时搭建了两层楼高的砖混建筑。这种建筑显然属于违章建筑。它的选址不仅不能美化长江的观赏性,不能增加游客的趣味和消费欲望,反而在涨潮季节会带来居住者生命和财产的损失。涨潮后,这类建筑也会妨碍江轮通航,随时带来隐患和危险。另外,兰州市的黄河边上,也出现过类似的现象,带来的问题也如出一辙。

所以,创建对游客有魅力的城市文化、环保支教的活动以及环保宣讲的活动,也是必不可少的。这项工作应该组织相关领域专家走进企业、走进学校、走向民间,宣讲有关环保的一些事项。我国民间对环保教育尚未重视,有些学校开设了一些课程,但是没有将环保意识提到公民意识的高度上。相比较而言,中央政府和发达地区城市的政府是高度重视的,采取了对于污染企业严厉的关停并转措施。但是,正如国家统计局局长马建堂在2014年1月末在国务院新闻记者会上公布国民经济各项主要发展指标中所指出的那样,与GDP的增长速度相比,环境保护、节能降噪、消除污染方面的进展程度依然是明显滞后的。联合国做出的预测是,地球海平面在过去一万年里只上升了0.2米,在过去的一百年里则上升了0.6米。最近十年更有加速上升的趋势。如果再上升0.4米,就达到世界各地平原的警戒值,海水倒灌江河、湖泊、平原的灭顶之灾就会来临。因此,我们要保护自己美丽的家园、美丽的城市、美丽的地球,是非常迫切的责任。否则,不仅有魅力而值得我们去游览、观光、享受的美丽城市将逐个消失掉,就连我们的住所、我们的生命也将无所寄托。到那时,整个地球人都将追悔莫及。

第四节　服务功能完备

2013年11月17日,由中欧社会论坛、中国国际城市化发展战略研究会等机构共同举办的《中欧城镇化伙伴关系》论坛在广州举行。论坛期间发布了《城镇化:中国与欧洲》的文献,与会200多名专家认为,在中国城镇化过程中,向欧洲的学习要从技术转向公共服务管理等领域。中国国家发改委城市和小城镇改革发展中心主任李铁在接受中欧社会论坛采访时表示,几十年来中国有无数的代表团赴欧洲学习,学到的却是表面的东西,例如把巴黎的草坪移到中国,甚至许多缺水的地方也建草坪;把大量的大楼广场复制到中国,却没有学习到实质的管理内容。现在我国的地上建筑现代化水平已经非常高,但是地下基础设施建设还很滞后;道路建设发展迅速,但是道路管理还很不科学,道路与城市功能结合还很弱。这些都说明中国在城市管理、公共服务等方面还有许多要学习的地方。学界也持有相似的看法。中山大学薛德升教授也指出,珠江三角洲城镇化与西方有很大的不同,比如,从公交系统来说,广州到深圳和澳门都非常便利,但广州到小城镇就很不方便，这与欧洲很不一样。过去中国的十年城镇化，向欧洲学习的主要是技术层面，现在需要转向体制机制和城市管理层面了。①

　　当前的中国，有城市的产业形态，却不完全拥有城市消费的综合服务功能；有成千上万座超过美国、欧洲人口规模的城市人口，却没有释放出城市消费群体巨大的消费潜力；我们有一大批的"中国大妈"到美、欧、日、东南亚扫货、抢购黄金，其"横扫一切"的惊人购买力，惊得东道国市民目瞪口呆，但她们在国内却没有释放出如此巨大的购买力。我国游客到世界各地旅游、度假、休闲，购买奢侈品的欲望特别高，文化消费与交流却非常不充分。这些事实都说明，虽然按照世界银行制定的标准，我国在2011年就进入世界中高级阶段国家的行列，但是，我国大众的消费水平、消费观念、消费兴趣主要还是停留在"物欲横流"的阶段。

　　只追求物质功利或科学理性、忽视对人的文化需求的满足和精神寄托的慰藉，将使一个完整地退化、变质为一个"单向度的人"，变成趣味单一、毫无情调的扁平式的人。开创生物进化论的生物学宗师达尔文在晚年的自传里就曾经痛惜自己失去的文化情趣："直到三十岁，或三十岁过后，各种各样的诗歌……使我感到极大的愉快，音乐使我得到巨大的愉快。但是现在多年来，我不能持续读完一行诗。不久前我试着阅读莎士比亚的作品，发觉它单调得难以容忍，以致使我厌恶。我对图画和音乐的喜好已丧失殆尽。我的头脑似乎已经成了从大量事实积累中挤压出一般规律的机器，但是为什么这会引起高级爱好赖以生存的那一部分头脑的萎缩，我想象不出……这些爱好的丧失也就是幸福的丧失，而且可能还会伤害智力，由于削弱了我们本性的感情部分，更可能伤害道德品质。"②

　　达尔文所指出并感到困惑的人性异化问题，到了当代膨胀到极其严重的地步，商品对我们社会生活的侵入几乎到了无孔不入的地步。西方有一位宗教思想家丁·豪斯顿在《心灵的欲望》中指出："人生的意义就在商业和制造业中，而不在心灵和灵魂，人的尊严和独特品格被市场和广告世界所毁灭，友谊、欢乐、爱情、亲情和忠诚皆成为商品，皆在名牌汽车、昂贵香水、地位标志和体育比赛入场券的流通中买卖。所以市场和消费影响着我们私人生活和公共生活的每一个领域，和我们意识行为的每一层次，直到我们总想把自己和他人看作商品。"③

　　这种商品的直观标尺就是货币或黄金。文艺复兴时期的莎士比亚在他晚年的杰作《雅典的泰门》中就形象地描绘了人们对黄金的崇拜：

　　　　金子，黄黄的，发光的，宝贵的金子！
　　　　只这一点点儿，就可以使黑的变成白的，丑的变成美的，错的变成对的，卑贱变成尊贵，老人变成少年，懦夫变成勇士……它可以使受诅咒的人得福，使害有灰白色的癫痫病人为众人所敬爱；
　　　　它可以使窃贼得到高爵显位，和元老分庭抗礼；

①　田桂丹、钱佳琦：《不少代表团赴欧只学到表面》，《信息时报》2013-11-18：A09。
②　舒马赫：《小的是美好的》，北京：商务印书馆1985年版，第63页。
③　卢风：《市场经济与精神文化》，《消费经济》1996年第4期。

　　它可以使鸡皮黄脸的寡妇重做新娘……①

　　城市消费者文化水平的提高,城市社区、民间社团的发达,中产阶层的成熟不仅是马克思主义创始人的心愿,也是城市现代化建设中为了经济的稳定与发展、社会的进步而必须促进的题中应有之义。

　　美国著名经济学家加尔布雷斯为我们描绘出人类文化消费的理想化图景:"经过一个比较长的时间,艺术和反映艺术成就的产品,在经济发展中将越来越占到重要的地位。我们没有理由主观地假定,科学和工程上的成就是人类享乐的最终界限。消费发展到某一程度时,凌驾一切的兴趣也许是在于美感。这一转变将大大变更经济体系的性质和结构。"②

　　营造城市文化体系需要提供比较完善的城市服务设施。比较完善的服务业,既可以解决城市的就业,更可以促进城市的经济消费水平,更可以提高市民生活的便利程度,提高城市的舒适程度,增强城市的竞争力、吸引力和美誉度。如果衣、食、住、行等基本的设施和服务跟不上,文化资讯不畅通,教育培训匮乏,道路交通条件极差,即便有美丽的山水和古迹,也很少有人能够前来,更别指望游客络绎不绝、摩肩接踵了。同理,如果大家还在饿肚子、上不起学,房价、医疗、教育、物价这几座大山压得市民们普遍喘不过气来,城市的设施尤其是综合性的文化服务设施不具备,或者很落后,那么建设宜居、幸福、魅力四射的现代化城市,就可能是画饼充饥了。市民根本没有幸福感,外来投资、技术、人才、企业、研究所、大学、现代传媒都不肯迁来的话,这样的城市就是没有希望的,注定衰落,被遗忘的。

　　城市综合服务完善,尤其是文化服务要素的聚集,还应该是一种新的价值观。北京某著名大学有教授宣称,他的学生毕业十年后如果赚不到四千万元这个底线,就没脸面回母校去见他。这种价值观念本身就是对城市文化精髓的片面理解,甚至是价值观的严重扭曲。片面地追求财富就永远不会幸福了。没有钱肯定不幸福,但是也不是非要成为巨富才有幸福。倡导新的城市文化价值体系,树立新的城市文化价值观,在当今中国尤为紧迫。

　　我们当今的城市也为市民和公众提供了许多公共服务,城市政府也有很多政策和措施,比如,送戏下乡、送电影下乡、综合文化站,但是为什么很多市民、农民还是以打牌为主呢,是因为这些服务不一定执行到位,该送100场电影的可能送了10场。公共服务我们并不是没有投入,而是执行力有待加强。

　　城市文化建设的公共服务除了政府部门提供政策支持外,也需要政府投入必要的财政拨款,保证基本的公共服务事业的基本需要,另外需要政府带头示范,动员全体社会成员和非政府的民间社会机构(NGO)的投入。非政府行为的民间社会机构,有的时候具有政府不具有的社会身份优势。例如,某一个城市的文化局曾经亲力亲为组织了一次迎国庆"百歌颂中华"大型文艺晚会。耗资过百万,给该城市各个团体机构派发了门票,作了动员,免费入场。结果前往观看的人寥寥无几。第二年汲取了教训,改为招标,由民间有资

　　① 《马克思恩格斯全集》第23卷,北京:人民出版社1972年版,第152页。
　　② [美]约·肯·加尔布雷斯:《经济学与公共目标》,北京:商务印书馆1980年版,第71页。

质的演艺团体来应标，中标者自己负责推广、管理，依然是按照前一年的节目单来演唱，甚至部分演员都是去年曾经出场的人，结果场面火爆、观众狂热地追逐演员。同样的内容、同样的地点、同样的演唱会，为什么由政府包揽就没有观众，由民间演艺机构出面演出就火爆了呢？政府因此还节省了 100 万元，用于其他文化事业的扶持工作。于是，该市的文化局决定，以后政府推出这类活动，退居幕后，完全由非政府的组织到前台来完成文化服务的任务。

当然，各类城市的文化服务也要建立评价指标，就要清楚地知道是谁来评、评价谁、怎么评价，这种评价的目的是将我们带向哪里。教育界经常出现很多评价，教育界的很多问题都是评价造成的，本身没有问题，或者本身的问题不大，但是一评价将问题就搞大了。

需要研究这套评价指标体系，应该有多次专项的研讨会和听证会，这样才能深入，最后将所有的单项合起来。每一个单项所占的指标权重到底是多少，因为评价是导向，权重不同导向也是不同的。

城市服务功能的完善中，需要重视人们的生活质量，直接测算人们的生活质量，里面特别提到要创设指标、测算人们的健康、教育、个人活动、政治发言权、社会关系、环境条件和安全状况的衡量，特别要测算人们对这些指标的排序，哪些得到满足、哪些没有得到满足，认同的排序是怎样的，以便于做出纵向和横向的比较、参照。

其实，城市服务功能的完备主要不是为了评比、考核，而是为了市民生活得更加幸福。法国作家里特说，有人能相信我们就是幸福。德国作家托马斯·曼说，满意自己的生活就是幸福。英国哲学家威廉姆斯说，幸福不是得到某一个东西，它本身是一个过程。

案例一：爱丽斯·门罗开创获诺贝尔文学奖三项纪录
姚朝文

2013 年的 10 月 10 日晚 7 时，瑞典皇家学院公布了诺贝尔文学奖得主是加拿大 82 岁的女作家爱丽斯·门罗，这个结果让加拿大的作家圈大大吃了一惊。因为当今加拿大获奖呼声最高的不是这位家庭妇女专职"作家"——坐在家里专职创作者，而是影响卓著的老作家玛格丽特·阿特伍德。尽管爱丽斯·门罗已经三次获得加拿大总督奖，这个奖如果在中国，可以相当于国家最高科技成果奖。可惜中国的国家最高奖只奖励自然科学与技术，不奖励社会科学和文学。所以，退而求其次，我们只能用茅盾文学奖来类比。但是，茅盾文学奖只奖励长篇小说，所以拿全国鲁迅文学奖来类比才更贴切一些。

爱丽斯·门罗的实力是足够获诺贝尔文学奖的，但是，在当今世界她的影响力主要在欧洲、加拿大、美国，在亚、非、拉则影响甚少，甚至中国专门研究外国文学的教授们也甚少与闻。尽管爱丽斯·门罗在 20 世纪 80 年代里曾经访问过中国，尽管她毕生创作中唯一的长篇小说（其实不过是 8 个短篇故事的汇集而已）《逃离》在 2004 年出版五年之后由我国翻译家李文俊翻译的中文版在 2009 年有北京的十月文艺出版社正式出版，国内了解她的人依然可谓少之又少。

导致这个事实的主要原因是什么呢？首先，是不可不正视的电子写作与电子文本传播对传统书面文学写作的强烈冲击;其次是世界太大了,任何一位专家都不可能把当今世界的文学新成果一览无余;再次,文学是语言的艺术,而当今世界尚有活力的语言计有 6 000 余种,即便是联合国采用的汉、英、法、德、俄、阿拉伯六种官方语言,也没有一位诺贝尔文学奖的评委能够全部精通。又次,当今世界是个超级经济动物,无论中外、不分政商,大家心中关切的都是"经济,还是经济",简而言之,就是物质财富。未必立竿见影、速见成效的精神财富,因为看得见、摸不着,更不好折算为 GDP 列入政绩考核,就被归入仅仅可以"锦上添花"的"参考分"和装点门面的"附加分"了。这让人想到第二次世界大战时的一个铁证:当美、英联军反攻欧洲大陆时对教廷梵蒂冈投鼠忌器、犹豫再三,引发东线战场处于胶着状态的斯大林大为恼火,敦促美、英加速推进战场进度时轻蔑地责问道:"教皇顶得上几个师?!"可是 60 年后,被斯大林弄得国亡土裂的波兰出了一位教宗,这位波兰后裔的梵蒂冈教宗没有一兵一卒,却引发了 1990 年~1991 年庞大的苏联东欧华沙条约国集团土崩瓦解,造成苏联帝国的彻底覆灭。这就是精神文化软实力生动而神奇的影响力,也是斯大林至死不悟之所在。记得当年,文学老寿星冰心女士健在时,代表文化界出席高层会议,当有人片面地强调"无兵不固"的时候,老人家只说了一句话:"无士又如何?"

爱丽斯·门罗的获奖至少开创了诺贝尔文学奖历史上的三项纪录!第一项纪录,开创了作为终身创作短篇小说的"专业户"而能够获得诺贝尔奖的先河。翻开诺奖百年历史,除了波兰的显克微支凭借中篇小说《灯塔看守人》和美国的海明威凭借中篇小说《老人与海》获得诺贝尔文学奖外,其他人主要依靠长篇小说、戏剧或长诗。因此,那些个热衷于为获得诺贝尔文学奖或茅盾文学奖才有所谓"创作动力"的文坛机会主义者们就纷纷狂热地跳入长篇小说创作的汪洋大海之中。中国作家协会分管文学评论的副主席张炯研究员曾提供给笔者一组数据,1999 年中国内地的长篇小说产量首次突破千部,近年来则高达三千余部。中国大陆文坛在 1979 年~1982 年之后,短篇小说恰恰是文坛的软肋。爱丽斯·门罗依靠 11 部短篇小说集荣膺诺贝尔文学大奖,足以给中国文坛打一针强心剂,意识到文学大有可为的同时,也会激励更多的作家从事短篇小说和笔者持续 20 余年提倡着的、比短篇小说更短小精悍的"微篇小说"。笔者满怀期望地预言,未来会有终身从事微篇小说(即小小说、微型小说)的作家获得鲁迅文学奖乃至于诺贝尔文学奖!

第二项纪录,开创了家庭妇女持续创作而荣膺诺奖的先例。文学尤其是小说这个品种,先天的禀赋就是写人物的生活细节和生活中的小场景,尤其是细致入微地塑造"小人物"的生死爱恨,直达人类灵魂,让读者产生感同身受的深刻悸动和灵魂颤抖为己任。但是,曾几何时,尤其是在前苏联和我国大陆的 20 世纪后半叶,追求接近历史的宏大叙事"大说"和急功近利地以配合社会热点的写作为荣耀,结果产生了大量图解政治、矫诬历史、粉饰生活真相的"伪叙事"。小说的语言和文风成了"通俗历史+宣传手册"的四不像。此种遗风至今依然有沉渣泛起的余波,可悲可叹、可惜可咒!

2012 年 10 月 11 日,当莫言得知获奖,面对媒体召开的首场新闻招待会就明确无误地指出:为了获奖才搞文学创作,世界上再也没有比这更愚蠢的人了。笔者的亲身创作体会也反复证明：当我被生活本身巨大的感召力和真实性所震撼时，无法克制地全身心投入写作，写下了最深刻、最幽微、最真切的感触时，本身就享受着游刃有余的畅快淋漓。完成后暂时先弃置一旁，冷却数月或一两年后，再以完全不同的另一种心境来提纯、深化、哲理化。后来，赶巧遇到了和自己创作的作品要求相近的全国征文，自己投出稿件后，也从来不去托关系、找后门打探"消息"，却多次"意外"地获奖。2012 年 3 月获得全国散文一等奖的《绑架大师》就是曾经获得 15 项国内外奖项的例证之一。相反，当笔者依照某项征文要求或某个机构的托请而"盛情难却"地写那些"命题作文"的时候，二十五年的文学创作经历再三证明，这种谈不上"创作"的作文，是浪费精力而速朽的文字垃圾，即便能满足合作方的一时急功近利的需要，也是面目可憎、没有长久生命力的东西。

大家想一想，中国 1 300 多年的科举制度下共产生了 777 名状元，却无一篇状元卷成为传世名文。什么原因呢？问题不在状元是否有才华，而在于那是命题作文而非创作！所以，笔者现在常常有"悔于少作"之感，不再认为自己青壮年时期每天近万字的创作量是"才华横溢"，反倒接近毛泽东在《反对党八股》里批评的那种"谬种流传、贻害不浅"！

第三项纪录，爱丽斯·门罗开创了有生暮年封笔而获诺奖的先例。诺贝尔文学奖的评选规定之一就是颁发给那些"终身从事文学创作不辍，为人类的理想而努力的健在者"。爱丽斯·门罗现届 82 岁，现在身体已经不允许她前往瑞典领奖，当然也不能再持续地创作了。面对铺天盖地的采访和邀请，早已淡泊名利的她断然宣布：接受颁奖，但不能亲自前往领奖，获奖后也不再创作。这是她完全自主的决定。假如门罗生活在当今急功近利的中国，即便她本人不去领奖，亲友、同事、领导也会动员她不惜健康代价地前往领奖；即便她下定决心停笔，子女、领导、出版社也要劝说她继续"写下去"。理由无非是为了"大家"的荣誉或利益。请查一查，多少天才的作家、艺术家不就是一次次地"为了大家的荣誉"而磨灭了自己对人类社会最大而别人却无可代替的自主性、创造力、才情和精神幸福感的吗？

美国著名美学家苏珊·朗格教授曾说过："作家的首要任务不是发表意见，而是揭示真相，以及拒绝成为谎言与讹传的帮凶。"因此，20 世纪初的法国大作家罗曼·罗兰被西方世界誉为"法国社会的良心"。曾记得钱学森临终前的几年里一直在追问："当今世界国与国的竞争毕竟是尖端人才的竞争。新中国成立后几十年了，我们也没有培养出大师级人才，将来如何参与国际竞争？"

鲁迅在 1936 年 10 月 19 日去世后，郁达夫于当晚写下了《怀鲁迅》的祭文："没有伟大的人物出现的民族，是世界上最可怜的生物之群；有了伟大的人物，而不知拥护、爱戴、崇仰的国家，是没有希望的奴隶之邦。"鲁迅先生对人性的缺憾和国民劣根性的警示虽然已经过去 80 余年了，现在想来依然倍感常新。现在恰恰是祖师去世 77 年忌日，谨以此文纪念鲁迅并向作家里的师兄兼同乡莫言和万里之外的短小说同行爱丽斯·门罗致敬！

2013 年 10 月 25 日　佛山

案例二:《美丽中国不等于漂亮中国》

党的十八大提出建设美丽中国,股市给予积极响应,相关个股连续多日涨停。通常以为,只有污水处理、空气治理、土壤改良等个股受益最大,却发现园林绿化、城市建设等个股也被爆炒。

近十年来,不少城市借生态之名搞形象工程。有的花天价从国外移植大树,有的不计成本种植草坪,而对一些"看不见摸不着"又难迅速见成效的污染防治领域十分吝啬。结果导致城市的"面子"越来越好看,生态的"里子"却未见多大起色。

美丽中国的核心是生态文明。生态文明之所以被列为"五大建设"之一来抓,是因为环境问题关系人民福祉、关乎民族未来。当我们面临资源约束趋紧、生态系统退化的严峻形势,面对雾霾天气、地下"黑水"的严重污染,长远思之,如果再不节约资源和保护环境,未来很难可期。

建设美丽中国,不是要求一时漂亮,而是要着眼于打基础、利长远,立足于永续发展,为子孙后代留下美好家园。那种只求任上风光亮丽、不管任后风沙遍地的治理思维是不讲党性、不守政德、缺乏良知的畸形心理,应当坚决摈弃。事实上,那些只求表面漂亮光鲜的做法,往往都等不到任后彰显恶果,常常是还在位上就原形毕露、恶果彰显。用北方谚语来形容就是"驴粪蛋蛋表面光"。高楼大厦与贫民窟毗邻,洋房景观与城中村并列,治理有毒空气的成百倍超过了当年的低技术含量的经济总产值。土壤沙化、水源枯竭、重金属含量超标、毒奶粉、瘦肉精猪肉、避孕药养鱼、铝型材加工用水浇灌番茄,不一而足。

各地城市治理中,不能再延续 GDP 为纲、"经济建设为中心"而不计后果地做出许多断子绝孙、损害民族延续和社会未来的饮鸩止渴之举。

案例三:《中国城市千城一面》

香港的林小姐到杭州出差,逗留了 4 天,回港后,她大发感慨,都说杭州是人间天堂,山水秀丽,没有想到与香港没多大区别。

初听,这好像是在表扬、赞美杭州,实则,林小姐是对杭州大失所望。林小姐对杭州的不满意并不是因为杭州不美,而是杭州城的建筑和城市风格,与其他城市确实没有多大差异。一个人远行去游历,最希望看到的风景是新奇的、不熟悉的。试想,来到遥远的地方,眼前仍然是熟悉的风景,当然会感到索然无味了。

可以肯定的是,这些年杭州的发展速度很快,城市面貌有了明显的变化。可走在街头,崭新的城市已不再是我们印象中的那个千年古都、江南名城了……

目前,城市风格的趋同化已经越来越严重。假如,让一个人突然置身于这些城市的繁华街区,他是否能分辨出这是哪座城市?

城市急于求新的另一恶果是造成千城一面。许多地方特色、历史特色、民族特色被城市建设者弃之如敝屣,而代之以雷同的草坪、广场、雕塑。恶俗与空虚齐飞,江南江北共一色。这是人类文明的倒退,是对城市的最大戕害。城市的出路在于时时不忘差异度和维护个性,在城市文化、市民习俗、消费取向、产业聚集等方面创造独特的城市品牌。

个性缺失　何谈魅力

为什么我国会出现这么多缺少个性和特色的城市呢? 中国城市发展研究会副理事长朱铁臻教授总结出三方面原因。

一是城市之间盲目攀比。首先是比"个高",高层建筑成风。你建 40 层,我建 50层、80 层,甚至攀建世界第一高楼。有的中小城市也要建几十层的高楼。其实,以高楼来表现生产水平、科技水平和社会进步,是工业社会的特征,现代人应追求人与自然和谐的生活与居住环境。

再就是比"体宽",城市规模不断扩大。有些城市提出"做大做强",于是就在扩大规模上做文章,以为规模上去了,效益就上去了。朱铁臻说,世界城市发展的经验告诉我们,城市规模并不是越大越好,"做大做强"应在增强经济实力和竞争力上下工夫。

二是忽略城市文化。城市文化是城市的灵魂,城市特色是城市文化的标志。我国许多城市很重视文化建设和保护,但也有一些城市只重视物质环境改善,而忽视文化内涵,大兴土木,大拆大建,外表看起来高楼拔地而起,实际上缺少文化底蕴,造成"千城一面",毫无特色和文化品位可言。

现代城市以文化论输赢,城市文化是城市全面发展的推动力。目前,国际上衡量一个国家和一个城市的发展水平,除了用 GDP 这个常用指标外,还提倡用 HDR 这一人文发展指数作为衡量标准。它包括人均寿命、人均教育和人均收入,也就是把生态质量、文化质量和生活质量作为发展的重要参数。由此可见,文化在城市发展中的重要作用。

三是以新为好、以洋为美。现在一谈城市建设的成绩,就是所谓"面目一新",不加区别地以为"新"就是好。这其实是"政绩"和"形象"的心理在作怪,以政绩工程和形象工程邀功,达到某种目的。随着时间的流逝,城市的一些历史街区和古建筑,难免会出现退化,看起来很旧、很土,可它的历史文化价值却在不断上升,有的很可能是无价之宝,拆掉了、毁掉了就再也无法恢复。现在有的城市一方面无情地毁掉古的、真的、有价值的东西,另一方面却又加大投资搞仿古的、假的、没有文化底蕴的"古董"。朱铁臻呼吁,应在全社会树立一种观念:开发是政绩,保护也是政绩。把一座历史文化名城保护好,把一座历史性建筑保护好,功德无量,造福千秋。

朱铁臻认为,当今城市盲目崇洋也是值得注意的一个问题。有些城市不顾环境、条件的限制,在古老城区和居民特色浓郁的地段,摆上几幢极度不协调的所谓欧式建筑,不仅没有为城市添彩,反而破坏了原有的特色和整体协调。对于外来文化、西方建筑,我们不应一概加以拒绝,但要有条件地吸收,要结合我国的实际,结合民族文化,不断加以创新发展,而不能简单地模仿抄袭,处处以西式建筑为榜样,看不起自己的"老脸"。

挖掘特色　留住精彩

一座城市是一个自然生长的有机体,其魅力在于特色,没有特色的城市也就不可能有品牌效应。印象之中,昔日许多城市的建筑都有适合当地自然条件、生活习惯的地域特色,体现出人与自然和谐相处的风格与韵味,也饱含着一个城市独有的个性与魅力。

那么,在保持城市高速发展的前提下,如何从城市特色经营出发,把能够体现城市特色的资源进行集聚、整合和利用,以独特的魅力在全球城市竞争的舞台上一领风骚,已成为摆在城市决策者案头的一项重要课题。

专家认为,城市特色是历史的构成、生活的反映、文化的积淀、民族的凝结,是在一定时间、地点条件下,典型事物最集中、最典型的表现,具有一定的地域差别。不加区别地抄袭和模仿决然不能形成城市的特色,恰恰相反,它只能使之丧失。因此,我们必须熟知城市的过去、现在和未来,并去粗取精、去伪存真,由此及彼、由表及里地发掘、分析城市各个方面的特点,以此作为构思城市在典型环境中典型性格的基础。在城市建设过程中城市特色的体现,不仅需要政府的决策,还需要规划师、建筑师、工程师、园艺师和艺术家的智慧,以及全体市民的共同努力,真正做到"人民城市人民建"。

首先要制定富有特色和个性的城市规划。城市规划是一门大学问,讲究的是务实和保持个性。务实,意味着城市应当考虑客观条件和现实发展的需要,"因风吹火,照纹劈柴"。保持个性,就是要留住城市特有的"基因",如地域环境、文化特色、建筑风格等。从某种意义上说,"千城一面"的出现,正是因为一些城市在建筑方面贪大求新、盲目克隆、照搬照抄,失去了自己的个性。

维护好历史传承,留住城市的"命脉",是保持城市特色的关键所在。城市的内在支撑点在于其特殊的环境,离开历史和文化,城市个性则无从谈起。而保护含有特殊文化遗产的古迹,无形中就留住了城市个性赖以存在的载体。浙江绍兴,这座历史文化名城之所以"古而不衰",在于遵循了一种新的保护理念——保护就是发展,保护才能发展。这一理念把绍兴众多的文物古迹和水乡风貌编织起来,小桥流水,江南人家,让千年古城个性张扬,魅力尽显。

城市特色既然是"只此一家,别无分店",因而了解一个城市已有的真正特色,并不断去丰富、创造这一特色,对于城市建设来说无疑是十分重要的。往大处讲,这是一个城市和谐、持续、健康发展的关键所在;从小处说,这对于保留一座城市的个性与魅力,有着一种特殊的意义。这就要求我们在制定城市发展规划时,要冷静、谨慎,更要留有余地,为子孙后代守住历史的家园,留住生命的色彩。

《时代潮》2005年第23期

第十章

城市文化的发展前景

20 世纪世界城市文化研究大师刘易斯·芒福德在他奠定地位的巨著《城市发展史——起源、演变和前景》的篇末切中肯綮地指出：

> 城市最终的任务是促进人们自觉地参加宇宙和历史的进程。城市，通过它自身复杂和持久的结构，大大扩大了人们解释这些进程的能力并积极参加发展这些进程，以便城市舞台上上演的每台戏剧，都具有最高程度的思想上的光辉，明确的目标和爱的色彩。通过感情上的交流，理性上的传递和技术上的精通熟练，尤其是，通过激动人心的表演，从而扩大生活的各个方面的范围，这一直是历史上城市的最高职责。它将成为城市连续存在的主要理由。①

他在半个多世纪前发出的呼吁在今天依然是那么的真切而又一针见血。

第一节　互联网、物联网与 3D 时代

在这里，我们可以自信地预言未来：未来世界的新萌芽、新突破必然是走出科学实验室后就首先在中心城市里加以应用并推广的技术、设施与新型生活方式。未来的城市文化必然是高新科技与市民日常生活的有效结合。未来社会将是城市文化尤其是特大型中心城市文化加速辐射周边的城市文化并引领世界文化潮流的新时代。

在 1912 年，亚洲第一个推翻封建帝制、建立资产阶级民主共和国的先行者孙中山，在中华民国正式成立后就任铁路建设总理。当时，他对铁路建设事业满怀憧憬，题写下被后世广为传诵的名言："时代潮流滚滚激荡，顺之则昌，逆之则亡。"他强调要"内审中国之情势，外察世界之潮流，兼收众长，益以新创"。

百年之后，重温历史，面对今天这样的社会发展前景，我们必须也只能适应这种潮流并努力成为这一巨大潮流中优秀的弄潮儿。这个巨大潮流就是网络文化与 3D 时代，它恰恰是从城市扩散到全球的各个角落。

20 世纪最伟大的发明之一的国际互联网（Internet），是由按照分组交换原理实现了机器之间的相互通信的阿帕网（Arpanet）的网络雏形，发展演变成为虚拟地形学中的一种拟像的领域。互联网的虚拟地形学中的拟像领域特征，一方面使得互联网的经验就像一个航海者进入了一个苍茫世界，却又止步于一种"无深度的平面"——电脑屏幕。这种崭

---

① ［美］刘易斯·芒福德：《城市发展史——起源、演变和前景》，北京：中国建筑工业出版社 2005 年版，第 579－586 页。

新的平面而无深度的感觉,正是后现代文化的第一个,也是最明显的一个特征。互联网就像一个巨大的"图书馆""报纸""期刊""杂志""电台""电视台"。能成为其中一个就很不容易,而互联网成为了所有这些的总和。随着无线上网和手机上网的普及,终端接入的限制越来越小,无处不网络的时代即将来临。对当下网民人数已超过4亿的中国而言,正在面临这样的双重处境:一方面要努力追赶信息技术的时代潮流,另一方面又要努力规避新技术带来的种种技术限制和接受困扰。

网络文化是一种新型的文化形态,涉及面广,影响深远。网络文化概念中所指的网络,其内涵随着时代的发展和技术的进步而不断变化。从广义上讲,网络文化所指的网络应包含所有可以传输电子信号或无线电信号的网络,包括:电报网、无线广播网、卫星广播网、固定电话网、电视网、互联网、移动电话网、寻呼网、计算机局域网、计算机广域网、无线局域网等。从最小意义上讲,则仅包括互联网。网络文化是文化的一个子集。如果将网络仅仅局限于互联网,维基百科对网络文化(Cyberculture)的定义是:由于将计算机用于沟通、娱乐和商务而出现和正在出现的文化。有学者从传播学的角度,将网络文化定义为一种新型媒介文化,是人们以计算机网络为媒介所进行的特殊方式的传播活动及其产物。上述两种定义都有一个缺陷,没有考虑到网络本身也是一个发展中的概念。后一种定义的可取之处在于将网络文化定义为一种"活动及其产物",但也存在过于重视网络的媒介功能的偏颇。事实上,网络文化作为一种拥有先进技术的文化,具有极强的渗透力,它的影响常常是全方位的。

各种数据表明,中国国民正在开始数字化生存。中国网民大多数在Internet网上聊天、听音乐或看实时电影。当网民数量飞涨,精英成分就必然会被稀释,平民特征就会越来越凸显。就某种意义上言之,我们甚至可以说,网民的低龄、低文化程度、低收入趋势,与互联网的"乱象"有某种必然的因果关联。在这个互联网的个人时代,我们看到网络文化有其积极健康的一面,但也存在鱼龙混杂、泥沙俱下的另一面,有的甚至是低俗的文化垃圾。

聊QQ、上论坛、写博客、发微博、写微信……网络已成为非常重要的文化现象。互联网的快速发展及其应用的日益普及,造就出了一个全新的"虚拟电子空间"和"网上社会",这样一个社会被美国的托马斯·弗里德曼在他的副标题为"21世纪的简史"一书中描述为"世界是平的"。在社会生活的很多领域,互联网的发展,给人类的生存形态和活动样式带来了非常大的改变,就是人在现实社会生活中又获得了一个全新的比特环境。比特(Bit)环境所建构的空间是一个虚拟的赛博空间(Cyberspace),在这个纯粹的人造空间里,人们体验着以往时代不曾体验的网上营销、购物、电子单据、无纸贸易、电子货币等活动方式,人们通过自身行动所构建出来的网络社会系统,不仅构成了我们这个时代一个最为突出的特征,而且也正在演变为一种全球性的未来行为力量。

互联网时代是一个媒体充分涌动的自由时代,这种媒体自由的时代里话语权的解放是全方位的,当大众进入媒体以后,就像一个"高雅"的客厅,突然涌进许多市井俗人,难免会变得吵闹喧嚣,于是,艺术的技术化和市场化变成了一对相互纠缠的矛盾体,消费社会中文化消费主义成为时尚,以商业面目出现的艺术,在媚俗化和低俗化方面是有目共睹的,有人认为这是艺术气息的消散,也有人认为是艺术的平面化或艺术与传媒的合谋。网络传媒中,"雅"正让位于"俗",艺术中的世俗化倾向越来越占主导地位,精英文化却在日常理性中日渐衰微。

互联网的快速发展及其应用的日益普及,造就出了一个全新的网络社会。在这个纯粹的人造空间里,人们经历着以往时代不曾经历的网络活动方式。这个通过自身行动所构建出来的网络社会体系,不仅构成了我们这个时代一个最为突出的特征,而且也正在演变成为一种全球性的未来行为力量。从立法的角度和技术的角度对极度自由的网络社会进行规制,是建设美好网络家园的途径之一。多维视野下的网络文化、网络文化的特征、网络社会规范建构有失完善的现实情况、网络文化建设中相关问题的探讨、建构和完善网络社会控制体系、美好的网络家园值得期许。网络建设的目的在于营造文明健康的网络精神家园。

美国麦肯锡全球研究所采集了全球范围内大量的颠覆性技术加以研究,推测这些技术在未来的可能发展趋势及对人类的影响做出评估。他们筛选出了十二种驱动社会未来发展的重大技术,依次是移动互联网、知识型工作的自动化、物联网、云计算、高级机器人、全自动和几乎全自动的车辆、下一代基因组学、能源储存、3D 打印技术、高级材料、高级油气勘探和采集技术、可再生能源。

这个报告认为,目前已经处于发展阶段的移动互联网技术在发达国家已经得到普及,在发展中国家也处于高速增长阶段,在未来的十多年时间里对人类的影响将十分巨大。接听客服来电的电脑合成声音、指纹触屏电子技术等知识型工作的自动化,在物体上植入传感器以便监控产品的流向,计算数据以千亿为单位的云计算等技术中的每一项创新,预计在 2025 年创造一万亿美元以上的产值。其中,移动互联网将产生 3.7 万亿至 10.08 万亿美元的价值,知识性工作自动化将产生 5.2 万亿至 6.7 万亿美元。一些最具有吸引力的创新领域并不会带来巨大的影响。这些领域是当前具有轰动效应的 3D 打印技术、无人驾驶汽车和可再生能源。[①]

联想到 20 世纪 80 年代美国的华人"电脑神童"王安以非凡的速度开发出上百种技术新颖的电脑款式,但消费者一时接受不了他如此超前的产品设计,导致他的计算机王国破产。吸取了他的教训,后起的比尔·盖茨从推销员角度为客户着想,将个人使用的电脑合成当时流行的多种消费功能。这成就了当时的微软电脑 286、386、486、586、windows 视窗系统,直到比尔·盖茨成为世界首富。微软商业帝国的经验和当前最新技术的发展态势给我们的启示极其相似。真正能够赢得市民青睐、掌握市场主动权的技术及其产品,未必是最革命、最具有创新性的东西,而是日渐成熟的新技术和那些已经掌握了庞大消费群体的传统技术产品的精妙融合。

需要强调的是,这些日渐成熟的新技术和那些已经掌握了庞大消费群体的传统技术产品的精妙融合,必须以庞大而相对固定的消费群体为商业成功的前提条件,否则"超级电脑神童"王安的失败案例将再次出现。环视当今世界,能够提供这种庞大而相对固定的消费群体的地理空间是也只能是城市,尤其是大型城市的文化消费群体。这是城市文化繁荣的基本准则,也是当今或未来社会绝大多数文化商品赢得成功的不易之道,城市文化

---

① 《去东京及未来的 12 种技术》,原载美国《华盛顿邮报》2013 年 5 月 24 日。

产业兴旺的不二法门。

第二节　同质化、差异化与智能化

一座城市是一个自然生长的有机体,其魅力在于特色,没有特色的城市也就不可能有品牌效应。许多历史文化名城的建筑应该考虑到当地的自然条件、生活习惯等地域特色,体现出人与自然和谐相处的风格与韵味,也饱含着一个城市独有的个性与魅力。当前,如何集聚、整合和利用城市的特色资源,发掘出特定城市独特的文化魅力,在全球城市竞争的舞台上独领风骚,是城市化浪潮中的中国一个重大而紧迫的难题。

一、中国城市"千城一面"的同质化危机

随着城市化进程的加快,中国各城市间的竞争也日益激烈。许多后崛起的城市盲目拷贝发达城市的模式,却不懂得城市运营规律,没学到别人的精华,却连自己原有的优点都丧失了。中国许多城市的繁华街道,给人的雷同感太强烈了。中国大部分城市的高层建筑、道路都很相似,大家只是在比谁建的楼更高、规模更大。

国内城市中,处处设置栅栏的街道、徒劳攀登的过街天桥、遍地开花的开发区、刺眼炫目的玻璃幕墙、凶神恶煞的石狮子以及劣质城市雕塑,不一而足,让人眼乱心烦意闷。拷贝与克隆的结果,尽管有拿来就用、吃现成饭的便利、省心、节约成本,却使一座座历史悠久的城市失去了文化个性,文化的趋同性渐渐尘封了文化的多样性。我国在竭力争取完全市场经济地位的同时,我们的城市却深陷计划经济时代的泥潭——全国一个样。

个性缺失是当前城市规划建设中的最大弊端,亟须引起高度重视。只有突出了个性和特色,我们的世界、我们的城市才会生机勃勃,丰富多彩。城市建设中当然需要借鉴先进的、带有规律性的东西,但这并不等于盲目模仿,依葫芦画瓢。简单模仿只能导致城市建设的雷同、刻板、僵化,无异于走进城市建设的"死胡同"。

"民族的就是世界的"这已是人类的共识。我们中华民族有着五千至一万年的文明史,这是令世界各国向往的。56 个民族又各具特色,这又是十分宝贵的。首先建设城市应在自己本土民族文化的基础上去挖掘和创新,保留其独特的内质与外观。发展经济也要量力而行,结合自己的优势去发挥。

各城市之间的相互克隆与模仿,这本身就反映出城市文化营造观念的严重滞后。事实上,各城市的历史渊源不同,政府经济基础不同,是不能一味去效仿的。例如,上海在近代史和 20 世纪 90 年代的爆炸式发展,是由其特定的政治资源、国际人缘和特殊的地位所决定,其诸多优势来源于深刻的历史背景,其他城市可闻可见却无法仿制成功的。早在上个世纪 90 年代,上海就被划为经济先行试验区,享受到了许多城市难以获得的项目、资金和财政税收投资政策。聪明的上海人也从未错过任何一次发展自己的机遇,埔东的开发更是让上海插上了腾飞的翅膀,到上海投资的国内外大企业越来越多,企业总部和地区数量不断增多,上海成为了中国的"经济首都",但我们也应该看到上海也有自身的"城市病"。商务成本高,软件发展跟不上硬件,外来企业多而本土品牌少,传媒也不及北京、广州,显然对不住这座光芒四射的魅力城市。

2013年8月上海自由贸易区正式挂牌运营,广州南沙、深圳前海试验区、珠海横琴口岸等自由贸易区的风起云涌,将为中国城市与国际城市的贸易规则、开放程度、运营理念实现更大程度的对接,倒逼国内大型国有垄断企业,片面依赖政策垄断获取超额利润却缺乏科技创新、人才至上的观念、章程、制度方面的变革,从而释放出中国城市文化创新、制度创新的新活力,实现中国城市文化的新腾飞。

又如天津,天津背负着"发展慢了"的压力,不肯人云亦云、邯郸学步。"与其临渊羡鱼,不如退而结网"。天津人默默地在搞城市基础设施建设。十年磨一剑,打基础、厚积薄发,终于成为一艘势不可挡的发展巨轮。所以,城市文化的营造就像城市的外观一样,不应也不能克隆。

"南方北方一个样,大城小城一个样,城里城外一个样"。当我们的城市决策者们在为城市面貌的日新月异而自鸣得意之时,有见地的专家学者们则对城市建设与发展中特色越来越显著的丧失而忧心忡忡。目睹城市中不可多得的颇具地方特色的古建筑被粗暴地蚕食、侵占、摧毁,而代之以一座座拔地而起、着装一致的高楼大厦,我们呼吁:必须尽早刹住这股破坏性建设之风,使千城一面的现象早日消失。现在不及早匡时救弊,等到文化古迹、真迹被全部"破坏性地建设"掉,就悔之晚也、无法弥补了。

随着城市化进程的加快,大大小小的城市在我们眼前变得时髦一时而贻笑大方:一样的马赛克、一样的玻璃幕墙、一样的立交桥、一样的大广场、一样的流行包装,不一而足。漫步于这样的城市中,海外游客找不到认同感和熟悉感,本地市民也大有"独在异乡为异客,节日散淡无思亲"的孤独感。

两院院士吴良镛先生剀切指称,个性缺失是当前城市规划建设中的最大弊端,必须引起高度重视。只有突出了个性和特色,我们的世界、我们的文化、我们的生活才会生机勃勃、丰富多彩。城市建设与学习画画具有异曲同工之妙,先进的、带有规律性的东西,可以借鉴而不能一味地照搬照抄。当前,中国城市文化营造方面出现严重的雷同化、刻板化与僵化,提示了城市文化建设的死路,也从反面揭示了中国城市文化发展的未来方向。

二、电子数据时代城市文化的若干误区

当前城市文化中的数字出版业的主导是技术提供商、通信运营商、销售商等,数字出版是一场超乎想象的革命。当前的城市的知识分子群体,甚至是传统出版人士,在面对着这个全新的领域时,已经出现多种理解的偏差、误区。

误区一:数字出版以文字内容为核心。

其实,"数字化的出版"只是数字出版中比较小的一部分,网络游戏、手机出版和网络广告,才是数字出版的三巨头。百度给"数字出版"下的定义是:数字出版是人类文化的数字化传承。它是建立在计算机技术、通讯技术、网络技术、流媒体技术、存储技术、显示技术等高新技术基础上,融合并超越了传统出版内容而发展起来的新兴出版产业。数字化出版是在出版的整个过程中,将所有的信息都以统一的二进制代码的数字化形式存储于光盘、磁盘等介质中,信息的处理与接收则借助计算机或终端设备进行。它强调内容的数字化、生产模式和运作流程的数字化、传播载体的数字化和阅读消费、学习形态的数字化。数字出版在我国虽然起步较晚,但是发展很快,目前已经形成了网络图书、网络期刊等新

业态。

这是狭义的定义，即以文字内容为核心的"数字化的出版"。而广义的数字出版，其实还包括网络游戏、网络地图、数字音乐、网络动漫以及手机彩铃、彩信等。

《2012～2013中国数字出版产业年度报告》显示，中国数字出版产业在2012年的产值达到1 935亿元，比2011年增长了40％。但在看似巨大的数字出版蛋糕中，与传统出版业密切相关的领域，即电子书和数字报刊只有57.73亿元，不足3％；而其他大部分份额由互联网广告、手机彩铃游戏与网络游戏等占据。可见，"数字化的出版"只是数字出版的一部分，而且是比较小的一部分，网络游戏、手机出版和网络广告，才是数字出版的三巨头。

误区之二：数字出版必须依靠传统出版提供内容。

其实，数字出版未必一定需要依托传统的出版资源。它拥有全新的介质即载体，会由此产生全新的内容。面对数字出版冲击，一些传统出版人以为"内容为王"：出版企业占有内容资源，数字出版必须依靠传统出版提供内容，传统出版企业因此具有不可替代的优势，不会被数字出版打败。事实可能相反，数字出版的确可以利用传统出版的资源，比如将传统出版内容数字化，从而实现新的盈收；但也可以开疆扩土，创造自己独有的形式和内容。数字出版未必一定需要依托传统的出版资源，传统的出版内容资源只是它海量内容的一部分。以起点中文网为例，它提供了一个开放的写作平台，更重要的是创造了"微支付"模式，从而使写作者在网上写作赚钱成为现实。也正因此，起点中文网出现了不同于传统写作的小说形式，它更需要想象力，同时篇幅也更长，两三百万字只是毛毛雨，上千万字的也很正常。而传统出版物，小说能有上百万字，已经算是鸿篇巨著了。

传统出版的确为数字出版提供了一部分内容，但由传统出版为数字出版提供内容，只能说是数字出版的一个过渡。传统出版物的内容以及网络文学的内容，对于数字出版来说，都只是不算大的一部分。基于电子屏的数字阅读用户每天沉浸的语境是社交网络、熟人语境，数字阅读的语序结构是解构化、非线型、可跳转的，而纸质图书则是线型的。因此，纸质书的电子化绝对不是数字出版的未来，数字出版将会基于移动互联和电子书的特征、按照用户需求重构内容。这将会是全新的，与纸质出版物完全不同的内容。这才应该是数字出版内容的主流。

误区之三：电子书会影响实体书销量。

其实，没有数据表明电子书会影响实体书销量，却有数字出版与传统出版互相促进的例证不断出现。传统出版人往往担心一旦出版了电子书，实体书就会不好卖。就当当网的数据来看，一本书同时有电子书和实体书存在时，实体书的销量并未因此而下降，相反，有些书还会上升。因为读者试读了电子版之后，觉得内容合适，就会去买实体书。对于大部分读者来说，愿不愿意花钱买实体书的关键是值不值得买，而不是有没有电子书。

数字版权是会分流一些买书的读者，但如果操作得当，数字版权的加入不仅不会让出版社和作者的钱袋子瘪下去，反而会带来双赢的红火局面。例如当年辛夷坞的《我在回忆里等你》与移动进行数字版权合作，仅移动点击就有上亿次，更被评为当年"年度十大电子书"，数字版权盈利可观的同时，图书销量也突飞猛进，新书上市两月就突破40万册。关键在于，出版人不要将数字版权只当成一次销售，更当成一次全方位的包装营销，对重点书和重点作者在无线领域做到线上线下的深度推广,利用数字版权的无限渗透力、宣传力,扩大图书知名度,提升精品纸质图书购买收藏的吸引力,在保证基础读者购买的前提下,最大限度地挖掘读者资源,促进双重购买。

将传统出版内容转化为数字出版内容,等于扩大了用户群,增加了版权价值。而数字出版的内容(主要是网络文学)也会有些出版实体书,数字出版与传统出版互相促进,相得益彰。两者的读者群是两个不大相同的群体,即便有重合的部分,也并不是太大。

误区之四:传统出版会因数字出版而消亡。

即使数字出版成为主流,传统出版也不会消失,而是可能转向私人定制、收藏品等高端服务。很多人认为,数字出版必将不断地蚕食传统出版的市场,最终完全取代传统出版。但在盛大文学看来,这完全是主观臆测。数字出版与传统出版不是零和游戏,不是你死我活的关系,两者难免有博弈,但结果注定是双赢。网络读者与纸质读者在大多数情况下互相独立发展,彼此可以探讨多种合作模式,彼此分成。

在一个信息爆炸的时代,信息越多、越复杂,就越需要有人做信息的整理者,鉴别真伪、系统化、输出,这个过程就是出版。至于是出版纸质书,还是出版电子读物,出版的需求会越来越多,谁能抓住这个机会,谁就能占领出版的未来。

放眼未来,数字出版也许终将取代传统出版,就像纸取代竹简、现代印刷术取代铅字排版一样,但限于技术手段、用户习惯和使用成本,这将是一个比较漫长的过程。习惯纸质书阅读的读者还会坚持读纸质书。而即使数字出版成为主流,传统出版也不会消失,而是可能转向私人定制、艺术品、收藏品等高端服务。

误区之五:数字出版就是做阅读终端。

大众阅读的第一介质是智能手机,其次是 Ipad,专有阅读器只有小众价值。曾几何时,数字出版几乎就等同于阅读终端。Kindle 在美国如日中天之时,国内的汉王科技、方正、盛大、爱国者、纽曼、大唐电信等都推出电子阅读器产品,据统计,中国推出电子阅读器产品的企业曾经有 30 多家。但时至今日,阅读终端已经成为明日黄花,甚至连 kindle 阅读器进入中国,也未能挽救这一颓势。

倘若以为数字出版的未来是纸书电子化,则基于 E-ink 技术的电子阅读器就有前途。但数字出版的未来并非纸书电子化。人类在视觉方面的体验提升从黑白到彩色,从来没有逆转过,无论是摄影、电影都是如此。人类在对操作便捷性的习惯也是不可逆转,大家习惯了触屏时代的触摸、滑动、手势所带来的流畅性的快感,就很难接受一个无法互动的 E-ink 屏幕。超链、多媒体是屏阅读区别于纸质阅读的特征和优势,这些 E-ink 都不可能满足。随着大屏智能手机的普及,手机本身显示效果越来越好,已经可以满足绝大多数人的阅读需求,它在携带便利性方面也是阅读器所无法比拟的。阅读器其实也只是一个过渡产品。

电子书定价的高、低甚至免费都不是问题的关键,电子书定价应遵循利益最大化原则,因书而异、因读者群而异。举例来说,一本专业书的目标读者是 1 000 人,定 100 元/册,有 200 人买,销售额是 20 000 元;定 10 元/册,就有 600 人买,销售额仅 6 000 元,那利益最大化的定价肯定是百元定价。但一本大众读物,定价 10 元钱,会有一万人阅读,收益是 10 万元;定价 1 元钱,会有 2 000 万人阅读,收益是 2 000 万元;那么显然低定价的利益更大。甚至,当一本书免费时会有一亿人来看,该书的注意力价值超过销售价值,零元是最优定价。

三、城市文化的方向

城市特色是历史的构成、生活的反映、文化的积淀、民族的凝结,是在一定时间、地点条件下,典型事物最集中、最典型的表现。不加区别地抄袭和模仿不可能形成城市的特色。我们必须熟知城市的过去、现在和未来,由表及里地发掘、分析城市各个方面的特点,以此作为构思城市地理环境的肌理和城市精神魅力的基础。在城市建设过程中城市特色的体现,不仅需要政府的决策,还需要规划师、建筑师、工程师、园艺师和艺术家的智慧,以及全体市民的共同努力。全民共有的城市应该全民发挥才能共同营建,让市民贡献出各自最大限度的创造力。

首先要制定富有特色和个性的城市规划。城市规划是一门大学问,应当考虑客观条件和现实发展的需要而因地制宜、因材而异、因风吹火、照纹劈柴。要做好有历史价值的文化遗产与非物质文化遗产保护的实践,留住城市特有的地域环境、文化特色、建筑风格等。

维护好历史传统遗产,留住城市的命脉,是保持城市特色的关键所在。城市的内在支撑点在于其特殊的环境,离开历史和文化,城市个性则无从谈起。保护好含有特殊文化遗产的古迹,无形中就留住了城市个性赖以存在的载体。历史文化名城浙江绍兴之所以"古而不衰",在于遵循了一种新的保护理念——保护就是发展,保护才能发展。这一理念把绍兴众多的文物古迹和水乡风貌编织起来,小桥流水、江南水乡,让千年古城个性张扬、魅力尽显。

城市特色应该具有差异性和比较高的区分识别度,是"只此一家、别无分店"的品牌标志。因此,发掘、保护并努力营造出一座城市的特殊而有魅力的文化风貌,形成自己的真正特色,然后不断去丰富、升级这一特色是城市文化营造的首要任务。大而言之,事关城市文化能否和谐、持续、健康发展的生死存亡;具体而言,这是一座城市能否具有持续存在的依据,是不会被世界遗忘的根本,是能否在城市林立的当代世界得以生存的合法性、正当性的首要条件。执是之故,当前中国各地各级城市,在制订城市发展规划时,的的确确需要听取文化保护专家的意见,坚持依据历史文化基础,坚持科学发展观念,要保持冷静、谨慎、科学的头脑,不能为了短期的政绩工程,做出竭泽而渔、贻害无穷、谬种流传,为世人耻笑的"破坏性建设工程"。我们的城市不仅仅属于我们这一代人,更属于我们的子孙后代。我们有责任、有义务为子孙后代保留其生存与发展的地理空间和文化空间,有责任、有义务也应该有能力在自己这一代"创造辉煌"的同时为万年文明古国守住历史的家园,在谱写生命芳华的同时留下文化传承的历史名片,让子孙后代为我们这一代的辉煌创造而骄傲,绝对不应该让他们提及我们这一代的时候,会悲愤交加地说:我们的祖先毁掉了自己的文明,让我们子孙后代成了地理空间或精神文化上的"亡国者"。

第三节 建设低碳社会

一、建设低碳社会的背景和机遇

（1）城市可持续发展的必由之路是建设低碳社会。据统计,大城市消耗的能源占全球的75％,温室气体排放量占世界的80％。与世界其他城市一样,中国城市环境质量日益恶化,对能量和水的需要却不断上升。中国城市在环境污染方面的问题仍然非常严峻。当前,越来越多的人理性地思考城市的功能。它不再是人人向往的乐园,它固然提供给人类许多便利优越的生活条件,同时却带来致命的缺陷和伤害。

（2）转变城市发展模式也需要建设低碳社会。城市资源环境问题的关键,在于城市化的发展模式。城市的发展,由于对自然资源的占有,导致生态环境质量下降。同时,它又实现了资源集约利用和污染集中治理。建设低碳城市有利于推动城市化模式由粗放型向集约型的转变。

（3）城市转型升级的推动力也在低碳经济上。第一次产业革命的核心是蒸汽机,由于能源代替了手工劳动,有效地提高了劳动生产率。第二次产业革命的核心是电力,实质是能源传输,通过降低能源传输成本提高生产效率。第三次产业革命的核心是计算机和互联网,由于信息处理速度加快而提高劳动生产率。目前,新能源产业已成为新一轮国际竞争的战略制高点。低碳经济有望成为集蒸汽机、电力、互联网之后的第四次产业革命。低碳经济将催生城市一系列新的经济增长点,成为金融危机后带动新一轮经济增长的强大力量。

（4）建设低碳城市是经济结构转型的推动力量。低碳城市所引发的技术革命广泛应用于生产生活的各个领域,实现减排和经济发展的双重目标。从产业结构看,低碳农业将降低对化石能源的依赖,呈现有机、生态和高效的特征;低碳工业将减少对能源的依赖,电气、电子等低碳产业将得到较快发展;低碳物流将提高利用物流比率,发展及安排物流线路,大大提高物流效率。从社会生活看,在建筑和家居方面,节能家电、保温住宅系统将不断发展;在交通运输方面,城市轨道交通将快速发展。

二、建设低碳城市的重要对策

建设低碳城市是一项复杂的系统工程,必须科学规划、统筹兼顾、重点推进、协调发展。主要采取以下对策:

（一）制定低碳战略规划

将低碳战略规划纳入城市发展总体规划。将低碳技术研发纳入科技规划和相关科技计划。制定专项规划,提出发展低碳城市的目标、重点和保障措施等,提出低碳城市的统计和考核指标。制定支柱产业的低碳发展规划,加快经济结构调整。在城市景观规划中,多建生态景观,少建体现"形象工程"的大面积硬地广场,限建高耗电能的人工瀑布、喷泉,多造有利于户外健身、增氧、减少热岛效应的树林绿地。

（二）优化城市能源结构

大力优化城市能源结构是建设低碳城市的现实途径。一是降低煤在城市能源结构中的比例,加速城市能源消费从传统以煤炭为主向现代以石油和天然气为主转变。同时,利用城市的资金和技术优势,大力实施煤炭净化技术及加强相关基础设施的建设。二是提高能源效率,重点改善城市的能源消费结构和效率。世界主要国家和城市都将提高能源效率作为应对气候变化能源战略的核心目标之一。应注重清洁煤、核能、太阳能和风能等先进发电技术,碳捕获和贮存,可用在生产能源等新技术的开发。三是发展低碳和无碳能源,促进能源供应的多样化。

（三）调整城市产业结构

调整城市产业结构主要有三点:一是调整工业结构。一般来说,城市重化工业的能源强度远高于一般制造业,而且在同一行业中,技术水平越低则能源强度越高。因此,调整工业结构特别是重化工业结构是重中之重,要积极发展低碳装备制造业和节能汽车产业,大力发展高新技术产业。但是,不能为减排而盲目调低第二产业的比重,而是要在低碳化过程中推进其优化和发展。二是大力发展低碳农业。要大幅度减少化肥和农药的使用量,降低农业生产过程对化石能源的依赖,走有机生态农业之路。要充分利用农业的剩余能量。推广太阳能和沼气技术,普及太阳能集热技术。三是大力发展现代服务业。优先发展电子信息、金融、保险、旅游等低碳产业和服务业。大力发展文化、创意、动漫、商旅、物联网等低碳产业。

（四）推动低碳技术创新

在未来,低碳技术将成为城市核心竞争力的重要标志。我国获得低碳技术有两个途径:通过清洁发展机制（CDM）引进发达国家的成熟技术,但往往不能获得国外的核心技术;自主研发,重点攻关中短期内可以获得较大效益的低碳技术,逐步建立中国的低碳技术创新体系。一是制定城市低碳技术路线图。如混合动力汽车和电动汽车开发路线图、高性能电力储藏技术线路图。二是整合市场现有的低碳技术,加速科技成果的转化和应用。三是加大低碳技术的研发力度,大力开发低碳技术和低碳产品。四是加快核能、水电等低碳能源的开发利用。

（五）发展城市轨道交通

据统计,交通运输部门温室气体排放仅次于工业部门,美国占 28%,欧盟平均为21%。传统的以小汽车为主导的交通模式使城市交通发展面临环境、能源和土地三大瓶颈。发展城市轨道交通将大幅度降低城市排放强度,并带动城市其他部门或产业实现减排。一是制定城市轨道交通发展配套政策。在轨道交通项目的审批、投融资、用地、税收、担保等方面出台有效的政策法规。二是建立城市轨道交通节能减排效益的激励机制。鼓励在城市轨道交通行业利用清洁发展机制和相应的排放贸易系统。三是注重城市轨道交通与其他交通的衔接。重点将轨道交通与外部快速轨道交通及外部交通枢纽有机衔接,形成一体化的轨道交通网络体系。加大建设和地铁配套的停车场的力度,满足市民停车换乘地铁的需求。[1]

---

[1] 王可达的论述,参见《学习天地》2013 年第 1 期。

第四节 塑造城市文化的未来

面对城市社会的未来前景,提出富有前景的对策是十分诱人且挑战巨大的任务。在这里,我们提出如下九大主张,提供给各地城市发展的决策人员、发展设计人员、参与建设人员、科研人员和各类大学的广大师生们参考。

一、长效规划生态型城市百年发展大计

公众心中理想的生态型城市具有如下各要素:社会、经济、自然协调发展,物质、能量、信息高效集成,技术、文化与景观充分融合,人与自然的潜力得到充分发挥,居民身心健康,生态持续和谐。这种理想目标将考验城市施政者的政策连贯性,历史将铭记提升了城市文化品位而流芳后世的人们。文化名城不是沉睡的博物馆,而是可以持续生长的有机体,是一个融入当代生活、以特定区域文化为魂的新城市、新空间。

二、规划城市新旧城区的色谱总体基调

西方发达国家从 20 世纪 80 年代初就着手城市环境色彩的整体规划,使城市的面貌大为改观,形成了独特的色彩特征。如波士顿以承载历史的红砖暗红色为主调;纽约以光怪陆离的霓虹灯色为主调;芝加哥以沉稳、高雅的灰色为主调。它们普遍的做法是在城市规划与建筑设计的最后一个环节进行城市环境色彩的专项规划及建筑外观色彩的配色计划。缺少这项工作的规划或设计将不能通过主管部门的审批。例如,日本在小区规划中责令规划新建的居住小区必须做出成套的色彩组配计划;台湾在进行城市改造时,也要求制定改造区域环境色彩的规划及其详细设计,以利于城市整体环境色彩的协调,并在这个基础上塑造有特色和个性的城市色彩环境。城市色彩规划的基础性研究工作量巨大,需要色彩研究领域与规划专业领域的积极配合才能完成,目前我国绝大多数城市没有进行城市色彩的基础性研究,城市规划师、景观规划师们往往各执一词。现有的独立场所环境色彩设计、建筑色彩设计以及城市总色谱的提出和确定远远不足以系统、有效地引导城市色彩。因此,要达到对城市色彩合理规划和控制的目标,首先必须搭建合理的色彩规划技术框架。城市色彩总体规划是宏观层次的城市色彩规划,其规划内容为明确城市色彩规划的基本原则;进行全面的城市色彩现况调研,研究城市色彩的现状问题;定义城市的色彩表情(色彩属性);确定城市色彩总谱系统(屋顶色谱、墙面色谱、点缀色谱);以及确定不同特色景观区域的色彩特色定位。城市色彩规划的色彩总谱系统包含瓦色总谱、新城墙色总谱、旧城墙色总谱和点缀色总谱。其中瓦色总谱由蓝绿色系、无彩色系、黄褐色系和红褐色系构成;新城墙色总谱由灰绿色系、无彩色系、黄褐色系和红褐色系构成;旧城墙色总谱由灰白色系、灰蓝色系、无彩色系、黄褐色系和红褐色系构成;点缀色总谱由绿色系、蓝色系、无彩色系、黄褐色系和红褐色系构成。有一项仅供参考的建议:中国各地正在持续进行着的旧城区改造的主要色彩基调为"青黑砖+镬耳山墙+陶瓷贴塑+灰塑+漆雕+书法",形成统一的古城色系,凸显中国城市文教昌盛之地、人才辈出之邦、源远流长之史、丰富灿烂之光。

三、大力扶持市民和谐互助的社区、社团、行业协会

我们倡议建成综合功能健全的现代文化名城,要鼓励并扶植市民群体或行业形成他们自助、互助的社团和行业协会组织。市民的社会组织能够在很大程度上形成互相沟通、自律公益、社区认同、行业互助、相互扶持、相互监督、诚信公平、和谐互助的社区或行业系统,助推服务完善的文化名城建设。

四、现代化新型城市的智慧文化决胜之道

改革开放 30 多年后,我国沿海许多城市的传统产业或加工贸易"三来一补"型产业经过 10 年的产业外迁后发现,仅有"总部经济"的研发和外销网络并不能控制整个产业链,全国各地有稍稍形成了特定产业集成的地区都在举办特定行业的专业博览会。例如,广交会的展览成本高出佛山中国陶博会十多倍,效益却好于佛山陶博会。扭转这种困境,必须由政府搭台,效仿世界石油输出国组织的"欧佩克",组成强大的陶瓷产业联盟,支配全国产业价格、产品设计,甚至影响世界同类产业的发展方向与格局。

我们建议,建立市内产业协作、协调、互助、互信机制。摆脱小城镇意识,克服诸侯经济观念,清理家族式管理和老板独大心态,树立恪尽职守的 CEO 诚信,纠正代理商借厂家自肥又玩"撑竿跳高"的唯利是图倾向,建立互信互助、互通有无、互相依赖、资源共享、利益分享、风险分担的良性运作机制。为此,需要"五个转换"——转换模式、转换观念、转换体制、转换经营管理、转换人力资源的配置和使用。

各个有全国影响力的城市品牌行业协会应当承担起更大的综合功能——对内,制定行规、统一标准、设定评估指标体系、建立奖惩措施、培植自身诚信和树立行业公信,标示指导价格,扩大行业仲裁权威,提升行业道德,树立行业口碑与实施行业内部谴责机制,孤立不规范竞争行为;对外,统一信息、统一价格、统一标准、维护信誉和品牌、做出出口分布统一规划,防止自相残杀。

这种整体统筹、中观突破、微观协调的方案,需要建立在一个具有高度权威和行业公信力的"大行会"基础之上。当今中国的许多同行业之间形成的行业现行协会和行会尚不具备这些条件,有的只是行业间的业余"俱乐部"。因此,必须改造现有行会,组成有完全公信力和权威的"中国超级同业行业托拉斯联盟"。

五、嫁接与组合区域本土特色的文化元素

为了避免或矫正我国当前已经日益严重的"千城一面"的城市面貌同质化危机,各城市可以发掘出本土民俗基础的文化产业其实很丰富,但是,目前我国各城市的文化产业界,大多表现为单打一、点对点、很少建立具有综合竞争力的跨行业产业链集群。因此,我们建议:

(1)利用地铁站点、公共交通站点,作城市特色文化链的静态展示。在地铁站内外进行适度的文化展示,采取"一站一品",从灯饰广告、建筑小品、壁画和雕塑到品牌店铺,事先规划招标,利用特色显著的城市文化工艺材料作为文化表达载体,形成鲜明的车站主题特色,让市民搭乘地铁时,沿途领略城市特色的文化经典。以长江三角洲和珠江三角洲城

市群为例,尤其是在上海、南京、苏州、广州、佛山、东莞,可以在各类交通设施、场站、景点演播地方戏剧戏曲、陶塑、武术龙狮、剪纸、香云纱、秋色扎作、粤剧、木版年画,甚至是地方性的庙会、集市风俗,例如,行通济、拜祖庙、生菜会等民间风俗。

（2）加强城市特色文化元素的动态组合展示。将传统花灯与现代照明、LED 照明、中国传统剪纸、木版年画、雕塑、园林景观装饰＋国内外节庆展览＋观光＋纪念品销售等各门类与环节实现捆绑销售、嫁接增值,以产业积聚的方式营造国际化复合经营特色产业链群体:秋色＋照明产业＋灯饰产业＋剪纸＋花艺种植业＋世界各地华人社区＋美欧狂欢节。

（3）充分体现历史名城、现代都市的前瞻性和创新创意性。中国城市应当积极参加世界各地华人社区的年节庆祝活动,主动拓展美欧狂欢节、巴西 2016 年奥运会的文化市场份额。

六、有序扶持并活化具有中国文化特色的表演艺术代表作的招牌

在大剧院、戏剧博物馆、戏剧演出剧团的基础上形成"表演艺术产业大观园",实行各城市表演艺术的连锁化经营,串联起上百家戏剧表演机构,制订轮演、交流、下乡、进校园和企业、出国、进京汇报等联演联庆联竞联谊计划。

各类表演艺术的变革是全方位的、深层次的。当前的戏剧创新中完全可以开辟出以丑角、花脸、刀马旦为主角等多种戏路。除帝王才子佳人题材之外,也有表现当代走卒贩夫工商异域等多种多样题材,比针对评奖的"精品工程"更具有观众市场的庞大潜力。剧种变革应该在适应观众欣赏群体的时代趣味的前提下,贯通古今、融汇中外、兼收并蓄、为我所用,转变观念、改革体制、立足长远培养人才。

七、打造"国际饮食文化名城"

"民以食为天"是中国自古以来的共识,许多商人也发现了这里面的商机,中国人在海外闯世界的起点往往是开中国餐馆。国内的许多城市也越来越重视饮食产业促进城市文化消费的作用了。但是,大多数城市在总体文化布局层面上,缺乏饮食文化总体品牌战略经营意识,停留在各自为战、自生自灭状态。洋品牌带来先进的生产技术、营销思想、手段、服务方式和独特的企业形象,需要通过如下一系列措施,将享誉世界的中国餐定位到"中华饮食名城"的品牌建设上来,着力打造出若干个国际级的"中国饮食文化名城"。

（1）深入挖掘特定城市饮食资源的文化内涵。打造饮食文化名城,需要让消费者在吃中体验文化,给消费者带来物质和精神上的双重享受,挖掘美食资源的吸引力和生命力。

首先,整理相关的历史文献资料。有实物、有资料,对各种吟咏、赞美中国城市饮食生活、菜点及原材料等内容的诗歌、散文、食风、食俗等资料都进行深入整理和分析。

其次,组织开展民间美食大赛、社区厨艺大赛、家庭厨艺大赛等活动,不断挖掘梳理散落于民间的各种传统美食诀窍、方式和方法。

再次,把菜品本身的历史和文化一起挖掘出来,并由隐性文化转化为显性文化。例如,南京的盐水鸭、黄桥烧饼、点心甜品,佛山的名菜小吃如"蒸猪""盲公饼""双皮奶",得心斋扎蹄等,往往伴有神奇的典故传说,使得城市的特色食品和名点名菜更具吸引力。相关部门应

下大力气开发,让消费者在享受美味的同时,更赢得增长见识、心理认同和精神满足。

(2)突出特色,创建美食文化名城的全国品牌与连锁经营产业链。国内外形形色色的中华特色菜馆多为区域性品牌,饮食文化名城的构建需要全国性品牌战略的经营。

首先,应加强对传统的老品牌、老字号的保护和扶持。"应记""大可以""皇后"等知名餐饮企业已具有一定的品牌效应,应加大力度对优势品牌餐饮企业的重点引导和扶持,培育、孵化中国八大菜系重点企业,振兴"老字号"餐饮企业。

其次,新品牌培育。在对传统的名菜、名点、名店进行传承并发扬光大的同时,紧跟时代和潮流,适应不同消费群体、阶层的需求,积极开拓创新,努力培育和打造新的品牌。

最后,在各种本地品牌、新创品牌以及外来品牌的聚合下,推进城市美食文化街的建设,形成"美食文化圈"。

八、提高幸福生活指数,改善教育质量

增强和谐幸福指数的核心是解决人民群众最关心、最直接、最现实的利益问题,形成一种确保广大民众"三最"利益的长效机制。这个长效机制包括:社会发展的均衡战略、收入分配的公平战略、长治久安的以民为本战略、依法行政的反腐战略、资源环境的补偿战略。

营造社会幸福的一个重要的途径就是加强教育事业。教育是民族与国家延续的根基,30多年来,我国教育经费的增长一直显著低于 GDP 的增长,教育弹性系数一直低于1‰。我国上自中央下至各级政府需要拿出勇气,扎扎实实地做弥补教育投入历史欠账的表率。提升大、中、小学教育质量,鼓励社会各界投资教育。

九、制订并实施城市联动协作计划

有条件的城市完全可以成立"中国城市发展论坛""智慧城市战略研讨会"等论坛,在此基础上缔结城市之间建立"跨市联系协议",创造出信息互通、资源共享、产业协作、优势互补、共拓双赢的局面。克服同级城市不相隶属,联动缺乏统一步调的现实难题,成为中国城市版的"APEC 城市峰会"。

案例一:《总书记寄语苏州把生态文明建设作为率先标准》

——我上一次到苏州,感受到太湖美,依然青春焕发。"天堂"之美在于太湖美,希望苏州为太湖增添更多美丽色彩

——苏州"四个百万亩"工程提出要保护老百姓的庄稼地,水稻田就是湿地,种水稻本身也是一方美景

苏报北京专电(特派记者顾志敏)昨天上午 9 点,人民大会堂西大厅里气氛热烈。中共中央总书记、中共中央军委主席习近平来到江苏代表团,与代表们一起审议政府工作报告,共商"美丽中国"发展大计。全国人大代表、省委常委、市委书记蒋宏坤发言后,习近平饶有兴致地回忆起去年 7 月苏州之行。"我上一次到苏州,感受到太湖美,依然青春焕发"习近平说,"'天堂'之美在于太湖美,不是有一首歌就叫《太湖美》吗。确实生态很重要,希望苏州为太湖增添更多美丽色彩。"

昨天,蒋宏坤发言的题目是《携手共筑幸福美丽新家园》。在短短14分钟的发言中,习近平先后5次插话,仔细询问了苏州的经济总量、城乡一体化、中小企业发展等方面的情况。

结合政府工作报告,说到苏州今后的重点工作打算时,蒋宏坤表示,按照党的十八大"五位一体"的战略布局,苏州将把生态文明建设放到更加突出的位置。他说,如果没有良好的生态宜居空间,苏州就不能被称为"人间天堂";如果没有"鱼米之乡",苏州就不能称其为"苏州"。为此,苏州将加大生态修复和环境再造工作力度,下决心把"四个百万亩"工程(优质水稻、特色水产、高效园艺、生态林地)以法律形式落实下来,为子孙后代留下发展空间,保护好"鱼米之乡"的美丽风貌。"同时,我们将完善和提升生态文明建设规划,争取用5~8年,使所有的湖泊水质都有根本改观。"

蒋宏坤的话音刚落,习近平说:"现在网民检验湖泊水质的标准,是市长敢不敢跳下去游泳。"风趣的话语引得代表们都笑了起来。随后,习近平与大家分享了去年到苏州出席第二届中非民间合作论坛的所见所闻,"多少年不来,苏州又有很大变化,对苏州又是印象一新。"

习近平对苏州的秀美记忆犹新,"江南是个好地方,自古就有'上有天堂,下有苏杭'之美誉。之所以称苏杭为'天堂',不仅因为那里经济繁荣、社会安定,'日出江花红胜火,春来江水绿如蓝,能不忆江南',江南美景美不胜收啊。""美丽中国"需要和谐共建,苏州的"四个百万亩"工程给总书记留下了深刻印象。在最后的发言中,习近平又一次"点评"起苏州:"苏州'四个百万亩'工程提出要保护老百姓的庄稼地,水稻田就是湿地,种水稻本身也是一方美景,《红楼梦》里大观园中也有稻香村嘛。"习近平鼓励说,和谐、全面是对科学发展内涵理解得更深刻的反映,希望苏州在率先、排头、先行的内涵中,把生态作为一个标准,为江苏乃至全国发展作出新贡献。

(中国网 2013年3月14日 08:40)

案例二:《钟南山:英国治霾用30年　北京下狠心10年就成》

央视3月13日《两会面对面》节目播出"钟南山详解雾霾'害'与'治'",以下为文字实录:

主持人:最近一段时间我国多地一直持续雾霾天气,空气质量是重度污染,那么频繁出现的雾霾天气对人的健康到底有什么危害?对于治理雾霾的危害有关方面应该从哪些方面入手,对于个人来说应该怎么防护呢?两会期间全国人大代表中科院院士钟南山接受记者采访详细解释了雾霾的危害和防治,他说对战胜雾霾有信心。

记者:您从专业的角度给我们说一下PM2.5这样的一种东西它到底会对人的身体带来什么影响?

钟南山:顾名思义PM2.5就是2.5微米的小颗粒,它是个载体,它可以含有硫酸盐、硝酸盐,甚至一些病毒等,它主要的害处就是会一直进到人的肺脏终末的肺泡里去,那么进到肺泡里头以后只要它含有化学物质、致癌物质或者其他物质,或者是病毒,它的感染很厉害,所以它对人体的危害会比较大。

记者:有一些东西它可以通过新陈代谢把它排出来,像这种东西有可能排出吗?

钟南山:有一部分自己又会出来,但是多数是存积在肺泡里头,那么肺泡存积在那它不会一直在那,多数是被肺泡里边吞噬细胞给吞噬的,吞噬以后就永远在那了,所以它只要说含有一些致癌物质、有毒物质的话,确实会影响身体有害,首当其冲的是肺。其他的又因它的化学物质对血管,对神经系统,对妈妈妊娠,特别是对肿瘤里的肺癌会造成比较大的影响。

记者:您对这个问题什么时候开始研究的?

钟南山:我们国家的重点实验室有一个化学致癌研究所,我记得谈比较多的也应该是从 2006 年、2007 年,真正推动这个的话是去年,就是两会期间。

记者:您曾经在两会期间提出来这样的一个疑问,到底是 GDP 第一还是人的健康第一,您的选择是什么?

钟南山:我的选择当然是健康第一了。对于 PM2.5 对人体健康的伤害,我专门做了不少的材料收集,也找我的助手收集了很多材料,确实对心血管有一些量化的资料,比如说 PM2.5 每立方米增加 10 个微克的时候,病情会是怎么样,比如说心脏病的发生率会增加三个百分点,这都是数量的资料;原来你有心脏病,那么在那样的情况下,病史会增加 20%;对 300 万孕妇的统计是,PM2.5 每立方米增加 10 个微克,低体重的婴儿会增加 10%,所谓低体重就是小于 2 500 克;对呼吸系统的影响就更不用说了;对肿瘤的影响当然现在有些争论,我们没有国内的资料,但是为这个我找了不少国外的资料,比如说在美国,对 18.8 万多的人群进行了 26 年的检测,结果发现每立方米增加 10 个微克的话,肺癌的患病率增加 15% 到 27%,日本也得出类似的资料,日本是增加 24%。

记者:数字摆在那是挺触目惊心的,但是现实也摆在这,就是我们是世界上最大的发展中国家,虽然有的地方已经比较富裕了,但是整个国家你必须得保持一定速度地往前走,只要是你经济发展,就不可避免地带来一些污染。

钟南山:回到你刚才的问题,健康第一还是 GDP 第一。因为现在包括大气污染,包括水,包括食品,这个问题已经到了我们不得不重视我们的健康生存问题。当一个人的健康生存已经出现了威胁的时候,你说什么第一?你说还是 GDP 第一?说不过去,所以现在是已经到这个时候了,不是说一般的影响。

记者:但是有一种说法,中国经济、中国的很多问题就好像一个骑自行车的人,你所有的问题要保证在一定的速度的情况下让他前行的过程中才能够解决,健康问题也在其中一例,那么如果让他停下来,车倒了。

钟南山:我不这么看,你刚才说的是骑车和停车,我说的是骑得快的和骑得慢的,我的看法是要骑得慢点,因为其他方面跟不上。

主持人:对于减少因为雾霾而造成的伤害,应该从哪些方面入手呢?我们继续听钟院士的解释。

记者:我们来谈一个比较现实的问题,因为我们对于很多生活在雾霾这种环境下的人们来说,有什么办法能够在逃不出逃不掉的情况下,能尽最大限度地保护自己?

　　钟南山：到了极端的天气，比如说 5 级、6 级污染，那这个当然是自己要有些保护，比如说戴口罩、不要进行太多的室外运动等，所以我看前天在北京的民警都戴黑色的口罩，我觉得很有意思，那个口罩我不知道有多大的效力。但是一般来说我们外科的口罩大概能够有 PM4 的微粒可以预防，到 PM2.5 就不行了，到 PM2.5 现在一般是要 N95 的那种，但那种很闷，不能长期用。所以现在上海不是搞隐形口罩嘛，还有北京有些黑色的口罩，我不太熟悉，不太了解，但是我相信那些会有帮助的，那是消极的办法。

　　记者：比如说我们生活在北京的人，有的时候就要面对这样的一种雾霾天气，自己心里要问自己，就是我们为什么会是这样，那么如果意识到这个问题之后，会在多久之后能够改变这种现状？

　　钟南山：我对中国干一个什么事从来都是很有信心的，我在英国留过学的，我 1979 年到英国，1981 年离开，那时候伦敦是一片蓝天，以前的雾都，早就一点印象都没有了，那一点痕迹都没有。但英国是什么，1952 年当时有个有毒气体，5 天里死了四千多人，就引起很大的震动，是光化毒气，里头有很高浓度的二氧化硫。1956 年《空气洁净法》在英国诞生了，他们做了很多努力，到 20 世纪 80 年代以后差不多二十几年快三十年。中国我觉得不用，因为中国干一个事，要是同各个部门一块努力，从政府到企业，从公众到有关的部门，大家共同来努力，按着同一个目标来搞的话，根据我对 2010 年广州亚运会的经验，广州亚运会是 2004 年开始比较认真地整治，脱硫脱硝，下了点狠心，真的坚决干了，那么到了 2010 年真的有了明显的改善。灰霾天有他的定义，最高的是 2004 年，每年 144 天，逐年下降，到了 2010 年大概是七十几天，2011 年、2012 年徘徊在六十几到七十几天，也就说明这样的整治有效了。所以根据北京的情况，我的估计十年之内就会有可以看得见的，感觉得到的改观，我觉得很有信心，十年之内我们会比他们快两三倍的时间。

（中央电视台 CCTV2013 年 3 月 14 日 02:11）

案例三：《日本空气净化器销量猛增　消费者要求不断提高》

　　中国网 3 月 14 日讯 据日本共同社消息，随着花粉季的到来，加之对大气污染物 PM2.5 及沙尘的担忧，日本空气净化器的销量猛增。

　　据调查机构 GfK Japan 介绍，2 月份日本全国家电商场空气净化器销量同比大幅增加了 39%，特别是近畿地区以西增加了 54%，GfK 预测称"3 月的需求量也较高"。

　　夏普的产品中，采用具除菌和除臭效果的"净离子群技术"并带有吸附微尘滤网的 4 万至 5 万日元（约合人民币 2 600 元～3 200 元）价位的产品热卖。

　　松下也推出了以纳米水离子"Nanoe"抑制花粉等的产品，据称，多数消费者偏向选择吸尘力好的产品。日立家电推出的可有效吸附花粉的产品也销势良好。

　　松下、日立和大金工业 2 月国内销量均达到去年的 2 倍，夏普也增加了 4 成。大金认为"消费者对于空气质量的意识在不断提高"。

（中国网 2013 年 3 月 14 日 08:40）

案例四：《"智慧城市"渐行渐近》

起源：2013年初住房和城乡建设部出台《国家智慧城市试点暂行管理办法》，北京在2012年3月发布《智慧北京行动纲领》，佛山在六年前已经在大力建设"四化融合，智慧佛山"了。以"智慧城市建设"的理念和标准来促进广东文化软实力的全面提升，充分发掘、充实、提升特色化岭南文化元素对珠三角城市群现代化升级的推动力，实现以雄厚的经济实力为基础，以享有国际声誉的文化创意品牌、岭南文化元素和高新科技互为动力，互相促进、相融发展，把珠三角建设成为全国创新型城市的样板城市带，建成广东省文化软实力提升的排头兵和示范区，为创新型城市的发展提供一种可资借鉴、可供复制、可以大面积推广的建设模式，为全省乃至全国文化软实力提升开辟新的发展路径、确立新的社会进步模型，积累丰富的文化软实力建设经验。2013年，佛山成为全国唯一取得国际"智慧城市"候选资格的城市。

智慧城市建设涉及智能楼宇、智能家居、路网监控、智能医院、个人健康与数字生活等诸多领域的融合与创新。在具有引领意义的京沪穗深四大城市，智慧城市建设已取得初步进展。

例证：

（1）广州。广州的4G网络覆盖面已经高达95%。

（2）深圳。深圳计划于2015年实现无线宽带覆盖面达99%，实现家庭宽带百兆的目标。

（3）北京。北京在2012年3月公布了《智慧北京行动纲要》，建设目标为物联网技术为支持的宽带、网络与交通。北京的物联传输专网已经覆盖到城区四环内。

（4）上海。2012年推出"电子账单"，市民实现居家电子账单支付。今后3年，在提升智能电网、智能交通的基础上，提升网络宽带化和应用智能化。

（5）69个智能城市的布局。神州数码、华为等企业和三大运营商纷纷创新各类模式，服务智慧城市建设。仅神州数码就在扬州、福州、佛山、深圳等69个城市作出智慧城市布局。它又与14个城市签署战略合作框架协议，拥有了最多的成功案例，被称为"中国智慧城市专家"。

亮点：以"智慧城市"的观念解决珠三角的城市文化升级和文化消费潜力提升的战略走向，带动整个珠三角的文化软实力整体提升，将文化硬件设施建设作为升级的基础，文化软实力的提升作为区域发展、社会进步的目标。以"智慧城市"作为创新型城市建设的重要路径和关键性内涵，在国内外成功经验的对比参照中确立报告的升级基点。以"智慧城市"推进"创新型城市"，以"创新型城市"促进珠三角地带的文化软实力提升，再由珠三角的文化软实力提升成功经验推广到整个广东省，形成滚雪球一般的增值增量效应。

目前的缺陷："2013年中国智慧城市年会"上，国家信息化专家咨询委员会委员宁家骏认为，中国智慧城市建设存在三大问题：第一，许多城市建设目的不明确，盲目跟风，当作形象工程和政绩工程来对待。第二，建设思路不清晰。不少城市把"智慧城市"当作实物工程对待，没有路线图、没有协同机制，更没有清晰的建设任务。第三，各地政府投资多,社会力量参与少,存在可持续发展的瓶颈。

智慧城市的建设不仅仅是网络技术的提升,还需要网络内容提供商的参与,运营商也迫切需要从制度性的管理体制、运营模式到服务的精神理念上加快转变,由相对单纯的"智能管道提供者"转变为"综合信息服务提供商"。

事例一:北京长安街两侧的多个交通信息亭安装好仅仅 40 天就被拆走了。因为采用 3G 无线接入技术,虽然集成了公共服务信息、公益宣传、社区信息和政府信息四大类别,但面临着使用不畅通、信息更新缓慢、使用率低,设备成本高、运营耗费大等问题的困扰。

事例二:上海推行的"手机钱包"的条件是使用近距离无线通信技术的手机(简称NFC手机),然而当前市场上绝大多数手机不是NFC,使一些运营商费心费力推广后未能产生立竿见影的市场回报,随即取消了手机支付业务,导致已经充值的消费者投诉、抗议不断。

我国建设智慧城市虽然有一定的基础,但缺乏统一规划、技术标准和法律规范,也存在着技术、资金、人才等制约瓶颈。在住建部发布的通知里,指标体系过于宽泛。需要强化顶层设计和中、长期规划。加快全国样板城市的建设,积累可行的经验。

实际价值:为了加快智慧城市建设的进度,国家开发银行将在 3 年内提供 800 多亿元的投融资额度,在路网监控、智能医院、智能教育、个人健康、智能家居、智能楼宇、数字生活等领域产生融合与创新效应,极大地升级珠三角城市带 9 个地级以上城市的文化软实力。形成世界领先、中国气派、岭南风格、广东特色的文化软实力样板地区,为建成广东文化强省产生示范作用和引领效应。当前中国在智慧城市建设方面具有标杆意义的城市有京、沪、穗、深,广东占有一半,广东应该鼓励国内三大数码巨头在佛山、深圳等 69 个城市做出智慧城市布局,与珠三角各市签订战略合作框架协议,推动珠三角乃至整个广东建成智慧大省,夯实提升广东文化软实力的根基,增强文化强省建设的动力和国际辐射能力。需要加大宣传推广力度,让更多的市民接受新技术与新的生活方式。

案例五:《互联网变革中国社会》

互联网在将人们的工作、生活"一网打尽"的同时,也对我国的商业和金融业态产生了深远影响。伴随着数字技术的进步,互联网正为我国经济发展注入新鲜血液,提供强劲动力。互联网已"飞入寻常百姓家"。

你每天起床第一眼看的是什么?你每天睡觉前最后一眼看的又是什么?如果你的答案是手机,千万不要觉得自己另类。

在刷微博、聊微信已成为人们生活的一部分的今天,像眼镜一样普及的智能手机,正在使人们的生活彻底被互联网"绑架"——我国仅手机网民就有 4.2 亿人,超过美国人口。事实上,人们在兜里揣的早已不是手机,而是一个移动互联网。

如果断掉互联网,中国至少一半人的生活会被不同程度地打乱。数据显示,截至2012年末,我国网民人数已达 5.64 亿,覆盖近一半人口,而在 1997 年,这个数字只有

62万。短短15年间,我国网民人数增长了908倍。

自2008年上半年跃居世界第一后,我国网民人数增速趋缓,但增量仍数以千万计:2009年末至2012年末,我国网民的年增量分别达到7 300万、5 600万和5 100万。

互联网"飞入寻常百姓家",成就了一场深刻的变革:电子化办公取代纸质办公,大大提高了办公效率;商业、金融纷纷触网,颠覆了传统业态;各种衍生服务,覆盖了生活各个角落……

一场润物细无声的"互联网革命",正改变着中国人的日常生活。

电子商务颠覆了传统商业业态

如果要选取2012年的互联网关键词,"光棍节"无疑在列:2012年"光棍节"促销,淘宝一天的交易额就达到191亿元,超过天津市30家大中型商场半年的销售额。

而这只是网购市场的冰山一角,2012年中国网购交易规模达13 000亿元,接近山西省一年的GDP,占社会消费品总零售额的比例达6.2%。2012年全年57亿个快递包裹中,至少有三分之二来自网购。

伴随着支付、物流体系的完善,电子商务方便快捷、性价比高的优势正日益显现,传统商场正逐步沦为电商平台的"试衣间"。

与此同时,B2C模式在网购交易中的占比持续提高,2012年已接近交易总量的30%,表明网购市场的集中度正日益提高、大型电商日益崛起,这也对传统零售业的"进货议价能力"和"销售溢价能力"构成双重挤压,从而间接侵蚀传统零售业的利润。

网购只是电子商务的一小部分。2011年我国电子商务市场整体交易规模达7万亿,相当于当年GDP的14.8%;2012年前三季度我国电子商务市场整体交易规模达5.63万亿,相当于同期GDP的15.9%。

不过,一个显而易见的事实是,企业间电子商务仍是电子商务的主体。在传统零售业和网购针锋相对的同时,传统商业也在更多地通过网络来组织商品采购和物流配送,分享"互联网革命"带来的红利。

对商业而言,互联网最大的作用莫过于打破信息壁垒,降低沟通成本,优化资源配置。互联网与商业的结合,打破了地域和人脉的界线,切中了商业活动最根本的需求,因而具有极强的内在活力。

随着网络的进一步普及,互联网仍将对我国的商业业态产生革命性的影响。

"鲶鱼效应"使金融业深度"触网"

伴随着电子商务的快速崛起,第三方支付企业应运而生并大放异彩,如今仅支付宝就拥有8亿注册用户。截至目前,央行已累计发放了223张第三方支付牌照,2012年全国互联网支付业务交易规模达到38 412亿元,超过线下银行卡收单市场交易规模的二分之一。

规模扩大的同时,互联网企业也为支付带来诸多惊喜:腾讯宣布打通"财付通"与"微信"的应用通道,这意味着3亿微信用户可通过扫描商户二维码付款,并享受折扣,这是以往任何一家银行都无法想象的"创举"。

与此同时,互联网公司还跨界小额信贷,进军行业上游:阿里巴巴跨界成立了两家小额信贷公司,并于 2012 年 8 月向阿里巴巴普通会员全面放开,会员只凭借企业的信用资质即可贷款,24 小时随用随借随还,彻底颠覆了传统信贷模式。

互联网公司的"准金融属性"持续发酵,传统金融企业则纷纷"落网":建行、交行、招商银行纷纷建立电子商务平台,不少传统金融企业将互联网作为新的销售渠道。2012 年末,国华人寿在淘宝聚划算平台推出保险团购,短短 3 天销售额突破 1 亿元;光大银行在淘宝网上"卖存款",产生了 5 万多笔交易,吸收了数千万元存款。

对大多数人而言,传统金融互联网最"贴心"的表现仍是电子银行:以往需要去营业厅排队办理的业务,如今大多可以在网上完成。2012 年我国个人网银柜台业务替代率达到 56%,企业网银替代率达到 65.8%,68% 的用户使用网上银行替代了一半以上的柜台业务。

传统金融行业与互联网公司的相互渗透,已成为我国金融领域的新现象。互联网因素的加入,将充分发挥"鲶鱼效应",为我国金融行业带来新的活力。

"移动互联时代"来临

随着智能手机的普及,移动互联网正给我们带来新的机遇。与传统 PC 相比,智能手机价格低廉,门槛更低,且具有随身携带、随时联网等传统 PC 所没有的优势,移动互联网的市场潜力将远大于 PC 互联网。

数据显示,2012 年我国手机网民数量达到 4.2 亿,年增长率达 18.1%,远超网民整体增幅。网民中使用手机上网的比例持续提升,由 2011 年的 69.3% 上升至 2012 年的 74.5%,手机已成为重要的上网终端。

在智能手机快速普及的推动下,2012 年我国网民使用手机进行网络购物比 2011 年增长了 6.6%,用户量是 2011 年的 2.36 倍;手机团购、手机在线支付、手机网上银行三类用户在手机网民中的比例均有所提升,用户规模增速均超过了 80%。2012 年全国地级以上城镇人口中,个人手机银行用户比例为 8.9%,连续 3 年呈增长趋势。

在传统 PC 互联网时代,视频、搜索、门户、游戏、即时通信、网银、第三方支付等各个细分行业都获得飞速发展,呈现了传统行业无法比拟的活力。

在 3G 普及、免费 WIFI 增多、移动智能终端普及等多重因素的影响下,这些传统 PC 互联网的功能都将向移动互联网转移,在移动互联网上复制一个新的互联网产业。在移动互联网的浪潮下,中国经济的"互联网革命"仍将延续。

(邓中豪:《互联网变革中国社会》,《半月谈》;转载《学习天地》2013 年第 2 期)

主要参考文献

[1] 姚朝文,袁瑾. 都市发展与非物质文化遗产传承[M]. 北京:北京大学出版社,2009.

[2] 高小康. 霓虹下的草根:非物质遗产与都市民俗[M]. 南京:江苏人民出版社,2008.

[3] 姚朝文. 文学研究泛文化现象批判[M]. 上海:三联书店出版社,2008.

[4] 姚朝文. 黄飞鸿叙事的都市民俗诗学研究[M]. 广州:广东人民出版社,2013.

[5] 马梓能,姚朝文等. 佛山陶瓷文化[M]. 广州:广东经济出版社,2003.

[6] 王兴中等. 中国城市社会空间结构研究[M]. 北京:科学出版社,2000.

[7] 王兴中等. 城市社区体系规划原理[M]. 北京:科学出版社,2012.

[8] 陈宇飞. 城市文化概论[M]. 北京:文化艺术出版社,2008.

[9] [美]刘易斯·芒福德. 宋俊岭,倪文彦译. 城市发展史—起源、演变和前景[M]. 北京:中国建筑工业出版社,2005.

[10] 李燕凌,陈冬林. 市政学导引与案例[M]. 北京:中国人民大学出版社,2006.

[11] 于一凡. 城市居住形态学[M]. 南京:东南大学出版社,2010.

[12] 陈立旭. 都市文化与都市精神—中外城市文化比较[M]. 南京:东南大学出版社,2002.

[13] 张鸿雁. 城市文化资本论(第2版)[M]. 南京:东南大学出版社,2010.

[14] 张鸿雁. 城市形象与城市文化资本论—中外城市形象比较的社会学研究[M]. 南京:东南大学出版社,2002.

[15] 张鸿. 城市·空间·人际—中外城市社会发展比较研究[M]. 南京:东南大学出版社,2003.

[16] 王雅林,张鸿雁. 城市形象与城市文化资本论—中外城市形象比较的社会学研究[M]. 南京:东南大学出版社,2002.

[17] 鲍宗豪. 国际大都市文化导论[M]. 上海:学林出版社,2010.

[18] 奚洁人等. 世界城市精神文化论[M]. 上海:学林出版社,2010.

[19] 包亚明. 文明与后现代亚太都市[M]. 上海:学林出版社,2010.

[20] 李志刚,顾朝林. 中国城市社会空间结构转型[M]. 南京:东南大学出版社,2011.

[21] 吴莉娅. 城市化动力:城市与产业[M]. 哈尔滨:黑龙江人民出版社,2010.

[22] 曾一果. 想象城市:中国当代文学与媒介中的"城市"[M]. 哈尔滨:黑龙江人民出版社,2010.

[23] 李兰芬. 女性发展与城市性格[M]. 哈尔滨:黑龙江人民出版社,2010.

[24] 叶裕民. 中国城市化之路—经济支持与制度创新[M]. 北京:商务印书馆,2000.

[25] 李贤毅. 智慧城市开启未来生活—科学规划与建设[M]. 北京:人民邮电出版社,2012.

［26］桂勇.邻里空间:城市基层的行动、组织与互动［M］.上海:上海世纪出版集团,2008.

［27］赵刚,肖欢.国家软实力:超越经济和军事的第三种力量［M］.北京:新世界出版社,2010.

［28］周薇,田根胜,夏辉等.铸就城市之魂:东莞文化软实力研究［M］.广州:广东人民出版社,2008.

［29］易中天.读城记［M］.上海:上海文艺出版社,1997.

［30］老枪.中国城市口水战［M］.北京:当代中国出版社,2007.

［31］李建盛.北京文化发展报告(2011—2012)［M］.北京:社会科学出版社,2012.

［32］徐俊忠,顾涧清.中国广州文化发展报告(2011)［M］.北京:社会科学文献出版社,2011.

［33］喻国明.中国传媒发展指数报告(2010)［M］.北京:人民日报出版社,2010.

［34］林雄.广东省建设文化强省规划纲要辅导读本［M］.广州:南方日报出版社,2010.

［35］佛山市社会科学界联合会.佛山科学发展蓝皮书(2011 年)［M］.广州:南方日报出版社,2012.

［36］商学兵.佛山读本［M］.广州:广东人民出版社,2010.

［37］欧阳有权.文化产业通论［M］.长沙:湖南人民出版社,2006.

图书在版编目(CIP)数据

城市文化教程 / 姚朝文编著. —— 南京：南京大学
出版社，2014.8(2025.1重印)
ISBN 978 - 7 - 305 - 13934 - 5

Ⅰ. ①城… Ⅱ. ①姚… Ⅲ. ①城市文化—教材 Ⅳ.
①C912.81

中国版本图书馆 CIP 数据核字(2014)第 198246 号

出版发行　南京大学出版社
社　　址　南京市汉口路 22 号　　　　邮　编　210093
书　　名　城市文化教程
　　　　　　CHENGSHI WENHUA JIAOCHENG
编　　著　姚朝文
责任编辑　尤　佳　王抗战　　　　　编辑热线　025 - 83592123

照　　排　南京南琳图文制作有限公司
印　　刷　广东虎彩云印刷有限公司
开　　本　787 mm×1092 mm　1/16　印张 13.25　字数 306 千
版　　次　2014 年 8 月第 1 版　　2025 年 1 月第 2 次印刷
ISBN 978 - 7 - 305 - 13934 - 5
定　　价　27.00 元

网址：http://www.njupco.com
官方微博：http://weibo.com/njupco
官方微信号：njupress
销售咨询热线：(025) 83594756